WIRTSCHAFTS- UND SOZIALWISSENSCHAFTLICHES INSTITUT
DES DEUTSCHEN GEWERKSCHAFTSBUNDES GMBH (WSI)

Koll. Heidrich

WSI-Studie zur Wirtschafts- und Sozialforschung
Nr. 33

Rolf Seitenzahl
Ulrich Zachert
Heinz-Dieter Pütz

Vorteilsregelungen

für

Gewerkschaftsmitglieder

D1719495

BUND-VERLAG · KÖLN

6584 IDZ 04. 5. 76

Abgeschlossen Februar 1976

ISBN 3 7663 0122 5
© 1976 by Bund-Verlag GmbH · 5 Köln 21 (Deutz)
Printed in Germany
Druck: Poeschel & Schulz-Schomburgk, 3440 Eschwege

11

I N H A L T

Seite

VORWORT   1

ERSTER TEIL: Darstellung der beteiligten
                  Gewerkschaften   3

I.   IG Bau, Steine, Erden (BSE)   3

II.   IG Bergbau und Energie (IGBE)   6

III.   IG Chemie, Papier, Keramik (IG CPK)   7

IV.   IG Druck und Papier   9

V.   Gewerkschaft der Eisenbahner Deutschlands
        (GdED)   10

VI.   Gewerkschaft Handel, Banken und Versi-
        cherungen (HBV)   12

VII.   Gewerkschaft Holz und Kunststoff (GHK)   16

VIII.   IG Metall (IGM)   17

IX.   Gewerkschaft Nahrung, Genuß, Gaststätten
        (NGG)   20

X.   Gewerkschaft Öffentliche Dienste, Trans-
        port und Verkehr (ÖTV)   23

XI.   Deutsche Postgewerkschaft (DPG)   26

XII.   Gewerkschaft Textil-Bekleidung (GTB)   28

ZWEITER TEIL: Rechtliche, gewerkschafts- und
                  gesellschaftspolitische Probleme
                  von Vorteilsregelungen, insbeson-
                  dere Differenzierungsklauseln   35

I.   Einführung   35

II.   Vorteilsregelungen allgemeiner Art   35
        1. Vorbemerkung   35
        2. Rechtliche Probleme   36
        3. Gewerkschafts- und gesellschafts-
            politische Probleme   36

III.   Differenzierung im weiteren Sinne:
       Außenseiter sind nicht zwangsläufig
       ausgeschlossen   37

       1.   Differenzierung im weiteren Sinne
            aufgrund des Tarifvertragsgesetzes   37

            A. Vorbemerkung   37

            B. Allgemeine Bezugnahme auf § 3
               Abs.1 Tarifvertragsgesetz   38

               a) Rechtliche Probleme   38
               b) Gewerkschafts- und gesellschafts-
                  politische Probleme   39

            C. Bezugnahme auf § 3 Abs.1 TVG im
               Hinblick auf eine Sonderleistung   40

               a) Rechtliche Probleme   40
               b) Gewerkschafts- und gesellschafts-
                  politische Probleme   41

       2.   Differenzierung im weiteren Sinne durch
            Errichtung einer gemeinsamen Einrichtung   44

            A. Materielle Einzelvorteile   48

               a) Rechtliche Probleme   48
               b) Gewerkschafts- und gesellschafts-
                  politische Probleme   51

            B. Ideelle Vorteile   52

               a) Rechtliche Probleme   52
               b) Gewerkschafts- und gesellschafts-
                  politische Probleme   53

IV.   Exkurs: Vereinbarung von funktionsgebundenen
       Rechten   56

       1.   Rechtliche Probleme   57

       2.   Gewerkschafts- und gesellschaftspoliti-
            sche Probleme   59

V.   Differenzierung im engeren Sinne: Außenseiter
       sind zwangsläufig ausgeschlossen   60

       1.   Vorbemerkung: Verschiedene Formen einer
            Differenzierung im engeren Sinne   60

            A. Begrenzte Wirkung einer Differenzie-
               rung im weiteren Sinne   60

            B. Differenzierung in Verbindung mit
               Spannensicherungsklauseln   60

Seite

C. Differenzierung in Verbindung mit
Tarifausschlußklauseln   61

D. Solidaritätsbeiträge   62

E. Organisations- bzw. Absperrklauseln   63

2. Bestandsaufnahme der rechtlichen und
gewerkschaftspolitischen Situation   63

A. Allgemeine Bestandsaufnahme der
Rechtslage   63

a) Stellungnahme der Rechtslehre   63
b) Beschluß des Großen Senats vom
29.11.1967   65
c) Beschluß des Bundesverfassungsgerichts vom 4.5.1971   66

B. Kritik des BAG-Urteils vom 29.11.1967   67

a) Vorbemerkung   67
b) Das methodische Vorgehen des Bundesarbeitsgerichts   67
c) Grenzen der Tarifmacht   68
d) Der Schutz der sogenannten negativen
Koalitionsfreiheit   69

C. Kritik der BAG-Rechtsprechung zum
kollektiven Arbeitsrecht   70

D. Stellungnahme der Gewerkschaften zur
BAG-Rechtsprechung im Bereich des
kollektiven Arbeitsrechts einschließlich Differenzierungsklauseln   74

3. Materielle Einzelvorteile durch unmittelbare Auszahlung   75

A. Vorbemerkung   75

B. Besondere rechtliche Probleme   77

a) Vorbemerkung   77
b) Gleichbehandlungs- und Gleichheitsgrundsatz   77
c) Gegnerfreiheit und Gegnerabhängig-
keit   78
d) Differenzierung für Beamte?   79

C. Gewerkschafts- und gesellschaftspolitische Probleme   80

a) Vorbemerkung   80
b) Ziele einer Differenzierung   81
c) Differenzierungsklauseln als Mittel
zum Erreichen eines höheren Organisationsgrades   83

Seite

d) Spannungssituationen zwischen
   Organisierten und Nichtorgani-
   sierten   87
e) Durchsetzbarkeit von Differenzierungsklauseln   88
f) Offenbarung der Mitgliedschaft   90
g) Differenzierungsklauseln und
   gewerkschaftliches Bewußtsein
   - Mitläuferproblematik -   91
h) Gefahr des Anschlusses von Konkurrenzorganisationen   93
i) Differenzierungsklauseln und
   veränderte wirtschaftliche
   Umstände (Rezessionen)   94
j) Differenzierungsklauseln und
   Aufgabe des Anspruchs der Gesamtrepräsentanz   94
k) Differenzierungsklauseln und Beeinträchtigung der gewerkschaftlichen Unabhängigkeit   95
l) Differenzierungsklauseln und
   Zwangsmitgliedschaft   96
m) Differenzierungsklauseln und
   öffentliche Funktion der Gewerkschaften   97
n) Differenzierungsklauseln und
   Parität   99

4. Materielle Einzelvorteile durch Einschaltung einer gemeinsamen Einrichtung   99

   A. Vorbemerkung   99

   B. Besondere rechtliche Probleme   100

   C. Besondere gewerkschafts- und ge-
      sellschaftspolitische Probleme   100

5. Solidaritätsbeiträge   102

6. Absperrklauseln   103

Seite

DRITTER TEIL: Vorteilsregelungen und Gewerkschaften im Ausland   104

I.   Vorbemerkung   104

II.   Schweiz   105

III. Angelsächsische Länder   118

IV.   Belgien und Niederlande   132

V.   Skandinavien   143

VI.   Zur Übertragung ausländischer Erfahrungen
mit Vorteilsregelungen und mit Vorkehrungen
zur gewerkschaftlichen Existenzsicherung
auf die Bundesrepublik Deutschland   151

Anmerkungen zum ERSTEN TEIL   154

Anmerkungen zum ZWEITEN TEIL   158

Anmerkungen zum DRITTEN TEIL   170

Seite

VIERTER TEIL: Dokumentation   178

I.   Übersichten   178

    1. Anträge, Beschlüsse, Entschließungen
        auf Gewerkschaftstagen bzw. DGB-Kon-
        gressen   178

        A. Allgemeine Übersicht   178

        B. DGB-Kongresse   178

        C. Gewerkschaftstage der DGB-Gewerk-
           schaften   179

    2. Tarifverträge sowie Stellungnahmen
        der Gewerkschaften, die Differenzie-
        rungsklauseln tarifvertraglich ver-
        einbart haben   184

    3. Politischer und rechtlicher Status quo
        bzw. Gesetzesänderungsvorschläge   185

    4. Rechtsprechung zu Differenzierungs-
        klauseln   185

    5. Juristische Literatur   185

    6. Sozialwissenschaftliche Literatur   188

II.   Ausgewählte Texte   196

    1. Auszug aus der Präambel des DGB-Grundsatz-
        programms, Düsseldorf 1963   196

    2. Auszug aus der Diskussion des 10. Ordent-
        lichen DGB-Kongresses, Hamburg 1975
        (Tagesprotokoll vom 29.5.1975)   197

    3. Anträge des 10. Ordentlichen DGB-Kongres-
        ses, Hamburg 1975   2o6

    4. Tarifvereinbarung zwischen der Gewerk-
        schaft Textil-Bekleidung und der Arbeits-
        gemeinschaft der Miederindustrie vom
        25.3.1974   21o

    5. Tarifverträge zwischen der Gewerkschaft
        NGG und dem Zentralverband des Deutschen
        Bäckerhandwerks vom 2o.2.197o   215

Seite

6. Bundesarbeitsgericht, Großer Senat,
   Beschluß vom 29.11.1967 – GB 1/67
   AP Nr. 13 zu Art. 9 GG   222

7. Tarifvertragsgesetz   223

8. Auszug aus dem Entwurf des DGB vom
   Dezember 1973 zur Änderung des
   Tarifvertragsgesetzes (Gesetzliche
   Absicherung von Differenzierungs-
   und Effektivklauseln)   228

Abkürzungsverzeichnis   229

V O R W O R T

Die vorliegende Studie geht auf eine Anregung des 1. Vorsitzenden
der Gewerkschaft Öffentliche Dienste, Transport und Verkehr,
Heinz Kluncker, zurück. Sie ist in der Zeit von März 1975 bis
Februar 1976 von einer Projektgruppe des WSI in enger Zusammenarbeit mit mehreren Abteilungen des DGB-Bundesvorstandes und
12 der im DGB vereinigten Einzelgewerkschaften erstellt worden.

In dem ersten Teil der Studie, der von Heinz-Dieter Pütz zusam-
mengestellt worden ist, nehmen die beteiligten Gewerkschaften
und Industriegewerkschaften selbst zu Vorteilsregelungen für
Gewerkschaftsmitglieder Stellung. Im zweiten Teil werden von
Ulrich Zachert juristische sowie einige damit zusammenhängende
gewerkschafts- und gesellschaftspolitische Probleme von Vorteilsregelungen erörtert. Ausländische Erfahrungen mit Vorteilsregelungen und ausländische Vorkehrungen zur Sicherung der Gewerkschaftsorganisation stellt Rolf Seitenzahl im dritten Teil vor.
Den Abschluß bildet als vierter Teil eine Dokumentation, die
neben Übersichten über Anträge und Beschlüsse auf Gewerkschafts-
kongressen zur Frage der Vorteilsregelungen sowie über Tarifverträge usw. den Entwurf des Deutschen Gewerkschaftsbundes zur
Änderung des Tarifvertragsgesetzes (u.a. gesetzliche Absicherung
von Differenzierungsklauseln und Effektivklauseln) enthält.

Die Ausführungen der Teile zwei und drei beruhen auf gegenseitiger
Abstimmung der Autoren nach intensiven Diskussionen mit den beteiligten Kollegen des DGB und seiner Einzelgewerkschaften. Für
die endgültig gewählten Formulierungen dieser Teile ebenso wie
für die Zusammenstellung der Dokumentation zeichnen die Verfasser
als Projektgruppe verantwortlich.

Hervorgehoben sei, daß Manfred Piecha (WSI-Tarifarchiv), obwohl er keinen eigenen schriftlichen Beitrag beisteuern konnte, an der Abfassung dieser Studie einen maßgeblichen Anteil hat. Ebenso verpflichtet sind die Autoren ihrem Kollegen Ernst Piehl, der dieses Projekt bis zu seinem Ausscheiden aus dem WSI im Oktober 1975 als Koordinator betreut hat. Besonderen Dank schulden die Autoren im übrigen allen Kollegen aus dem gewerkschaftlichen Bereich, die zum Entstehen dieser Studie inhaltlich beigetragen haben:

Klaus Brands,	Gew. Holz und Kunststoff
Siegfried Bußjäger,	Gew. Öffentl. Dienste, Transport u. Verkeh:
Erwin Emge,	Gew. der Eisenbahner Deutschland
Horst Föhr,	IG Bergbau und Energie
Karl-Heinz Fröbrich,	Deutscher Gewerkschaftsbund
Heinz Fuchs	Deutscher Gewerkschaftsbund
Heinz Gester,	Deutscher Gewerkschaftsbund
Gerhard van Haaren,	Gew. Leder
Mario Helfert,	WSI
Detlef Hensche,	IG Druck und Papier
Andreas Ihlefeld,	IG Druck und Papier
Karl Kehrmann,	Deutscher Gewerkschaftsbund
Otto-Ernst Kempen,	IG Bau, Steine, Erden
Horst Mettke,	IG Chemie, Papier, Keramik
Hans Moll,	Gew. Handel, Banken und Versicherungen
Alfred Müller,	Gew. Textil-Bekleidung
Friedrich Neudel,	IG Metall
Werner Peetz,	Gew. Textil-Bekleidung
Helmut Prasse,	Gew. Nahrung-Genuß-Gaststätten
Peter Raane,	Gew. Holz und Kunststoff
Giovanni Sabottig,	Deutsche Postgewerkschaft
Michael Schoden,	Deutscher Gewerkschaftsbund
Horst Schwieder,	Gew. Handel, Banken und Versicherungen
Hajo Graf Vitzthum,	Gew. Öffentl. Dienste, Transport u. Verkeh:
Wolfgang Wieder,	IG Bergbau und Energie
Ingebert Zimny,	Gew. Textil-Bekleidung

Zu großem Dank sind die Autoren außerdem ihren Kolleginnen Gabriele Hobler, Marie-Luise Huperz und Annelie Kaletta verpflichtet, die die umfangreichen Schreibarbeiten rasch und sorgfältig ausgeführt haben.

Düsseldorf, im Februar 1976

Rolf Seitenzahl

Ulrich Zachert

Heinz-Dieter Pütz

Erster Teil: Darstellung der beteiligten Gewerkschaften

I. IG_Bau,Steine,Erden_(BSE)

1. Im August 1960 beauftragte der Gewerkschaftstag den Hauptvorstand erstmalig, dafür Sorge zu tragen, daß die Ergebnisse der gewerkschaftlichen Politik "nicht wie bisher allgemein auch den Arbeitnehmern in der Bauwirtschaft gleichermaßen zuteil werden, welche sich weigern, am Ringen der
organisierten Arbeitnehmer teilzunehmen", bzw. "geeignete
Maßnahmen zu treffen, durch die nicht nur einseitig den
Gewerkschaftsmitgliedern allein Belastungen auferlegt werden"[1].

Zur Erfüllung dieses Auftrages wurde zunächst die Erhebung
eines Solidaritätsbeitrags für Nichtorganisierte nach
Schweizer Vorbild erwogen, der auf dem Gedanken der Gesamt-
repräsentation aller Arbeitnehmer und des Vorteilsausgleichs
beruht[2], aber schließlich aus tarifrechtlichen Gründen und
wegen des hartnäckigen Widerstandes der Arbeitgeberseite
nicht weiter verfolgt, ohne allerdings den Gedanken einer
Ausgleichszahlung seitens der Nichtorganisierten aufzugeben.

Aber auch der nächste Versuch, ein zusätzliches Urlaubsgeld
für Mitglieder der BSE in Höhe von DM 80,-- zu vereinbaren,
scheiterte wie der vorangegangene um den Solidaritätsbeitrag
am geschlossenen Widerstand der Arbeitgeber im Januar 1962.

Unter dem Einfluß von Streiks und lokalen Aussperrungen in
der Folgezeit wurde dann am 10. 8. 1962 der Tarifvertrag über
besondere Alters- und Invalidenbeihilfen abgeschlossen. Danach erhielten versorgungsberechtigte Arbeitnehmer von der
durch Tarifvertrag vom 28. 10. 1957 errichteten Zusatzversorgungskasse (ZVK) des Baugewerbes zusätzliche, nach der
Betriebs- und/oder Gewerkschaftszugehörigkeit gestaffelte
Sonderbeihilfen zum Altersruhegeld und zur Berufs- und
Erwerbsunfähigkeitsrente, sofern sie einem Betrieb und/oder

einer Gewerkschaft eine bestimmte Zeit angehört hatten[3].
Damit war eine Differenzierung der Arbeitnehmer durchgesetzt.
Die ZVK als Auszahlungsstelle für die zusätzlichen Sonderbeihilfen verhinderte praktisch, daß einzelne Arbeitgeber
die tarifvertraglichen Sonderleistungen an Organisierte
durch eine entsprechende arbeitsvertragliche Regelung mit
den Nichtorganisierten unterlaufen konnten. Die erforderlichen Mittel wurden den der ZVK zustehenden Beiträgen
(1,6 % der Bruttolohnsumme) entnommen, soweit diese den für
die Grundbeihilfe erforderlichen Satz von DM 0,06 pro ge-
leistete Arbeitsstunde überstiegen.

Die Tarifverträge über besondere Alters- und Invalidenrenten
wurden allerdings nur insoweit für allgemeinverbindlich erklärt, als sie die Sonderbeihilfe für langjährige Betriebs-
angehörigkeit regelten einschließlich der den Beitragseinzug
regelnden Verfahrenstarifvertragsstelle. Der die Gewerk-
schaftszugehörigkeitsbeihilfe betreffende Vertrag blieb jeweils von der Allgemeinverbindlichkeitserklärung ausgenommen.

Aufgrund des Beschlusses des Großen Senats des BAG vom
29. 11. 1967[4] wurde im Jahre 1969 die zusätzliche gewerk-
schaftsbedingte Alters- und Invalidenrente trotz aller Bemühungen vorzeitig eingestellt.

2. Die BSE ist nach wie vor an Vorteilsregelungen für Gewerkschaftsmitglieder interessiert, was sich in entsprechenden
Anträgen zu ihren Gewerkschaftstagen und DGB-Bundeskongressen,
einschließlich 1975, widerspiegelt[5]. Aufgrund der starken Fluktuation im Baugewerbe - qualifizierte Arbeitskräfte wandern
in stationäre Arbeitsbereiche ab - sind die Arbeitgeber
daran interessiert, diese Arbeitnehmer möglichst zu binden
und ihnen daher finanzielle Anreize zu bieten, was den Ge-
werkschaftsforderungen zum Beispiel nach gemeinsamen Einrichtungen wie Sozialkassen oder Berufsbildungsfonds gem. § 4
Abs. 2 TVG insoweit entgegenkommt. Die BSE ist bemüht,

über die tarifvertragliche Vereinbarung von gemeinsamen
Einrichtungen gleichsam Solidaritätsbeiträge einzuziehen
und dieses Geld nicht unmittelbar in Form einer Beitrags-
senkung[6] an die Mitglieder weiterzugeben, sondern mittelbar
durch erweiterte Dienstleistungen, beispielsweise im Bildungsbereich. Daher werden von ihr sog. überbetriebliche
Berufsbildungsfonds, ähnlich wie in den Niederlanden, angestrebt (s. Vierter Teil). Solche Fonds würden im Rahmen sozialer Selbstverwaltung eine mittlere Position einnehmen.

3. Die BSE hat im Hinblick auf gemeinsame Einrichtungen keine
Bedenken gegenüber einer möglichen Gefährdung ihrer Gegnerfreiheit bzw. -unabhängigkeit. Gemeinsame Einrichtungen gem.
§ 4 Abs. 2 TVG können zwar aus praktischen Gründen nicht
erkämpft, aber, wenn sie einmal tarifvertraglich vereinbart
sind, mit Abwehrstreiks verteidigt werden. Gemeinsame Einrichtungen setzen ein gewisses Maß an Kooperation mit der
Arbeitgeberseite voraus.

Tendenziell partnerschaftliche Aspekte der BSE-Politik haben
sich aufgrund ihrer spezifischen Rahmenbedingungen entwik-
kelt. Der durchschnittliche Organisationsgrad der Beschäftigten im Baugewerbe beträgt zwischen 30 und 35 %, bei den Fach-
arbeitern zwischen 40 und 45 %. Die Fluktuationsrate ist
bei den Hilfsarbeitern sehr hoch. Da sich das Reinigungspersonal kaum organisieren läßt, gibt es nur wenig organisierte
Frauen. Der Ausländeranteil unter den Beschäftigten beträgt
etwa 30 %. Fast alle Tarifverträge sind allgemeinverbindlich
gem. § 5 TVG.

Im Baugewerbe gibt es keine gewerkschaftlichen Vertrauensleute. Der Beitragseinzug erfolgt teilweise durch das Lohnbüro, teilweise per Handkassierung, in der Regel aber mittels
eines zentralen Lastschriftverfahrens. Neben den üblichen
gewerkschaftlichen Unterstützungen wie Rechtschutz, Kranken-
und Sterbegeld zahlt die Zusatzversorgungskasse der Bauwirt-

schaft (Bilanzsumme: 3,0 Mill. DM), gestaffelt nach der Ge-
werbezugehörigkeit, eine Rente. Mitgliedern, die keine Leistungen aus dieser Kasse erhalten, gewährt die Gewerkschaft eine
Beihilfe zur Rente.

II. IG Bergbau und Energie (IGBE)

1. Die IGBE hat keine praktischen Erfahrungen mit Differenzierungsklauseln. Es besteht lediglich eine gemeinsame Einrichtung gem. § 4 Abs. 2 TVG im Braunkohlenbergbau, die Träger
   eines Jugendheimes ist. Dies kann aber nur als Differenzierung im weitesten Sinne bezeichnet werden.

2. Die Situation in über 80 Tarifbereichen ist gekennzeichnet
   durch:

   - 70 Tarifbereiche, die nicht der Montanmitbestimmung
     unterliegen;

   - einen hohen Organisationsgrad zwischen ca. 80 und 90 %
     der Beschäftigten;

   - betriebsnahe Tarifvereinbarungen, d.h. die Tariflöhne
     erreichen fast die Höhe der Effektivlöhne;

   - Betriebskassierung des Gewerkschaftsbeitrags, was eine
     Arbeitserleichterung für die Gewerkschaft bedeutet, aber
     keine Verbesserung des Organisationsgrades bewirkt hat,
     da das hohe Organisationsverhältnis bereits vor der
     Beitragseinziehung durch die Betriebe konsolidiert war.

3. Das unverändert hohe Organisationsverhältnis ist u.a. auch
   auf Werbemethoden ehrenamtlicher Funktionäre in den Orts-
   gruppen zurückzuführen, die in eigener Verantwortung über
   finanzielle Mittel für ihre Arbeit verfügen und somit eine
   zeit- und bedürfnisgerechte Werbung und Aktivierung der Mitglieder betreiben können.

4. Die Vorstellung von Differenzierungsklauseln weckt auch bei
   Mitgliedern der IGBE die Phantasie. Da aber die Einzelver-
   tragsfreiheit eingeschränkt werden müßte, wenn Differenzierungs-

klauseln effizient sein sollen (Spannensicherungsklauseln etc.), und die Rechtsprechung diesem Eingriff in die Rechtsordnung nicht zustimmt, stehen lediglich Kollektivvorteile zur Diskussion, die dem Wunsch der Mitglieder nicht so sehr entsprechen. Die IGBE weist einen Organisationsgrad von fast 90 % auf. Sie ist der Auffassung, daß andere Möglichkeiten als Differenzierungsklauseln genutzt und entwickelt werden sollten, um das Organisationsverhältnis zu stärken und eine finanzielle Entlastung der Gewerkschaft herbeizuführen.

III. IG_Chemie,_Papier,_Keramik_(IG_CPK)

1. Die IG CPK befürwortet generell Differenzierungsklauseln, die geeignet sind, das Organisationsverhältnis zu verbessern[7], so z.b. unmittelbare Vorteilsregelungen für Gewerkschaftsmitglieder wie eine Differenzierung bei der Urlaubsdauer und beim Urlaubsgeld. Bei den Vorteilsregelungen für die Organisation bevorzugt sie mehr den Schutz gewerkschaftlicher Vertrauensleute sowie die bezahlte Freistellung gewerkschaftlicher Funktionsträger und Mitglieder.

Auch die IG CPK erhebt grundsätzlich den Anspruch, die Interessen aller abhängig Beschäftigten entsprechend dem Grundsatzprogramm des DGB umfassend zu vertreten, sieht sich aber aus organisationspolitischen Gründen veranlaßt, Vorteilsregelungen für Mitglieder anzustreben. Bei der Lösung dieses Problems haben Effektivklauseln für sie jedoch eine größere Bedeutung als Differenzierungsklauseln. Denn während z.B. in der Mineralölindustrie der Tariflohn dem Effektivlohn entspricht, klaffen in der chemischen und pharmazeutischen Industrie Tarif- und Effektivlohn nicht unerheblich auseinander.

2. Die Fluktuationrate ist wegen der besonderen Arbeitsplatz-
   situation lediglich in der Kautschukindustrie relativ hoch.
   Der Anteil der Angestellten beträgt im Durchschnitt fast 50 %.

3. In der chemischen Industrie gibt es gewerkschaftliche Vertrauensleute. Aufgrund von Vereinbarungen zwischen Betriebsräten und Unternehmensleitungen gibt es aber auch in einer großen
   Anzahl betriebliche Vertrauensleute. Der Versuch der IG CPK,
   die bezahlte Freistellung der gewerkschaftlichen Vertrauensleute für Sitzungen, Wahlen etc. während der Arbeitszeit tarifvertraglich zu regeln, scheiterte bislang. Arbeitsorien-
   tierte Interessenvertretung durch die Betriebsräte und mit
   ihnen zusammenarbeitenden Vertrauensleutekörpern erzielen nach
   Meinung der IG CPK einen hohen Werbeeffekt für die Gewerkschaft. Daher sind Gewerkschaftsfunktionäre gehalten, Schu-
   lungslehrgänge zu absolvieren, die sich u.a. auch mit Part-
   nerschaftsideologien kritisch auseinandersetzen. Aufgrund
   guter Zusammenarbeit zwischen Betriebsrat und Vertrauensleutekörper sind z.B. bei der Firma BASF 80 % der Beschäftigten in
   der IG CPK organisiert.

4. Die DAG ist für die IG CPK keine ernsthafte Konkurrenzorgani-
   sation, so daß Anschlußtarifverträge mit Differenzierungsklauseln der IG CPK kaum schaden würden.

5. Der Beitragseinzug erfolgt überwiegend im Lastschriftverfahren, 20 % der Beiträge werden über das Lohnbüro eingezogen und
   10 % per Handkassierung; insgesamt bedeutet die Beitragskassierung für die IG CPK kein erfolgreiches Werbeinstrument.

6. Neben den üblichen gewerkschaftlichen Unterstützungen für
   Mitglieder, wie z.B. Arbeits- und Sozialrechtsschutz und
   Freizeit-Unfall-Versicherung,werden keine zusätzlichen Dienst-
   leistungen angeboten.

7. Außer den Gewerkschaftsschulungen, in denen u.a. betriebliche
und gesellschaftliche Konflikte diskutiert und Ansätze für
Lösungen entwickelt werden, gibt es keine weiteren Bildungseinrichtungen. Auch gemeinsame Einrichtungen auf diesem Gebiet
gem. § 4 Abs. 2 TVG sind nicht erwünscht.

Der paritätisch verwaltete Unterstützungsverein zur Aufbesse-
rung des Arbeitslosengeldes um 15 %, der 1975 erstmalig tarifvertraglich vereinbart wurde, signalisiert nach Auffassung
der IG CPK zur Zeit kein weiteres Interesse an gemeinsamen
Einrichtungen. Nach ihrem Selbstverständnis will sie insgesamt
weder eine bloße Lohnvereinbarungs- noch eine vielfältige
Versicherungsanstalt sein.

IV. IG_Druck_und_Papier

1. Auf dem letzten Gewerkschaftstag der IG Druck und Papier ist
der Gesetzgeber aufgefordert worden, die gesetzlichen Voraussetzungen zum Abschluß von Differenzierungsklauseln zu schaffen[9]. Einen entsprechenden Antrag hat die IG Druck und Papier
auch an den DGB-Bundeskongreß 1972 gerichtet (Nr. 188).

2. Die IG Druck und Papier hat keine praktischen Erfahrungen mit
Differenzierungsklauseln. Gleichwohl unterstützt sie die Bestrebungen zur entsprechenden Änderung des TVG, insbesondere
den DGB-Entwurf, nach dem solche Vorteilsregelungen statthaft
sein sollen, sofern durch sie nicht eine schwerwiegende Beeinträchtigung des regelmäßigen Arbeitseinkommens des nicht
tarifgebundenen Arbeitnehmers eintreten würde. In angemesse-
nen Vorteilsregelungen sieht die IG Druck und Papier einen
gerechten Ausgleich für materielle und ideelle Opfer der Organisierten, welche durch diesen Einsatz als Motor des sozialen Fortschritts wirken, der zwangsläufig auch den Nichtorganisierten zugute kommt, obwohl sie keine entsprechenden
Beiträge dazu leisten. Aus diesem Grunde ist auf längere
Sicht eine finanzielle Entlastung der Gewerkschaften notwendig.

Wenn man die dafür außerdem denkbaren Wege (z.B. Arbeitnehmerkammern oder Solidaritätsbeiträge der Nichtorganisierten)
ablehnt, so muß man eine Möglichkeit suchen, die Finanzkraft
der Gewerkschaften durch eine Erhöhung des Organisationsgrades
zu stärken. Ein Weg dazu ist nach Meinung der IG Druck und
Papier der Abschluß von tarifvertraglichen Vorteilsregelungen.
Aus Gründen einer negativen Öffentlichkeitswirkung sollten
solche Regelungen jedoch nicht bei Leistungen erfolgen, bei
denen sachliche, z.B. arbeitswissenschaftliche oder medizi-
nische Gründe dagegen ins Feld geführt werden können. So
könnte der Standpunkt vertreten werden, daß ein längerer Urlaub oder ein höherer Lohn für Organisierte nicht sachgerecht
sei, weil sich der Urlaub nach der Erholungsbedürftigkeit und
der Lohn nach der Leistung zu richten habe. In Frage kämen
daher für Differenzierungsklauseln nach Meinung der IG Druck
und Papier in erster Linie Leistungen, die solche unerwünsch-
ten Angriffsflächen nicht bieten, beispielsweise Jahressonder-
leistungen wie bei Coop oder gemeinsame Einrichtungen gem.
§ 4 Abs. 2 TVG. Bei letzteren müßte allerdings nach Meinung
der IG Druck und Papier, soweit es sich um Bildungseinrichtungen handelt, sichergestellt sein, daß die Arbeitgeber auf
die in diesen Einrichtungen vermittelten Bildungsinhalte keinen Einfluß nehmen können.

V. Gewerkschaft der Eisenbahner Deutschlands (GdED)

1. Auf dem Gewerkschaftstag 1972 in Nürnberg wurde ein Antrag[10]
   zu Vorteilsregelungen für Gewerkschaftsmitglieder angenommen
   und ein tarifpolitisches Programm beschlossen, wonach u.a.
   durch Änderung des TVG Tarifvertragsleistungen nur für Mitglieder der tarifschließenden Parteien wirksam werden sollen.
   Dennoch hat die GdED an Vorteilsregelungen für Gewerkschaftsmitglieder kein großes Interesse, da sie insbesondere bei gemeinsamen Einrichtungen gem. § 4 Abs. 2 TVG die Tendenz der
   Gewerkschaften zum wirtschaftsfriedlichen Verband befürchtet.

2. Der Organisationsgrad der GdED ist relativ hoch. Von 10 bei
   der Deutschen Bundesbahn (DB) beschäftigten Eisenbahnern
   gehören mehr als 7 der GdED an. Von den Arbeitern bei der DB
   sind 92 %, von den Angestellten 84 % und von den Beamten
   62 % bei der GdED organisiert. Unter den Beschäftigten der DB
   sind etwa 23.000 Frauen, davon ca. 17.000 organisiert, und
   von den etwa 21.000 Ausländern sind ca. 70 % Mitglieder der
   GdED.

3. Die Fluktuationsrate innerhalb der GdED-Mitgliedschaft ist
   relativ niedrig und beträgt nur ca. 10 %. Hier schlägt sich
   u.a. auch der Einfluß traditioneller Eisenbahnerfamilien
   nieder.

4. Der Vertrauensleutekörper bei der Eisenbahn ist überwiegend
   identisch mit dem Personal- bzw. Betriebsrat. Die GdED stellt
   über 75 % der Mitglieder der örtlichen Personalräte und 19
   von 25 Mitgliedern des Hauptpersonalrats beim Vorstand der
   DB. In den Personal-Jugendvertretungen ist die GdED mit mehr
   als 90 % vertreten. Auch die Betriebsratssitze werden fast
   zu 90 % von der GdED besetzt.

5. Konkurrenzorganisationen wie die Gewerkschaft Deutscher
   Lokomotivführer (GDL) und die GDBA im DBB sind mit geringen
   Prozentanteilen vertreten und für die GdED kaum von Bedeutung.

6. Die Mitgliederwerbung konzentriert sich auf die neu einzustellenden Nachwuchskräfte. Alle Informationsmöglichkeiten
   werden genutzt, um Neueinstellungen schon im voraus in Er-
   fahrung zu bringen. Dann werden nicht nur die Jugendlichen,
   sondern auch ihre Eltern kontaktiert[11]. Die GdED-Sommer-
   und Winterferienprogramme in GdED-eigenen Jugendheimen in
   Bayern und in Südfrankreich erfreuen sich größter Beliebt-
   heit bei der Eisenbahnerjugend und sind daher sehr werbewirksam.

7. Die Beitragskassierung erfolgt über die Eisenbahnspar- und Darlehenskasse[12), eine eigenständige Genossenschaft der Eisenbahner, deren Genossen zu etwa 90 % GdED-Mitglieder sind.

8. Die GdED gewährt die üblichen gewerkschaftlichen Unterstützungen, insbesondere umfassenden Rechtschutz, der für den gefahrgeneigten Eisenbahnerberuf von großer Bedeutung ist.

9. Die Bildungsarbeit der GdED erstreckt sich nicht nur auf Betriebs- und Personalräteschulungen in zwei eigenen Häusern in Königstein bzw. bei Garmisch, sondern auch auf gewerkschafts- und staatspolitische Bildungsveranstaltungen. Die Lehrgänge der Eisenbahnfachschule, eine Selbsthilfeeinrichtung der Eisenbahner auf dem freiwilligen Bildungssektor, werden für Laufbahnbewerber nach Beamtenrecht anerkannt.

Das Bergjugendheim in Rottach-Egern ist Zentrum der Jugendbildungsarbeit der GdED. An durchschnittlich 30 Wochen im Jahr finden dort Jugendbildungsmaßnahmen, ansonsten Erholungsaufenthalte, zum Teil unter internationaler Beteiligung, statt. Im Bildungsbereich werden ebenfalls keine gemeinsamen Einrichtungen wegen des zu erwartenden Einflusses der DB angestrebt.

VI. Gewerkschaft Handel, Banken und Versicherungen (HBV)

1. Auf dem 8. Ordentlichen HBV-Gewerkschaftstag 1972 wurden 2 Anträge, davon ein Initiativantrag, zu Vorteilsregelungen für Gewerkschaftsmitglieder angenommen[13). Der Initiativantrag Nr. 22 enthält u.a. die Forderung, nur gewerkschaftlich organisierte Arbeitnehmer in den Genuß tarifvertraglicher Vereinbarungen kommen zu lassen, den Arbeitgeber zu verpflichten, Nichtorganisierte gegenüber vergleichbaren Organisierten

nicht zu begünstigen und sicherzustellen, daß die Kosten
der Arbeitnehmer in den Tarifkommissionen von den Arbeitgebern getragen werden.

Bei den Anträgen zu Differenzierungsklauseln sind nach Auffassung der HBV zwei Fragen zu unterscheiden: Erstens die
Änderung des TVG als gewerkschaftspolitisches Ziel, um der
restriktiven Auslegung der Grenzen der Koalitionsfreiheit
(Art.9 Abs.3 GG) und der Tarifautonomie durch die Rechtsprechung Einhalt zu gebieten, und zweitens die Entscheidung
über die mögliche Anwendung von Differenzierungsklauseln in
Tarifverträgen. Ein sich hierauf beziehender HBV-Antrag wurde
ebenfalls auf dem 9. Ordentlichen Bundeskongreß des DGB 1972
beschlossen.

Die HBV hat zur Zeit kein Interesse daran – außer im gemein-
wirtschaftlichen Bereich –, Differenzierungsklauseln in ihre
Tarifverträge aufzunehmen. Mit ähnlichen Argumenten gegen
Differenzierungsklauseln wie IGM und ÖTV will sie nicht den
Anschein erwecken, die Interessen lediglich ihrer Mitglieder
zu vertreten, sondern versteht sich als Organisation aller
Arbeitnehmer. Außerdem steht sie in ihrem Tarifbereich im
Wettbewerb mit Konkurrenzverbänden (DAG etc.). Das Votum der
Arbeitnehmer für die Gewerkschaft HBV, welches zu einem steti-
gen und kontinuierlichen Mitgliederzuwachs dieser Gewerkschaft und einer Stagnation bzw. einem Mitgliederschwund der
(konkurrierenden) DAG geführt hat, würde und wird durch
aktive und konsequente Interessenvertretung im Betrieb und in
der Tarifarbeit erzielt. Es wäre zu befürchten, daß im Falle
des Einsatzes von Differenzierungsklauseln Arbeitnehmer überwiegend aus Kosten-Nutzen-Überlegungen zum Beitritt "bewogen"
würden und sich damit eventuell irgendeiner Gewerkschaft anschließen könnten.

2. Die Vereinbarung mit Co-op zum Beispiel im Manteltarifvertrag vom 3o.11.1973 [14), wonach nur Beschäftigte, die der tarif- vertragschließenden Gewerkschaft angehören, Ansprüche auf zu- sätzliche Leistungen (13. Monatsgehalt bzw. -lohn) haben, stellt nach Ansicht der HBV lediglich einen Hinweis auf § 3 Abs.1 TVG und eine Empfehlung an den Arbeitgeber dar, Nicht- mitglieder im Einzelarbeitsvertrag insoweit nicht den Organi- sierten gleichzustellen[15). Solche "einfachen" Differenzie- rungsklauseln ohne Spannensicherungs- oder Tarifausschluß- klausel bzw. ohne Vereinbarung einer Vertragsstrafe sind nach geltendem Recht zulässig und werden auch nicht von der BAG- Rechtsprechung [16) erfaßt. Sie dienen der HBV dazu, den hohen Organisationsgrad im Bereich der Gemeinwirtschaft (BfG, Volks- fürsorge, Co-op, Neue Heimat etc.) zu konsolidieren und evtl. Einbrüche in der Mitgliedschaft zu verhindern sowie beispiel- haft auf den privatwirtschaftlichen Bereich auszustrahlen.

3. Vorteilsregelungen im weiteren Sinne, wie ein besonderer Schutz der Vertrauensleute, bezahlte Freistellung von Vertrauensleuten und Tarifkommissionsmitgliedern von der Arbeit sowie Freistel- lung von Funktionären und Mitgliedern zur Teilnahme an Gewerk- schaftstagen, Sitzungen, Konferenzen, Schulungen der Gewerk- schaft etc. werden von der HBV als natürliche Rechte aus Art.9 Abs.3 GG, als Ausfluß der Tarifautonomie betrachtet. Sie dienen der Sicherstellung gewerkschaftlicher Interessenvertretung und koalitionsgemäßer Betätigung und bedeuten nach ihrer Meinung keinen Vorteil, sondern einen Nachteilausgleich für gewerk- schaftliche Funktionsträger und Vertrauensleute. Diese Rege- lungen sollten nicht gesetzlich begründet, sondern tarifver- traglich vereinbart werden, was bisher von der HBV mit Erfolg praktiziert wurde [17).

4. Die spezifischen Bedingungen im Bereich der HBV sind gekenn- zeichnet durch einen hohen Frauenanteil bei den Beschäftigten im Handel (ca. 7o %), bei Banken und Versicherungen (ca. 50 %).

Die Fluktuationsrate bei der HBV beläuft sich im Handel auf
etwa 2o % und bei Banken und Versicherungen zwischen 15 und
2o %.

Trotz des prozentual höchsten Zuwachses an Mitgliedern aller
Einzelgewerkschaften von 12,66 % im Jahre 1974 beträgt das
durchschnittliche Organisationsverhältnis bei den Versiche-
rungen etwa 35 - 4o % und bei den Banken 4o - 45 % . Dieser
Organisationsgrad ist historisch und durch die spezifische
Beschäftigtenstruktur im Banken- und Versicherungsgewerbe
bedingt, nicht zuletzt durch massive antigewerkschaftliche
Politik der Arbeitgeber in diesem Bereich.

Die Vertrauensleutekörper, von der HBV als lebenswichtig für
die Organisation eingeschätzt, sind teilweise (in schwach organisierten Bereichen) erst im Aufbau begriffen, teilweise
(wie im gemeinwirtschaftlichen Sektor) ein starkes Bindeglied
zwischen Organisierten und Betriebsrat bzw. Gewerkschaft.

Die Methodik der Mitgliederwerbung und -betreuung basiert auf
einer konsequenten und einheitlichen Interessenvertretung vom
Reinigungspersonal bis zu den leitenden Angestellten und auf
einer selbständigen branchen- und betriebsspezifischen Gewerkschaftsarbeit.

Der Beitragseinzug erfolgt in gemeinwirtschaftlichen Unternehmen durch das Lohnbüro, ansonsten in der Regel durch Lastschriftverfahren.

Die Bildungsarbeit der HBV dient weniger der abstrakten Wissens-
vermehrung als vielmehr der gesellschaftspolitischen Schulung.
Dies gilt insbesondere für die Betriebsräte- und Vertrauens-
leuteschulung. Gemeinsame Bildungseinrichtungen im Sinne des
§ 4 Abs.2 TVG werden von der HBV wegen des zu erwartenden Einflusses auf die Bildungsinhalte durch die Arbeitgeberseite und
ihrer Dominanz im Aus- und Fortbildungssektor abgelehnt.

VII. Gewerkschaft_Holz_und_Kunststoff_(GHK)

1. Die Forderung nach Besserstellung der Gewerkschaftsmitglieder
   durch entsprechende Tarifverträge gehört seit 1965 zu den
   Hauptanliegen der GHK. Alle Gewerkschaftstage haben diese Absicht einstimmig bekräftigt. Im persönlichen Geltungsbereich
   der von ihr abgeschlossenen Tarifverträge wird ausdrücklich
   darauf hingewiesen, daß nur Mitglieder der Tarifvertragsparteien - vielfach: nur Mitglieder der Gewerkschaft Holz und
   Kunststoff - Anspruch auf die tariflichen Leistungen haben.

   In einer Entschließung haben die Delegierten des 9. Ordentlichen Gewerkschaftstages der GHK in Freiburg 1973 an die
   Bundesregierung und den Bundestag appelliert, noch in dieser
   Legislaturperiode durch eine Änderung des TVG die bisherige
   Benachteiligung von Gewerkschaftsmitgliedern zu beseitigen [18].
   Außerdem bekräftigten sie ihre Entschlossenheit, diese wichtige gesellschaftspolitische Forderung in der Öffentlichkeit in
   gemeinsamen Aktionen mit dem DGB und seinen Gewerkschaften
   nachhaltig zu vertreten [19].

2. Die GHK verlangt eine Gesetzesänderung, die es ihr ermöglicht
   - notfalls durch Streik - einen Teil der tariflichen Erfolge
   nur ihren Mitgliedern zukommen zu lassen.

   Die ursprüngliche Forderung der Gewerkschaft Holz nach gemeinsamen Einrichtungen gemäß § 4 Abs.2 TVG, wie zum Beispiel
   Sozialkassen in Form der in den 6oiger Jahren angestrebten
   Vorsorgekasse des Deutschen Holzgewerbes [20], ist in den Hintergrund getreten.

   Ein Streik in der saarländischen Holzindustrie um die saarländische Variante der Vorsorgekasse des Deutschen Holzgewerbes wurde 1966 wegen angeblicher formalrechtlicher Mängel durch
   eine einstweilige Verfügung abgebrochen.

III. IG_Metall_(IGM)

1. Auf dem IGM-Gewerkschaftstag 1971 wurde ein Antrag zu Vorteilsregelungen für Gewerkschaftsmitglieder angenommen [21],
   während auf dem Gewerkschaftstag 1974 von 2 Anträgen zu Vorteilsregelungen lediglich einer als Material an den Vorstand
   überwiesen wurde [22].

   Die IG Metall hat sich beim Antrag 16o (Änderung des TVG)
   auf dem DGB-Kongreß 1975 der Stimme enthalten. Sie lehnt
   grundsätzlich Differenzierungsklauseln ab, will aber nicht
   einer Änderung des TVG hinsichtlich der gesetzlichen Absicherung von Differenzierungsklauseln im Wege stehen. Allerdings
   wünscht sie keine Bindung der Einzelgewerkschaften an den
   Abschluß von Differenzierungsklauseln durch Beschluß des DGB.
   Effektiv- und Öffnungsklauseln befürwortet sie hingegen bei
   der Novellierung des TVG.

2. Die IGM versteht sich nicht als Ordnungsfaktor und auch nicht
   als staatstragende Gewerkschaft. Nach ihrer Auffassung sprechen folgende Gründe gegen Differenzierungsklauseln :

   Die Gewerkschaft ist ihrem Wesen nach eine Kampf- und Inter-
   essenorganisation und auf entsprechend überzeugte Mitglieder
   angewiesen und sollte sich daher vor finanziell motivierten
   Mitläufern hüten.

   Differenzierungsklauseln werden in der Regel auf dem Hintergrund einer Sozialpartnerschaft zwischen Arbeitgeber und Gewerkschaft diskutiert [23], die IGM sieht in den Tarifparteien
   hingegen soziale Gegenspieler.

   Bei gemeinsamen Einrichtungen gem. § 4 Abs,2 TVG könnten die
   Gegnerfreiheit und -unabhängigkeit der Gewerkschaften zwar
   nicht juristisch, wohl aber politisch in Gefahr geraten.

Die IG Metall sieht dabei die Gefahr einer Einbindung der
Gewerkschaft in die Interessenssphäre der Arbeitgeber. Aufgrund der Kündigungsmöglichkeiten der Tarifverträge wäre
die Gewerkschaft dann auf das Wohlwollen der Arbeitgeber
angewiesen. Kampfmaßnahmen zur Verbesserung der Leistungen
gemeinsamer Einrichtungen sind kaum einsetzbar, da sie auf
dem Kooperationsgedanken beruhen. Folglich lassen sich unerwünschte Zugeständnisse an die Arbeitgeber schwerlich
vermeiden.

Noch gravierender wertet die IGM mögliche Abhängigkeiten vom
Arbeitgeber bei gemeinsamen Einrichtungen im Bildungsbereich,
sei es in der Form direkter Einflußnahme auf Bildungsinhalte
oder indirekt durch Stellung von Referenten. Nach ihrer Auffassung besteht dabei die Gefahr, daß die politische Schulung
verwässert wird und das Bewußtsein von der Gewerkschaft als
Kampfverband, der durch Streiks seine Interessen durchsetzt,
verlorengeht. Gemeinsame Einrichtungen wären bei einer möglichen Einflußnahme der Arbeitgeber auf Bildungsinhalte für die
IGM unannehmbar.

Differenzierungsklauseln mit spürbar finanziellem Druck könnten der Tendenz einer Körperschaft des öffentlichen Rechts
mit Zwangsmitgliedschaft (Arbeitskammersystem) Vorschub leisten. Das gleiche gälte auch für die Erhebung von Solidaritätsbeiträgen.

Eine leistungsstarke und durchsetzungskräftige Gewerkschaft
wie die IGM ist nicht darauf angewiesen, mittels Differenzierungsklauseln ihren Organisationsgrad zu erhöhen. Außerdem
widerstreben Differenzierungsklauseln dem gesellschaftspolitischen Anliegen der Gewerkschaften, die Interessen aller
abhängig Beschäftigten zu vertreten. Der im Tarifvertrag für
die metallverarbeitende Industrie Südwürttemberg-Hohenzollern
von 1974 enthaltene Hinweis, daß der Tarifvertrag nur für die

Mitglieder der IG Metall gelte, ist lediglich als Versuch
zu werten, die begrenzte Geltung des Tarifvertrages für
Gewerkschaftsmitglieder deutlich vor Augen zu führen.

Differenzierungsklauseln bergen die Gefahr einer Entpoliti-
sierung der Gewerkschaften nach amerikanischem Muster in
sich, wenn die Gewerkschaften durch Vorteilsregelungen neue
Mitglieder werben sollten statt durch überzeugende Arbeit
in den Betrieben.

3. Die IGM befürwortet "Vorteilsregelungen für die Organisation",
   wie z.b. den Schutz gewerkschaftlicher Vertrauensleute, bezahlte Freistellung von gewerkschaftlichen Funktionsträgern
   und Mitgliedern zur Teilnahme an Sitzungen, Schulungen, Bildungsarbeit. Diese Forderungen werden von der IGM zusätzlich
   in die Tarifbewegung eingebracht. Sie sieht hierin keine
   Differenzierungsklauseln, sondern natürliche Rechte aus der
   Koalitionsfreiheit nach Art.9 Abs. 3 GG.

4. Die paritätische Mitbestimmung im Montanbereich wirkt sich
   auf das Organisationsverhältnis infolge starker Betriebsräte
   günstig aus.

Bereits beim Einstellungsvorgang werden die neuen Belegschafts-
mitglieder mit dem gewerkschaftlichen Vertrauensmann bzw. Betriebsrat bekannt gemacht, die sie dann weiterhin betreuen.
Allein die starke gewerkschaftliche Präsenz der IGM in der
Eisen-, Stahl- und metallverarbeitenden Industrie übt einen
nicht unerheblichen Beitrittssog aus.

Mehrfach durchgeführte Urlaubspreisausschreiben nur für Organisierte mit Fragen zur Gewerkschaft und dem Ziel einer Mitgliederwerbung, an denen 3oo bis 4oo.000 Organisierte teil-
nahmen, hatten positive Beitrittswirkungen. Die IGM ist sich
allerdings bewußt, daß mit diesen Werbeaktionen zwar neue

Mitglieder gewonnen, aber kein für die Mitgliedschaft not-
wendiges gewerkschaftliches Bewußtsein erzielt werden kann.
Daher ist es ihrer Meinung nach notwendig, den Kampf für
bestimmte gewerkschaftspolitische Ziele wie Tarifverträge
in das Blickfeld aller Arbeitnehmer zu rücken.

Insbesondere nach Streiks (zuletzt in der Metallindustrie
des Unterwesergebietes sowie um den Lohnrahmentarifvertrag II
Nordwürttemberg/Nordbaden) sind die Mitgliederzahlen der IGM
sprunghaft gestiegen. Daher bedeuten nach ihrer Meinung erfolgreich geführte Tarifverhandlungen die beste Eigenwerbung
für die Gewerkschaft. Seit 1968 kommen der Mitgliederwerbung
der IGM außerdem ein allgemein gestiegenes Bewußtsein der
Solidarität, des Widerstandes gegen Herrschaftsstrukturen
und eine daraus resultierende Erkenntnis, sich zu organisieren, zugute.

Die Dienstleistungen der IGM wie Rechtsschutz etc. werden
von den Mitgliedern sehr geschätzt und sind daher werbewirksam. So hat sich die Einführung der Freizeitunfallversicherung im Rezessionsjahr 1968/69 auf die Werbung neuer Mitglieder positiv ausgewirkt. Die Beitragseinziehung durch das Lohnbüro wird von der IGM grundsätzlich aufgrund ihres Selbstverständnisses abgelehnt. In Betrieben, die der Montanmitbestimmung unterliegen, gibt es allerdings diese Form des Beitrags-
einzugs.

IX. Gewerkschaft Nahrung, Genuß, Gaststätten (NGG)

1. Die NGG bemüht sich schon seit Anfang der 6oiger Jahre, in
   Tarifverträgen erkennbar zwischen Organisierten und Nichtorganisierten zu differenzieren oder die Nichtorganisierten
   an den Kosten der Gewerkschaftsarbeit zu beteiligen. Bereits
   1960 hat sie im Bereich der Nährmittelindustrie die Zahlung

eines Solidaritätsbeitrages gefordert, scheiterte damit je-
doch am geschlossenen Widerstand der Arbeitgeber und negativen
Reaktionen in der Öffentlichkeit.
Seitdem sind die Forderungen nach Vorteilsregelungen für
Gewerkschaftsmitglieder sowie nach gesetzlicher Absicherung
von Differenzierungsklauseln im TVG das Thema mehrerer Gewerk-
schaftstage[24] gewesen und nicht zuletzt in einem Antrag der
NGG zum DGB-Kongreß 1975[25] enthalten.

2. Die NGG setzt sich nachdrücklich für eine Änderung des TVG
ein, damit Tarifvereinbarungen ausschließlich gegenüber Organisierten wirksam werden. Sie hält daher auch neben op-
tischen Gründen an dem ausdrücklichen Hinweis auf § 3 Abs. 1
TVG in ihren Tarifverträgen fest. Im Manteltarifvertrag für
die Konsumgenossenschaften des Bundesgebietes vom 30. 11. 1973
konnte die NGG bisher folgende Vorteilsregelungen durchsetzen:
Nach § 21 dieses MTV erhalten Mitarbeiter, die einer der
tarifschließenden Gewerkschaften angehören, ein 13. Monats-
entgelt und nach § 23 erhalten Mitarbeiter über die gesetzlichen Ansprüche hinausgehend zusätzliche Leistungen.

3. Seit etwa 1965 vereinbart die NGG außerdem in Tarifverträgen
bezahlte Freistellungsregelungen für Mitglieder der Tarifkommissionen bei Tarifverhandlungen und/oder Tarifkommissions-
sitzungen[26]. 26 Tarifverträge der NGG enthalten einen Anspruch auf bezahlte Freistellung zur Teilnahme an Schulungsveranstaltungen für Arbeitnehmer, die nicht Betriebsratsmit-
glieder sind. Teilweise werden ausdrücklich gewerkschaftliche
Vertrauensleute als teilnahmeberechtigt genannt[27]. Die Schulungsinhalte werden dabei ausschließlich von der NGG bestimmt.

4. Durch Errichtungstarifvertrag vom 20. Februar 1970 zwischen
dem Bundesverband der Deutschen Brot- und Backwarenindustrie e.V.
und der Gewerkschaft NGG ist als gemeinsame Einrichtung gem.
§ 4 Abs. 2 TVG eine "Zusatzversorgungskasse für die Beschäftigten der Deutschen Brot- und Backwarenindustrie VVaG"

gegründet worden. Zweck dieser Kasse ist die Gewährung
von Beihilfe zur Erwerbsunfähigkeitsrente oder zum Altersruhegeld. Die Beihilfe beträgt z.Zt. DM 60,-- monatlich.
Die Mittel dafür werden von den Arbeitgebern in Höhe von
0,3 % der Jahresentgeltsumme aufgebracht.

Unter dem gleichen Datum haben der Zentralverband des Deutschen Bäckerhandwerks e.V. und die Gewerkschaft NGG die Tätigkeit einer "Zusatzversorgungskasse für die Beschäftigten
des Deutschen Bäckerhandwerks VVaG" ebenfalls als gemeinsame Einrichtung vereinbart. Die Zweckgebung dieser Kasse
ist die gleiche wie bei der Kasse der Brotindustrie. Die
Beihilfe beträgt auch hier z.Zt. DM 60,-- monatlich. Die
Mittel für die Tätigkeit der Kasse werden von den Arbeitgebern in Höhe von 0,18 % der Jahresentgeltsumme aufgebracht[28].

Außerdem haben die zuletztgenannten Tarifparteien aufgrund
eines Tarifvertrages vom 20. Februar 1970 am 14. Juli 1970
den Verein "Förderungswerk für die Beschäftigten des
Deutschen Bäckerhandwerks" als gemeinsame Einrichtung nach
§ 4 Abs. 2 TVG gegründet. Dieser Verein wird paritätisch
verwaltet und hat die Aufgabe, Beihilfen an
- Einrichtungen zur beruflichen und staatsbürgerlichen
  Bildung und
- an Arbeitnehmer des Bäckerhandwerks bei Heil- und Erholungsmaßnahmen zu gewähren 29).

Die Arbeitgeber sind tarifvertraglich verpflichtet, an das
"Förderungswerk" in jedem Kalenderjahr 1,2 % der Entgeltsumme des Vorjahres zu zahlen[30]. Das Schwergewicht der
Mittelverwendung liegt in der Bildungsförderung. Soweit es
sich um staatsbürgerliche Bildung handelt, werden die
Schulungsinhalte ausschließlich von der NGG, hingegen bei
der beruflichen Bildung, z.B. Meisterkursen, ausschließlich von der Arbeitgeberseite bestimmt.

- 23 -

5. Freistellungsregelungen für gewerkschaftliche Schulungs-
maßnahmen betrachtet die Gewerkschaft NGG als Vorteilsregelungen, an denen die Mitglieder der Gewerkschaft über die
Organisation mittelbar partizipieren.

6. Die Einführung einer Freizeitunfallversicherung hat sich
auch bei der NGG als sehr werbewirksam erwiesen und auf die
Beitragsehrlichkeit positiven Einfluß genommen. Zum 1. Januar 1976 erfolgt eine Senkung des Gewerkschaftsbeitrages
von 1,25 % auf 1 % der Bruttolohn- bzw. -gehaltssumme. Alle
Mitglieder erhalten von der NGG einen werbewirksamen Leistungsausweis mit diversen Versicherungen wie der zuletzt ein-
geführten Familienrechtsschutzversicherung. Diese satzungsgemäßen Leistungen werden von den Mitgliedern als Vorteilsregelungen angesehen und auch gegenüber Nichtorganisierten
als solche proklamiert.

7. Insgesamt schätzt die NGG Differenzierungsklauseln als ein
wichtiges gewerkschaftspolitisches Instrument ein, um eine
Abgrenzung zu den Nichtorganisierten und damit eine Anerkennung der gesellschaftspolitischen Leistungen der Gewerkschaft als Tarifvertragspartei zu erreichen.

X. Gewerkschaft_Öffentliche_Dienste,_Transport_und_Verkehr_(ÖTV)

1. Der Gewerkschaftstag der ÖTV beschloß 1972 die Einsetzung
einer Kommission, die untersuchen soll, welche Möglichkeiten
es bei der derzeitigen Rechtslage gibt, zwischen Gewerkschaftsmitgliedern und Nichtorganisierten (einschließlich
der Mitglieder berufsständischer Organisationen, die lediglich Anschlußtarifverträge abschließen) direkt oder indirekt
zu differenzieren[31].

2. Die ÖTV verfügt über keine praktischen Erfahrungen mit
Differenzierungsklauseln.

3. Tarifvertragliche Vorteilsregelungen für Gewerkschaftsmitglieder stoßen bei der ÖTV auf mindestens vier zentrale
Problembereiche: Dies sind erstens die Konkurrenzsituation
durch diverse Berufs- und Standesorganisationen, zweitens
die Einbeziehung der Beamten, deren Rechtsstellung nicht
durch Tarifverträge, sondern durch die Beamtengesetzgebung
geregelt ist, drittens die Gegnerfreiheit und -unabhängig-
keit und viertens das gewerkschaftliche Selbstverständnis.

Im Organisationsbereich der ÖTV gibt es zahlreiche kon-
kurrierende berufsständische Vereinigungen. Mit einer
Reihe dieser Verbände schließen die Arbeitgeber Anschlußtarifverträge ab. Man muß davon ausgehen, daß die Arbeitgeber, insbesondere im öffentlichen Dienst, diesen Verbänden auch Anschlußverträge über Vorteilsregelungen gewähren
werden.

Damit würde aber ein wesentliches Ziel von Differenzierungsklauseln unterlaufen, nämlich die Verbesserung des Organisationsgrades der ÖTV. Da die Konkurrenzverbände geringere
Beiträge als die ÖTV erheben, könnte es zu einem Trend zu
den "billigeren Preisen" kommen, während bisher die Anziehungskraft der ÖTV stärker ist. Arbeitnehmer, die nur
eines kurzfristigen Vorteils wegen einer Gewerkschaft beitreten, werden sich im Zweifelsfall für den Verband mit den
niedrigeren Beiträgen entscheiden.

Tarifvertragliche Vorteilsregelungen können nur für Arbeiter
und Angestellte abgeschlossen werden. Sie können für Beamte
nicht wirksam werden. Das bedeutet, daß ein wichtiger Teil
der ÖTV-Mitglieder von Vorteilsregelungen ausgeschlossen
bliebe. Daß der Gesetzgeber in der Besoldungsgesetzgebung
unterschiedliche Regelungen für gewerkschaftlich organisierte und nichtorganisierte Beamte treffen könnte, erscheint rechtlich und politisch mehr als fraglich.

Gegen die Vereinbarung gemeinsamer Einrichtungen gemäß
§ 4 Abs. 2 TVG erhebt die ÖTV aufgrund der spezifischen Bedingungen in ihren Tarifbereichen "öffentlicher Dienst" folgendes Bedenken: Mit der Beteiligung der Arbeitgeber an
gemeinsamen Institutionen, die mittelbar oder unmittelbar
zur Finanzierung gewerkschaftlicher Aufgaben beitragen,
könnte zumindest gewerkschaftspolitisch der Grundsatz der
Gegnerfreiheit und -unabhängigkeit gefährdet werden.

Nicht zuletzt sprechen grundsätzliche Bedenken, die das
gewerkschaftliche Selbstverständnis betreffen, nach Auffassung der ÖTV gegen den Abschluß von Differenzierungsklauseln. Anders als zum Beispiel die Gewerkschaften in den USA,
die sich als ausschließliche Interessenvertretung ihrer Mitglieder verstehen, haben sich die deutschen Gewerkschaften
historisch in einer doppelten Funktion entwickelt. Einmal
als Selbsthilfeorganisation, die ihren Mitgliedern Schutz
bietet, zum anderen als politische Kampfbewegung, die die
Aufhebung der wirtschaftlichen und gesellschaftlichen Abhängigkeit und Unterprivilegierung der gesamten Arbeitnehmerschaft
anstrebt. In diesem Sinne haben sich die deutschen Gewerkschaften stets als Vertretung aller Arbeitnehmer verstanden.
Dieser Anspruch, für alle Arbeitnehmer zu sprechen und zu
handeln, würde verändert - wenn nicht aufgegeben -, wenn die
Gewerkschaften sich mit Differenzierungsklauseln mehr und
mehr der ausschließlichen Vertretung von Mitgliederinteressen zuwenden würden.

Solidaritätsbeiträge entsprechen den Vorstellungen der ÖTV-
Mitglieder von Vorteilsregelungen nicht. Sie müßten auch
größten Bedenken begegnen. Zwar würden sie die Gegnerfreiheit unberührt lassen und könnten auch von unorganisierten
Beamten erhoben werden, aber sie bergen die Gefahr einer Entwicklung zur "öffentlichen Gewerkschaft" mit einer Art
Zwangsmitgliedschaft in sich. Wenn der Staat für die Gewerkschaften Solidaritätsbeiträge erheben würde, wäre die Gründung neuer Verbände sehr wahrscheinlich.

XI. Deutsche Postgewerkschaft (DPG)

1. Es gibt zwar zwei angenommene Anträge zu Differenzierungsklauseln auf Gewerkschaftstagen der DPG und einen Antrag
zum DGB-Bundeskongreß 1975[32], aber die Diskussion über
Vorteilsregelungen für Gewerkschaftsmitglieder verlief eher
am Rande und hat keine zentrale Bedeutung innerhalb der
DPG. Sie befürwortet zwar grundsätzlich eine Änderung des
TVG, um Differenzierungsklauseln gesetzlich abzusichern,
wüßte aber noch nicht, ob sie auch von dieser Möglichkeit
Gebrauch machen würde.

2. Die DPG macht folgende Bedenken gegenüber Differenzierungsklauseln geltend:

Die Gewerkschaft sucht vorrangig Mitglieder, die an gewerkschaftlicher Arbeit interessiert und von ihrer politischen
Notwendigkeit überzeugt sind. Dabei toleriert sie auch frei-
willige Mitläufer, aber nicht "gepreßte", d.h. diejenigen,
die ausschließlich wegen finanzieller Anreize kommen. Diese
würden ihr letztlich mehr schaden als nützen.

Gemeinsame Einrichtungen gemäß § 4 Abs. 2 TVG, die als
Selbstverwaltungseinrichtungen paritätisch besetzt sind,
befürwortet die DPG im Bereich der Fürsorge wie Urlaubs-
werk, Altersversorgung der Versorgungsanstalt der Deutschen
Bundespost (VAP). Im Bildungsbereich sind solche gemeinsamen Einrichtungen jedoch nicht erwünscht wegen einer möglichen Einflußnahme der Deutschen Bundespost (DBP) auf die
Bildungsinhalte.

Die DPG ist auch nicht auf Vorteilsregelungen für die
Organisation angewiesen, da die bezahlte Freistellung von
Funktionären und Mitgliedern für Schulungen etc. bis zu 12
Tagen im Jahr durch die Sonderurlaubsverordnung gesetzlich
gewährleistet ist[33].

3. Die Vorteilsregelungen im weiteren Sinne für Gewerkschaftsmitglieder wie ACE, g-u-t, diverse Versicherungen etc. sind
zwar nach Auffassung der DPG werbewirksam. Sie möchte jedoch
nicht den Eindruck erwecken, nur Versicherungen anzubieten
oder in der Nähe eines Versicherungsvereins angesiedelt zu
sein.

4. Die DPG lehnt auch die Erhebung eines Solidaritätsbeitrages
ab, da er die Gefahr einer staatlichen Finanzierung der Gewerkschaft in sich birgt und damit einem Arbeitskammersystem
Vorschub leistet. Die gesellschaftlichen Auswirkungen eines
Solidaritätsbeitrages mit der denkbaren Konsequenz einer
antigewerkschaftlichen Haltung in der Öffentlichkeit werden
von ihr noch negativer eingeschätzt als bei Differenzierungsklauseln.

5. Es gibt zwar Konkurrenzorganisationen wie die im DBB organisierten Postbeamten, sie bieten aber der DPG aufgrund ihres
schwachen Organisationsgrades (etwa 1/1o der Mitglieder der
DPG) keine ernsthafte Konkurrenz, so daß sich bei Differenzierungsklauseln vermutlich auch kein Konkurrenzsog entwik-
keln würde.

6. Da bei der Post Abteilungsleiter und Personalratsvorsitzen-
der in der Regel Mitglieder der DPG sind, ist der Mitglieds-
sog zur Gewerkschaft sehr stark. Die Mitgliedswerbung konzentriert sich vor allem auf die Auszubildenden, Frauen und
Ausländer. So ist es nicht selten, daß in einigen Bezirken
die Dienstanfänger zu 1oo % für die DPG geworben werden.
Die durchschnittliche Erfolgsquote liegt jeweils 4 Monate
nach der Einstellung zwischen 6o % und 7o %. Differenzierungsklauseln bedeuten daher für die DPG kaum noch eine Verbesserung des Werbeeffektes bzw. allenfalls eine unwesentliche
Organisationsgraderhöhung. Mitgliederwerbung und -betreuung
werden u.a. wesentlich durch umfassende Rechtsberatung und
durch werbewirksamen Rechtsschutz bestimmt.

7. Aufgrund betriebsnaher Bildungsarbeit, die die individu-
ellen Probleme und Konflikte der Lehrgangsteilnehmer zum
Ausgangspunkt des Lehrgangsinhaltes macht und auf ihre
Ursachen hin untersucht, sowie durch örtliche und zentrale
Schulungen, die innerhalb von 3 Jahren mindestens 1o % der
Mitglieder erfassen, hat sich das gewerkschaftliche Selbstverständnis der Mitglieder vom Sozialpartnerschaftsgedanken
zur Gewerkschaft als Interessen- und Kampfverband gewandelt.
Die Schulungs- und Bildungsarbeit der DPG beschränkt sich
nicht nur auf Personal- bzw. Betriebsräteschulungen und
Fach- sowie Fortbildung, sondern umfaßt auch gesellschaftspolitische Bildung, die sich für die Organisation sehr vor-
teilhaft ausgewirkt hat.

XII. G̲e̲w̲e̲r̲k̲s̲c̲h̲a̲f̲t̲_̲T̲e̲x̲t̲i̲l̲-̲B̲e̲k̲l̲e̲i̲d̲u̲n̲g̲_̲(̲G̲T̲B̲)̲

1. Die GTB verfügt über die längsten Erfahrungen [34] mit tarifvertraglich vereinbarten Differenzierungsklauseln, wobei
der Beschluß desGroßen Senats des BAG vom 29.11.1967 [35]
nicht nur für die GTB, sondern auch für das gesamte Arbeitsrecht einen schweren Rückschlag bedeutet.

Mit Tarifvertrag vom 27. Juni 1963 vereinbarte die GTB mit
der Arbeitsgemeinschaft der Miederindustrie e.V. die Zahlung
von jährlich 2,5 % (z.Zt. 4 %) der Bruttolohnsumme an den
Verein "Berufs- und Lebenshilfe für die Arbeitnehmer der
Miederindustrie e.V.".
Der Verein war danach verpflichtet, mindestens 3o % dieser
Gelder an die von der GTB errichtete gemeinnützige Stiftung
"Berufs- und Lebenshilfe" weiterzuleiten und den verbleibenden Restbetrag unmittelbar zur Pflege und Förderung der
Gesundheit aller gewerblichen Arbeitnehmer der Betriebe, die
der Arbeitsgemeinschaft der Miederindustrie angehören, zu
verwenden. Die Mitgliedschaft der Arbeitnehmer zur GTB konnte
dabei berücksichtigt werden.

Im Jahr 1965 wurde aus diesen Geldern u.a. für alle
Arbeitnehmer Erholungsgeld für den Urlaub, gestaffelt
nach der Betriebszugehörigkeit zwischen DM 3o,- und
DM 6o,-,und nur für Gewerkschaftsmitglieder ein zusätzliches Urlaubsgeld je nach der Dauer der Gewerkschaftszugehörigkeit in Höhe von gleichfalls DM 3o,- bis DM 6o,-
gezahlt.

Einen ähnlichen Vertrag schloß die GTB am 14.9.1963 mit
dem Verband der saarländischen Textil- und Lederindustrie
e.V. :
Die GTB errichtete für ihre Mitglieder eine Kasse, deren
Mittel für die Erhaltung der Arbeitskraft sowie zur Förderung der Gesundheit und Erholung verwandt werden. Die zum
fachlichen Geltungsbereich des Verbandes der saarländischen
Textil- und Lederindustrie gehörenden Betriebe verpflichteten sich, 1 % der Bruttojahreslohn- und-gehaltssumme über
den Verband in die Kasse einzuzahlen. Aus diesen Beträgen
wurden 1964 und 1965 nur den Gewerkschaftsmitgliedern ein
zusätzliches Urlaubsgeld von jeweils DM 1oo,- bis DM 12o,-
ausgezahlt.

Die von der GTB Ende 1964 erstrebte Ausdehnung dieser Verträge auf andere Tarifgebiete, insbesondere auf die west-
fälische Bekleidungsindustrie, scheiterte dann am Widerstand der Arbeitgeber-Verbände. Daher konzentrierte sich
die GTB auf den Abschluß von Firmentarifverträgen, von
denen auch 25 zustande kamen, die die Ausschüttung eines
Urlaubsgeldes vorsahen, das nach der Länge der Betriebszugehörigkeit und der Gewerkschaftszugehörigkeit gestaffelt
war. Diese Verträge enthielten außerdem eine Spannensicherungsklausel, die die Vorteilsregelung für Gewerkschaftsmitglieder sicherstellen sollte.

Die Zahlung des Urlaubsgeldes erfolgte in der Regel
durch ein Treuhandkonto, das teilweise von der GTB,
teilweise von Arbeitgeber und Gewerkschaft gemeinsam
verwaltet wurde. Zwei Firmen der westfälischen Bekleidungsindustrie, die den Abschluß eines solchen Vertrages
verweigerten, wurden bestreikt. Die sich daran anschlie-
ßenden Arbeitsgerichtsprozesse führten zum Beschluß des
Großen Senats des BAG vom 29.11.1967, der diese Art von
Differenzierung im engeren Sinne für unzulässig erklärte.

Der Beschluß des Großen Senats des BAG hat jedoch auf
die nachfolgenden Tarifabschlüsse weder in der Miederindustrie (insbesondere auf den "Verein Berufs- und
Lebenshilfe") noch in der Bekleidungsindustrie des Saarlandes Einfluß gehabt.

2. Die später vom "Verein Berufs- und Lebenshilfe für die
Arbeitnehmer der Miederindustrie e.V." am 15.Dezember 1974
in Düsseldorf errichtete "Stiftung zur Förderung von
Bildung und Erholung der Arbeitnehmer der Miederindustrie"
war von den beiderseitigen Bemühungen und der erklärten
Absicht der Tarifvertragsparteien getragen, neue Wege der
sachlichen Zusammenarbeit zu beschreiten [36].

Grundlage der Stiftung ist ein Tarifvertrag zwischen der
Arbeitsgemeinschaft der Miederindustrie und der GTB, der
bisher sechsmal erneuert wurde, letztmalig am 25.März 1974,
und der zunächst die Gründung eines Vereins "Berufs- und
Lebenshilfe für die Arbeitnehmer der Miederindustrie" als
eine gemeinsame Einrichtung gemäß § 4 Abs.2 TVG vorsah.
Der Arbeitgeberverband ist nach diesem Tarifvertrag verpflichtet, einen Betrag von 4 % der jährlichen Bruttolohn-
und -gehaltssumme an den Verein "Berufs- und Lebenshilfe"
zu zahlen. Aus diesen Mitteln erhalten alle Arbeitnehmer

der Miederindustrie (etwa 14.5oo) im Geltungsbereich
des Tarifvertrages generell ein Erholungsgeld, das gestaffelt ist nach einem Sockelbetrag von DM 1oo,- und
Steigerungsbeträge von DM 8o,- bis DM 14o,- für Betriebs-
und Gewerkschaftszugehörigkeit und in speziellen Fällen
ein Krankenhaus- und Kurgeld vorsieht [37].

Aus diesem Verein wurde dann 1964 die "Stiftung zur Förderung von Bildung und Erholung der Arbeitnehmer der Miederindustrie" als eine Einrichtung der GTB herausgelöst.
Sie erhält zur Finanzierung ihrer Aufgaben zur Zeit mindestens 25 % der Mittel, die der Arbeitgeberverband an den
Verein "Berufs- und Lebenshilfe" entrichtet [36].
Die Aufgabe der Stiftung erstreckt sich im wesentlichen
auf zwei Bereiche, auf die Förderung der staatsbürgerlichen,
politischen und beruflichen Bildung und auf die Förderung
sinnvoller Erholungsmaßnahmen [37].

3. Mit den bisherigen Wochenlehrgängen der Stiftung wurden
   ca. 45 % der im Miederbereich Beschäftigten erfaßt. Damit
   hat fast jeder zweite Arbeitnehmer an einem einwöchigen
   Lehrgang teilgenommen. Allein 1973 wurden Schulungen und
   Lehrgänge mit 1.363 Teilnehmern von der Stiftung durchgeführt (d.h. mit jedem 1o. Arbeitnehmer). Die finanziellen
   Aufwendungen für die Bildungsarbeit von 1965 bis einschließlich 1973 beliefen sich insgesamt auf ca. 2,7 Mill. DM [38].

Neben den Bildungsmaßnahmen werden von der Stiftung auch
Kur- und Erholungsmaßnahmen für die Beschäftigten der Mieder-
industrie gewährt. Die Stiftung übernimmt dabei neben dem
Lohnausfall, den Fahrtkosten und den Kosten für die Unter-
kunft und Verpflegung auch die Kosten für die ärztliche
Betreuung und therapeutische Behandlung.

Die finanziellen Aufwendungen für Kur- und Erholungsmaßnahmen betrugen von 1966 bis 1973 für 72o Beschäftigte
der Miederindustrie insgesamt ca. 1 Mill DM [39].

4. Als Ergebnis eines Erfahrungsaustausches zwischen der
   Stiftung und einem Kreis um den verstorbenen Leiter der
   Georg-von-Vollmar-Akademie in Kochel, Waldemar von
   Knoeringen, entstand das Modell einer "kritischen Akademie".
   Ihr besonderer Zweck soll darin bestehen, politische Erwach-
   senenbildung zu betreiben [4o]. Die Verwirklichung dieser
   "kritischen Akademie", die z.Zt. im Bau ist, wird durch
   erhebliche finanzielle Eigenleistungen der Miederstiftung
   ermöglicht.

5. Sowohl der Verein "Berufs- und Lebenshilfe" als auch die
   Miederstiftung, beides ausdrücklich tarifvertragliche Ergebnisse eines gemeinsamen Willens zur sachlichen Zusammenarbeit der Tarifparteien, werden von der GTB allein und
   eigenverantwortlich verwaltet. Die Höhe des Sockelbetrages
   und das Ausmaß der Differenzierung nach der Betriebs- und
   Gewerkschaftszugehörigkeit beim Erholungsgeld, das vom
   Verein "Berufs- und Lebenshilfe" gezahlt wird, werden von
   der GTB festgelegt. Auch die Schulungs- und Bildungsmaßnahmen der Stiftung werden ohne Einfluß durch die Arbeitgeberseite von der Gewerkschaft selbst bestimmt.

6. Die Errichtung des Vereins und der Stiftung haben nicht
   nur zur Verbesserung des Organisationsgrades im Bereich
   der Miederindustrie von ursprünglich 2o % auf über 9o % und
   zur Eindämmung der Fluktuation in der Miederindustrie beigetragen, sondern auch zum Abbau von Spannungen zwischen
   den Tarifparteien. Konflikte wurden nicht ausgespart,sondern
   in tarifvertraglich vereinbarten Konsultationsgesprächen [41]

zwischen der GTB und dem Arbeitgeberverband in sachlicher
und partnerschaftlicher Atmosphäre ausgetragen. So gab es
in der Miederindustrie bisher auch keinen tariflosen Zustand, da schon vor Ablauf des alten Tarifvertrages der
jeweils neue vereinbart wurde. Trotz einer Spanne zwischen
Tarif- und Effektivlohn sind sämtliche Tariferhöhungen in
der Miederindustrie effektiv wirksam geworden, was sich
anhand der eingezahlten Bruttolohn- und -gehaltssumme an
den Verein "Berufs- und Lebenshilfe" nachweisen läßt.

Die Tarifverträge in der Miederindustrie gelten als Schritt-
macher für die Bekleidungsindustrie, was auch der neue MTV
vom 3o.3.1975 mit einheitlichen Arbeitsbedingungen für alle
Arbeitnehmer in der Miederindustrie wiederum zeigt.

Der jedes Jahr vom Verein "Berufs- und Lebenshilfe" an alle
Arbeitnehmer der Miederindustrie ausgegebene Leistungsausweis ist für die GTB von großer Werbewirksamkeit. Hinzu
kommt, daß das Urlaubsgeld in den Betrieben bar ausgezahlt
wird und dadurch ein persönlicher Kontakt zwischen Arbeitnehmer und Gewerkschaft (Bezirksleiter) hergestellt ist.
Die Beitragseinziehung erfolgt teilweise durch das Lohnbüro [42]
mittels Lastschriftverfahren, Überweisung und Bareinzug.

7. Außer dem üblichen Arbeits- und Sozialrechtsschutz bietet
   die GTB ihren Mitgliedern eine Freizeit-Unfallversicherung
   sowie einen Familien-Rechtsschutz und ab 1. Januar 1975 auch
   Rechtsschutz für Haus und Wohnung (sog. Mieterschutz).
   Der Familien-Rechtsschutz, der dem Mitglied, seinem Ehe-
   gatten und den minderjährigen Kindern gewährt wird, umfaßt
   Schadensersatz-, Straf-, Beratungs- und Vertrags-Rechts-
   schutz bis zu 5o.ooo,- DM Kosten je Versicherungsfall.

8. Für die Arbeitnehmer der saarländischen Textilindustrie
   werden die Bildungsmaßnahmen nicht von der GTB, sondern
   von der Arbeiterkammer des Saarlandes, einer Körperschaft
   des öffentlichen Rechts, durchgeführt. Während das allgemeine tarifliche Urlaubsgeld in der saarländischen Textil-
   und Lederindustrie vom Arbeitgeber gezahlt wird, erhalten
   die Gewerkschaftsmitglieder das zusätzliche Urlaubsgeld
   vom "Verein zur Förderung von Gesundheit und Erholung der
   saarländischen Arbeitnehmer e.V.", einer gemeinsamen Einrichtung gemäß § 4 Abs.2 TVG, und damit direkt von der GTB.
   Im Jahre 1973 wurden für 2.85o Mitglieder der GTB insgesamt 3,3 Mill. DM an Urlaubsgeld ausgezahlt, und zwar gestaffelt nach der Gewerkschaftszugehörigkeit zwischen
   DM 12o,- und DM 17o,- netto pro Mitglied.

Das saarländische Modell der Differenzierung beim Urlaubs-
geld entspricht also noch mehr den Vorstellungen der GTB
über Differenzierungsklauseln als die Regelung in der
Miederindustrie, da hier der Arbeitgeber das allgemeine
Urlaubsgeld auszahlt und die Gewerkschaft lediglich die
Differenzierung vornimmt.

Zweiter Teil: Rechtliche, gewerkschafts- und gesellschaftspolitische Probleme von Vorteilsregelungen,
insbesondere Differenzierungsklauseln

I. Einführung

Im folgenden wird der Versuch gemacht, Vorteilsregelungen und
Differenzierungen nach dem Grad ihrer Auswirkungen abgestuft
darzustellen und jeweils einige wichtig erscheinende juristische
sowie gewerkschafts- und gesellschaftspolitische Probleme auf-
zugreifen und zu erörtern. Zunächst werden Vorteilsregelungen
allgemeiner Art außerhalb des tarifvertraglichen Raums untersucht. Beispiele sind Freizeit-Unfall-Versicherungen, Familien-
Rechtsschutz und ähnliche Vergünstigungen für gewerkschaftlich
organisierte Arbeitnehmer. Den Schluß bilden Organisations-
und Absperrklauseln (Closed Shop), eine in ihrer Intensität
weitgehende und einschneidende Differenzierung, deren Einführung in der Bundesrepublik nie ernsthaft diskutiert wurde,
die aber in anderen westlichen Ländern zur Tarif- und Gewerkschaftspraxis gehört (u.a. USA, Großbritannien) [1]. Obwohl
sie sich von Voraussetzungen und Zielsetzungen in die hier gewählte Systematik nicht völlig einfügen, sollen der Vollstän-
digkeit halber funktionsgebundene Rechte gewerkschaftlicher
Mandatsträger, etwa die Freistellung gewerkschaftlicher Vertrauensleute oder Tarifkommissionsmitglieder mitbehandelt werden.

II. Vorteilsregelungen allgemeiner Art

1. Vorbemerkung

Der Beitritt in die Gewerkschaft verschafft dem Neumitglied
eine Reihe von materiellen Vergünstigungen, die Außenseitern verschlossen bleiben. So haben - um nur einige Beispiele zu nennen [2] - eine Reihe von Einzelgewerkschaften
für ihre Mitglieder eine Freizeit-Unfall-Versicherung abge-

schlossen. Sie gewähren Familien-Rechtsschutz; ferner
können im DGB organisierte Arbeitnehmer die Leistungen des
gewerkschaftseigenen Automobil-Vereins (ACE) in Anspruch
nehmen. Derartige Leistungen werden von den Gewerkschaftsmitgliedern verbreitet als Vorteilsregelung empfunden und
von den Gewerkschaften auch als solche proklamiert[3].

Nicht zu diesem Kreis von Leistungen zu rechnen sind Streik-
unterstützungen, Not- und Gemaßregeltenhilfe sowie der Ar-
beits- und Sozial-Rechtsschutz, der Gewerkschaftsmitgliedern
eingeräumt wird. Insoweit handelt es sich um originäre gewerkschaftliche Aufgaben, die nach der historischen Entwicklung zu den ursprünglichen Schutzaufgaben der Gewerkschaft gehören und auch gegenwärtig nicht als Vorteilsregelungen im o.a. Sinne angesehen werden.

2. Rechtliche Probleme

Die Gewährung von Vorteilsregelungen der in Rede stehenden
Art ist rechtlich unproblematisch. Allerdings sind neben
wirtschaftlichen vor allem auch rechtliche Gründe eine Ursache dafür, daß Gewerkschaftsmitgliedern, etwa in gemeinwirtschaftlichen Unternehmen, nicht generell Sonderkonditi-
onen eingeräumt werden können[4]. So ist zum Beispiel die
Neue Heimat zu einer Preisbildung entsprechend den Bestimmungen der staatlichen Rechnungsverordnungen nach dem Grundsatz des Kostendeckungsprinzips verpflichtet[5]. Eine Differenzierung zugunsten der Gewerkschaftsmitglieder in diesem
Bereich stößt daher auf rechtliche Schranken.

3. Gewerkschafts- und gesellschaftspolitische Probleme

Allgemeine Vorteilsregelungen wie Freizeit-Unfall-Versicherung, Familien-Rechtsschutz und ähnliches besitzen einen
nicht zu unterschätzenden Werbeeffekt. Solange das Verhalten
der Arbeitnehmer zu den Gewerkschaften durch Konsumenten-

Kategorien mitgeprägt wird, d.h. die Befriedigung materieller Vorteile zumindest neben der Übereinstimmung mit gewerkschaftlichen Ziele eine wesentliche, zum Teil sogar die primäre Rolle spielt[6], werden die Gewerkschaften auf sie zur Stabilisierung bzw. Erhöhung des Organisationsgrades nicht verzichten können. Gefahren für das gewerkschaftliche Selbstverständnis bestehen nicht, sofern deutlich wird, daß es sich insoweit um zusätzliche Service-Leistungen handelt und den zentralen gewerkschaftlichen Aufgaben, schlagwortartig der Schutz- und Gestaltungsfunktion[7], sowohl in der Selbstdarstellung als auch in der gewerkschaftlichen Praxis Vorrang eingeräumt wird[8].

III. Differenzierung im weiteren Sinne: Außenseiter sind nicht zwangsläufig ausgeschlossen

1. Differenzierung im weiteren Sinne aufgrund des Tarifvertragsgesetzes

A. Vorbemerkung

Die Wirkung von Tarifverträgen ist in verschiedener Hinsicht begrenzt. Für den persönlichen Geltungsbereich erstreckt § 3 Abs. 1 TVG die Tarifgebundenheit auf die Mitglieder der vertragschließenden Gewerkschaften und Arbeitgeberverbände sowie den Arbeitgeber, der selbst Partei des Tarifvertrages ist.

Eine Reihe von Tarifverträgen enthält dementsprechend ausdrückliche Hinweise, daß der Tarifvertrag nur für Arbeitnehmer gilt, die Mitglieder der vertragschließenden Gewerkschaft sind. Aufsehen in der Öffentlichkeit erregte eine derartige Formulierung im Lohn- bzw. Gehaltsabkommen für die Arbeiter bzw. Angestellten der Metallindustrie in Südwürttemberg-Hohenzollern vom 4./11. März 1974. Es gibt jedoch zahlreiche ähnliche Beispiele in Tarifverträgen

anderer Gewerkschaften, u.a. der Gewerkschaft Nahrung,
Genuß, Gaststätten sowie Holz und Kunststoff, die nicht
auf eine vergleichbare Resonanz gestoßen sind[9]. Im gemeinwirtschaftlichen Bereich waren ähnliche Tarifbestimmungen
sogar Gegenstand juristischer Verfahren. Diese Klauseln
sahen vor, Arbeitnehmern eine gewisse zusätzliche Leistung,
z.B. ein 13. Monatsgehalt, zukommen zu lassen. Ohne daß
hier einer Aufspaltung des Lohnes in verschiedene Bestand-
teile das Wort geredet werden soll, erscheint es aus Gründen der besseren Übersicht zweckmäßig, die folgende Darstellung danach zu unterteilen, ob sich der Hinweis der
beschränkten persönlichen Geltung auf den gesamten Tarifvertrag oder nur auf eine bestimmte Leistung aus dem Tarifvertrag (Beispiel: 13. Monatsgehalt) bezieht.

B. Allgemeine Bezugnahme auf § 3 Abs. 1 Tarifvertragsgesetz

a) Rechtliche Probleme

Eine Klarstellung im Tarifvertrag dahin, daß die tariflichen Arbeitsbedingungen nur für tarifgebundene Arbeitnehmer gelten (sogenannte neutrale Klauseln), ist rechtlich
unproblematisch.

Gebräuchlich sind Bestimmungen wie:
Der Tarifvertrag gilt für Arbeitnehmer, die Mitglieder
der vertragschließenden Gewerkschaften und bei Mitgliedern
des vertragschließenden Arbeitgeberverbandes beschäftigt
sind, oder:
Der Tarifvertrag gilt für die tariflich gebundenen Gehalts-
empfänger, oder:
Der Tarifvertrag gilt für Mitglieder der vertragschließenden Parteien [10].

Derartige Formulierungen weisen lediglich auf die Rechts-
folge des § 3 Abs. 1 TVG hin. Sie hindern den Arbeitgeber
nicht, die entsprechenden Leistungen auch Außenseitern zu
gewähren[11].

b) Gewerkschafts- und gesellschaftspolitische Probleme

Durch die allgemeine Bezugnahme auf § 3 Abs. 1 TVG im Tarifvertrag wird dem Außenseiter vor Augen geführt, daß
- abgesehen von den Fällen einer entsprechenden einzelarbeits-
vertraglichen Vereinbarung oder betrieblichen Übung -[12]
Rechtsansprüche auf die Leistungen im Tarifvertrag nur über
den Beitritt zur Gewerkschaft zu gewinnen sind. Dies kann
zu nützlichen Diskussionen zwischen Mitgliedern und Nichtmitgliedern im Umfeld des Tarifvertragsabschlusses führen.
Insoweit mögen entsprechende Formulierungen im Tarifvertrag
auch einen gewissen Anreiz zum Beitritt in die Gewerkschaft
ausüben.

Allerdings haben Beitritte zur Gewerkschaft, die die Folge
derartiger Bestimmungen sein können[13], möglicherweise nur
kurzfristigen Bestand.

In Einzelfällen ist nicht auszuschließen, daß der positive
Effekt der Mitgliederwerbung in einen negativen umschlägt,
wenn erkannt wird, daß die Nichtorganisierten trotz der
ausdrücklichen Bezugnahme auf § 3 Abs. 1 TVG (einzelvertrag-
lich) ebenfalls die Tarifleistungen erhalten.

Da der Hinweis auf § 3 Abs. 1 TVG rechtlich folgenlos ist,
stellt eine solche Klausel aus Arbeitgebersicht kein geeignetes Verhandlungsobjekt für gewerkschaftliche Gegenleistungen dar. Die Gewerkschaften dürften deshalb bei der Aushandlung derartiger Bestimmungen nicht in die Situation geraten,
daß die Arbeitgeberseite unzumutbare Gegenforderungen erhebt.
Auch andere Probleme, die das gewerkschaftliche Selbstverständnis berühren könnten, ergeben sich in diesem Zusammenhang nicht.

C. Bezugnahme auf § 3 Abs. 1 TVG im Hinblick auf eine
Sonderleistung

a) Rechtliche Probleme

Eine Bestimmung im § 21 des Manteltarifvertrages für die
Mitarbeiter der Konsumgenossenschaften vom 30. 11. 1973, den
die Gewerkschaften NGG und HBV mit der zentralen Tarifge-
meinschaft deutscher Konsumgenossenschaften abgeschlossen
haben, wonach "Mitarbeiter, die einer der tarifvertrags-
schließenden Gewerkschaften angehören.., ein 13. Monatsgehalt
erhalten", haben in jüngster Vergangenheit zu gerichtlichen
Auseinandersetzungen geführt. Zwei Arbeitnehmer, denen der
betreffende Betrag nicht ausgezahlt wurde, klagten vor dem
Arbeitsgericht mit der Begründung, ihnen stände Kraft ein-
zelvertraglicher Vereinbarung bzw. betrieblicher Übung das
13. Monatsgehalt zu. Sie beriefen sich u.a. darauf, das
Vorgehen der Geschäftsleitung stelle eine unzulässige Differenzierung dar.

Das LAG Düsseldorf[14] ist dieser Auffassung im Ergebnis ge-
folgt. Es wertet die fragliche Klausel als <u>Differenzierungs-</u>
<u>klausel</u> in Verbindung mit einer <u>Tarifausschlußklausel</u>[15].
Entscheidend ist nach Auffassung des Gerichts, daß der Arbeitgeber insoweit nach Verbandsrecht gehalten sei, die
Tarifverträge so durchzuführen, wie sie abgeschlossen werden, also mit der Differenzierung.

Das Gericht meint, der Arbeitgeber müsse bei einer entsprechenden Vereinbarung Einzelverträge mit dem Außenseiter
unterlassen, die die Differenzierung unterlaufen. Im Gegensatz zum Bundesarbeitsgericht[16] hält das LAG Düsseldorf
eine maßvolle Differenzierung für zulässig. Die Grenze des
rechtlich Erlaubten liege etwa in der Höhe eines Gewerkschaftsbeitrages. Mit der Vorenthaltung des 13. Monatsge-
haltes sei diese Grenze um ein Vielfaches überschritten und
die fragliche Klausel deshalb unwirksam.

Demgegenüber hat das Arbeitsgericht Stuttgart[17] die Argumentation, im zu entscheidenden Sachverhalt handele es sich um eine (unzulässige) Differenzierung, zurückgewiesen. Das Gericht hat der Klage lediglich aus anderen - hier nicht interessierenden - Gründen stattgegeben. In einer entsprechenden Vereinbarung liegt nach Ansicht des Gerichts lediglich die Empfehlung, nicht aber eine rechtliche Verpflichtung (Tarifausschlußklausel), Außenseiter im Einzelarbeitsvertrag unterschiedlich zu behandeln. Nach dieser Interpretation setzt die Durchsetzung derartiger Klauseln die Bereitschaft der Arbeitgeber voraus, Nichtorganisierten vertraglich keine Vorteile zu gewähren, die den tariflichen Vergünstigungen entsprechen. Da es nach dem Tarifvertrag dem Arbeitgeber unbenommen sei, mit dem Arbeitnehmer, ungeachtet der Empfehlungen, einzelarbeitsvertraglich die Geltung des Tarifvertrages zu vereinbaren, liege auch kein Fall der Differenzierung im Sinne der Entscheidung des Großen Senats des Bundesarbeitsgerichts vom 29. 11. 1967 vor.

Dieser Auffassung ist zuzustimmen. Der Arbeitgeber mag nach Verbandsrecht gehalten sein, die geltenden Tarifverträge mit Differenzierungsklauseln durchzuführen. Im vorliegenden Fall fehlt es jedoch an der rechtlich bindenden Erstreckung des Tarifvertrages auf Außenseiter. Die fragliche Vereinbarung stellt sich mithin als Hinweis auf § 3 Abs. 1 TVG dar; sie ist lediglich eine Konsequenz aus der beschränkten persönlichen Geltung von Tarifverträgen nach dem Tarifvertragsgesetz.

b) Gewerkschafts- und gesellschaftspolitische Probleme

Die Tatsache, daß die Firma Coop aus der betreffenden Bestimmung des Tarifvertrages die - dem Willen der vertragsschließenden Parteien entsprechenden - Folgen zog, hat in

Teilen der Öffentlichkeit zu erheblichem Aufsehen bis hin
zu dem Vorwurf geführt, ein solches Verhalten sei Ausdruck
totalitären Zwanges[18]. Dem ist mit der zitierten Entscheidung des Arbeitsgerichts Stuttgart entgegenzuhalten, eine
derartige Empfehlung in Tarifverträgen ist sowohl mit dem
Gleichbehandlungsgrundsatz des Art. 3 Abs. 1, als auch mit
der Koalitionsfreiheit des Art. 9 Abs. 3 Grundgesetz vereinbar. Sie ist ferner durchaus billigenswert, obwohl in
der Praxis eine Gleichbehandlung der Organisierten und der
Nichtorganisierten fast schon an der Tagesordnung ist. Ebenso wie es kein allgemeines Rechtsprinzip gibt, das die Anlehnung an die von anderen erarbeiteten Vorteile automa-
tisch ausgleichspflichtig macht, existiert andererseits kein
prinzipielles Recht, fremde Früchte zu ernten[19].

Klauseln der in Rede stehenden Art werden nur ausnahmsweise
Wirksamkeit entfalten. Insoweit gilt das vorstehend zur
allgemeinen Bezugnahme auf § 3 Abs. 1 TVG Ausgeführte
gleichermaßen: Das Bild des § 3 Abs. 1 TVG, wonach nur die
Mitglieder der Tarifvertragsparteien tarifgebunden sind und
deshalb auch in den Genuß tariflicher Leistungen kommen
sollen, entspricht nicht der betrieblichen Praxis. Im allgemeinen kommen die tariflichen Leistungen _allen_ Arbeitnehmern, also auch den Nichtorganisierten, zugute.

Eickhof weist in diesem Zusammenhang[20] zutreffend darauf
hin, daß das Verhalten der Arbeitgeber nur scheinbar para-
dox erscheint, wenn sie trotz des erheblichen finanziellen
Mehraufwandes die gewerkschaftlichen Erfolge nicht nur den
Organisierten, sondern ebenfalls den Außenseitern _frei-
willig_ zukommen lassen.

Zwar ist mit der freiwilligen Ausdehnung der gewerkschaftlichen Erfolge auf praktisch alle Arbeitnehmer einerseits
eine Kostenerhöhung und damit Gewinneinbuße verbunden, die
dem Unternehmerinteresse zuwiderläuft. Andererseits bleibt

die daraus resultierende Gewinneinbuße <u>langfristig</u> kleiner
als diejenige, die die Folge eines entgegengesetzten Unter-
nehmerverhaltens wäre.

Lassen die Unternehmer nämlich die Außenseiter an den Erfolgen gewerkschaftlicher Anstrengungen nicht teilhaben,
so können diese nur über den Erwerb der Gewerkschaftsmitgliedschaft die entsprechenden Nachteile vermeiden. Dies
birgt aus Unternehmersicht die Gefahr, daß sich der Außenseiter - bei Abwägung der Vor- und Nachteile - der Gewerkschaft anschließt. Eine Erhöhung des gewerkschaftlichen Organisationsgrades bedeutet aber in der Regel einen Zuwachs
an gewerkschaftlicher Macht.

Sofern die Unternehmer dagegen die Nichtorganisierten an
den Ergebnissen der Gewerkschaftspolitik freiwillig beteiligen, bewirken sie tendenziell eine Verringerung des Organisationsgrades und damit der gewerkschaftlichen Schlag-
kraft. Die Außenseiter fragen sich, warum sie einer Gewerkschaft beitreten sollen, wenn sie auch ohne Erwerb der Mitgliedschaft und der damit verbundenen Kosten im wesentlichen
die gleichen Leistungen wie die Gewerkschaftsmitglieder erhalten. Den Organisierten wird sich in vielen Fällen die
Frage stellen, ob sie nicht aus der Gewerkschaft austreten
und Kosten einsparen können, ohne - auf den ersten Blick
ins Gewicht fallende - Nachteile zu erleiden.

Zu pauschal und deshalb unrichtig wäre es, den potentiellen
Gewerkschaftsmitgliedern im Hinblick auf ihre Einstellung
gegenüber der Gewerkschaft lediglich ökonomisches Kosten-
Nutzen-Denken zu unterstellen. Dennoch kann nach den vorliegenden Untersuchungen der sozialwissenschaftlichen Literatur als gesichert gelten, daß derartige Überlegungen bei
den Motiven für eine Mitgliedschaft eine wichtige Rolle
spielen[21].

Mit dieser Einschränkung dürften die vorstehenden Überlegungen, die mit einigen Abweichungen von Eickhof[22] übernommen
wurden, die Gründe zutreffend wiedergeben, die dazu führen,
daß eine schlichte Bezugnahme auf den beschränkten persönlichen Geltungsbereich von Tarifverträgen nur für einen
kleinen Teilbereich von Unternehmen praktische Wirksamkeit
erlangt. Ohne eine Erstreckung des Tarifvertrages auf Außenseiter, die den Arbeitgeber rechtlich bindet, laufen derartige Vereinbarungen in der betrieblichen Wirklichkeit überwiegend leer[23]. Es überrascht deshalb nicht, daß ein gemein-
wirtschaftliches Unternehmen die o.a. Tarifvertragsklauseln
ernstgenommen und in die Praxis umgesetzt hat.

Zusammengefaßt ergibt sich: Der schlichte Hinweis in Tarifverträgen, wonach bestimmte Leistungen Gewerkschaftsmitgliedern zukommen, stellen keine Differenzierung, sondern eine
Bezugnahme auf § 3 Abs. 1 TVG dar. Die Anwendung solcher
Vereinbarungen in der Praxis setzt einen kooperationswilli-
gen Unternehmer voraus. Von einer entsprechenden Bereitschaft
auf Arbeitgeberseite wird nur in Ausnahmefällen ausgegangen
werden können. Bereits wegen der deshalb gegebenen besonderen
Situation erübrigt sich an dieser Stelle gewerkschafts- und
gesellschaftspolitische Überlegung, die im Hinblick auf
Differenzierungsklauseln - etwa zum gewerkschaftlichen Selbstverständnis - angestellt werden muß.

2. Differenzierung im weiteren Sinne durch Errichtung einer
   gemeinsamen Einrichtung

§ 4 Abs. 2 TVG räumt den Tarifvertragsparteien die Möglichkeit ein, durch Tarifverträge gemeinsame Einrichtungen zu
errichten. Die wichtigsten dieser gemeinsamen Einrichtungen
bestehen im Bereich des Baugewerbes (u.a. Gemeinnützige Ur-
laubskasse, Lohnausgleichskasse, Zusatzversorgungskasse).
Darüber hinaus sind - ohne Anspruch auf vollständige Aufzählung - gemeinsame Einrichtungen im Organisationsbereich

der Gewerkschaft NGG (Zusatzversorgungskasse sowie Förderungswerk für die Beschäftigten des deutschen Bäckerhandwerks, Lohnausgleichskasse der Zigarettenindustrie) bekannt. Letztlich sollen in diesem Zusammenhang der Verein für Berufs- und Lebenshilfe sowie die Stiftung zur Förderung von Bildung und Erholung der Arbeitnehmer der Miederindustrie genannt werden[24].

Die Zahl der gemeinsamen Einrichtungen ist gering. Sie liegt bei etwa 20[25]. In der Wahl der Rechtsform ist den Tarifvertragsparteien im Rahmen des vereins- und gesellschaftsrechtlichen Typenzwangs ein praktisch unbegrenztes Ermessen eingeräumt[26]. Die Gelder der gemeinsamen Einrichtungen werden ganz überwiegend von der Arbeitgeberseite eingezahlt. In ihrer Mehrzahl sind die gemeinsamen Einrichtungen paritätisch verwaltet. Es gibt jedoch auch Beispiele dafür, daß die Verwaltung ausschließlich durch die Gewerkschaft erfolgt[27]; dies ist rechtlich zulässig, da die Organisation der gemeinsamen Einrichtung den Grundsätzen der Privatautonomie unterliegt[28]. Für die auffallend starke Verbreitung gemeinsamer Einrichtungen im Baugewerbe sind im wesentlichen spezifisch-strukturelle Gründe (u.a. große Fluktuation) maßgeblich. Die dort einfließenden Beträge erreichen einen beachtlichen Umfang[29].

Es ist nicht Aufgabe der vorliegenden Untersuchung, auf Vorteile und Problematik gemeinsamer Einrichtungen im einzelnen einzugehen. Grundsätzlich sei nur folgendes angemerkt: Dadurch, daß gemeinsame Einrichtungen u.a. zusätzliche materielle Leistungen (sogenannte zusätzliche Sozialleistungen im weiteren Sinne) erbringen, wird die Freiheit des Arbeitgebers zur eigenwilligen Bestimmung derartiger Leistungen eingeschränkt. Insoweit ist es berechtigt, von einer emanzipatorischen Chance gemeinsamer Einrichtungen zu sprechen[30].

Gemeinsame Einrichtungen sind andererseits gewerkschaftspolitisch nicht unproblematisch. Zu bedenken ist vor allem,
daß gemeinsame Einrichtungen eine über das bei Tarifverhandlungen übliche Maß hinausgehende Kooperation und
Verständigungsbereitschaft voraussetzen. Insoweit werden
- sollte das Institut gemeinsamer Einrichtungen einmal
größere Bedeutung gewinnen - in der gewerkschaftlichen Tarif-
praxis jeweils die Grenzen sehr sorgfältig auszuloten sein,
deren Überschreitung zu einer Beeinträchtigung der gewerkschaftlichen Handlungsfreiheit und Unabhängigkeit führen
kann.

Vom Gegenstand der Leistungen lassen sich gemeinsame Einrichtungen, die zusätzliche materielle Leistungen erbringen,
von denen unterscheiden, die die einfließenden Gelder für
Bildungsmaßnahmen verwenden[31].

Differenzierungsklauseln stellen auf der einen Seite kein
spezifisches Problem gemeinsamer Einrichtungen dar. Andererseits läßt sich durch die Gründung von gemeinsamen Einrichtungen praktisch eine weitgehende Differenzierung erreichen,
ohne daß es einer bindenden Erstreckung des Tarifvertrages
auf Außenseiter bedarf, die nach dem Urteil des Bundesarbeitsgerichts vom 29. November 1967[32] unzulässig ist. Anders ausgedrückt: Es gibt eine Reihe von Möglichkeiten, den
gewerkschaftlich organisierten Arbeitnehmern durch gemeinsame
Einrichtungen materielle Vorteile zukommen zu lassen, ohne
mit der Entscheidung des großen Senats des Bundesarbeitsgerichts vom 29. November 1967 in Widerspruch zu geraten.

Zwar dürfen die fraglichen Regelungen im Tarifvertrag über
gemeinsame Einrichtungen nicht so weit gehen, daß dem Arbeitgeber rechtlich verpflichtend untersagt wird, Außenseitern
entsprechende Leistungen zukommen zu lassen. Jedoch wird es
dem Arbeitgeber häufig faktisch unmöglich sein, die Differen-

zierung durch entsprechende Leistungen an Nichtorganisierte
zu durchkreuzen: Er wird nicht immer wissen, welche Arbeitnehmer überhaupt gewerkschaftlich organisiert sind.
Ihm sind möglicherweise Einzelheiten der Praxis der Leistungsgewährung der gemeinsamen Einrichtungen nicht bekannt.
Bei Zusatzrenten für Gewerkschaftsmitglieder wären u.a.
komplizierte versicherungsrechtliche Vorkehrungen erforderlich, um den Außenseitern die gleichen Leistungen zukommen
zu lassen wie Organisierten[33]. Kurzum: Eine Reihe von verfahrenstechnischen Gründen führt dazu, daß bei Errichtung
einer gemeinsamen Einrichtung eine Differenzierung in großem
Umfang wirksam werden kann.

Eine umfassend wirkende rechtliche Absicherung der Differenzierung, die namentlich durch Spannensicherungsklauseln möglich wäre, läßt sich allerdings - dies ist einschränkend zu
betonen - auf diesem Wege nicht erreichen. Dies bedeutet:
Eine Differenzierung mit Hilfe gemeinsamer Einrichtungen
kann nicht mit letzter Sicherheit verhindern, daß der Außenseiter nicht doch ebenso behandelt wird wie der Organisierte.

Die vorstehenden Überlegungen gelten auch für solche gemeinsamen Einrichtungen, die Gelder für Bildungsaufgaben ver-
walten. Auch hier wäre es denkbar, einen Teil der Gelder für
gewerkschaftliche Bildungsarbeiten zu verwenden und somit
eine faktisch weitgehend wirksame Differenzierung vorzunehmen.

Auf Einzelheiten rechtlicher und gewerkschaftspolitischer
Probleme durch gemeinsame Einrichtungen soll im folgenden
eingegangen werden. Dabei wird danach unterschieden, ob Gegenstand der gemeinsamen Einrichtungen materielle Zuwendungen
sind oder ob die Gelder für Bildungsmaßnahmen verwendet werden.

A. Materielle Einzelvorteile

a) Rechtliche Probleme

Wie vorstehend bereits in groben Umrissen angedeutet, bestehen gegen eine Differenzierung durch gemeinsame Einrichtungen, die unterhalb der Schwelle einer rechtlichen Bindung für Außenseiter bleibt, keine rechtlich durchgreifenden Bedenken.

Die hiergegen im juristischen Schrifttum vereinzelt vorgebrachten Einwände[34] laufen darauf hinaus, die Tarifmacht der Tarifparteien noch stärker einzuschränken, als es das Bundesarbeitsgericht in seinem Beschluß vom 29. November 1967[35] mit rechtlich fragwürdiger Begründung bereits getan hat.

Dieser Beschluß des Bundesarbeitsgerichts läßt durchaus Möglichkeiten für eine Differenzierung durch gemeinsame Einrichtungen zu. So führt das Gericht u.a. aus, den Tarifvertragsparteien sei es nicht verwehrt, in den Satzungen der tariflich geschaffenen gemeinsamen Einrichtungen Regelungen für Außenseiter zu treffen[36].

Denkbar wäre danach z.B. eine Satzungs- oder Richtlinienregelung der gemeinsamen Einrichtungen, derzufolge nur Gewerkschaftsmitglieder Anspruch auf eine bestimmte Leistung erhalten. Die Differenzierung erfolgt hier nicht auf dem Niveau des Tarifvertrages, sondern auf der Ebene der gemeinsamen Einrichtung. Dabei ist allerdings zu beachten, daß Satzungsbestimmungen der gemeinsamen Einrichtung nicht mit Tarifvertragsnormen im Widerspruch stehen dürfen, da nach § 4 Abs. 2 TVG die Regelungen des Tarifvertrages auch unmittelbar und zwingend für die Satzung der gemeinsamen Einrichtungen und das Verhältnis dieser Einrichtungen zu den tarifgebundenen Arbeitgebern und Arbeitnehmern gelten. Eine

solche Form der rechtlich zulässigen Differenzierung haben
die Tarifvertragsparteien in der Tarifvereinbarung über die
Errichtung eines Vereins und einer Stiftung für die Arbeitnehmer der Miederindustrie vom 25. März 1974 gewählt. Dort
ist im Hinblick auf ein zusätzliches Urlaubsgeld eine Differenzierung im Tarifvertrag nicht zwingend festgelegt, sondern
nur als Möglichkeit vorgesehen. Nach dem Tarifvertrag kann
insoweit die Mitgliedschaft der Arbeitnehmer zur Gewerkschaft Textil-Bekleidung berücksichtigt werden. Die Auszahlung der zusätzlichen Leistungen erfolgt durch eine gemeinsame Einrichtung der Tarifvertragsparteien (Verein), deren
Richtlinien eine Staffelung dieser Leistungen u.a. nach dem
Gesichtspunkt der Gewerkschaftszugehörigkeit enthalten[37].

Eine andere rechtlich mögliche Form der Differenzierung kann
dadurch erfolgen, daß ein Tarifvertrag über eine gemeinsame
Einrichtung in einer neutralen Klausel[38] bestimmte Leistungen der gemeinsamen Einrichtung nur den Mitgliedern der Gewerkschaft zuspricht. Hier handelt es sich - wie bereits
dargelegt - um eine Wiederholung der Grundsätze des § 3
Abs. 1 i.V.m. § 4 Abs. 2 TVG. Diesen Weg haben die Tarifvertragsparteien im Tarifvertrag zwischen dem Verband der Saarländischen Textil- und Lederindustrie und der Gewerkschaft
Textil-Bekleidung vom 25. Oktober 1971 gewählt[39]. Dort ist
im Tarifvertrag festgelegt, daß die Mittel der gemeinsamen
Einrichtung (zusätzliches Urlaubsgeld) zugunsten der tarifgebundenen Arbeitnehmer verwendet werden sollen.

Wenn zum Teil gegen die rechtliche Wirksamkeit derartiger
Vereinbarungen geltend gemacht wird[40], die Tarifvertragsparteien würden insoweit gegen eine Verpflichtung zur
Gleichbehandlung verstoßen, so ist dem entgegenzuhalten, daß
aus dem Gleichbehandlungsgrundsatz anerkanntermaßen ein
Recht auf Anwendung von Tarifvertragsnormen nicht hergelei-
tet werden kann[41]. Ob Außenseiter in die Regelung einbezogen
werden sollen oder nicht, liegt - abgesehen vom in diesem

Zusammenhang nicht interessierenden § 3 Abs. 2 TVG - im
Ermessen der Tarifvertragsparteien. Es handelt sich hier
nicht um ein Rechtsproblem, sondern um eine Regelungsfrage[42].
Auch der Grundsatz der negativen Koalitionsfreiheit wird,
selbst wenn man der Argumentation des Bundesarbeitsgerichts
in seinem Beschluß vom 29. November 1967[43] folgte, nicht
verletzt. Alle Überlegungen des Bundesarbeitsgerichts zu dieser Frage gehen davon aus, daß der Tarifvertrag Regelungen
enthält, wonach eine Verletzung der im Satzungsrecht der
gemeinsamen Einrichtung angestrebten Differenzierung durch
schuldrechtliche oder normative Klauseln wieder rückgängig
gemacht werden soll[44]. Daran fehlt es in den vorstehend
dargestellten Tarifvertragsgestaltungen.

Hieraus folgt weiter, daß ein Streik um Tarifverträge, die
eine Differenzierung nach der Gewerkschaftszugehörigkeit
mit der Hilfe gemeinsamer Einrichtungen zum Inhalt haben,
rechtmäßig ist[45].

Auch gegen die Allgemeinverbindlichkeitserklärung derartiger
Tarifverträge bestehen keine durchgreifenden Einwände. Die
in diesem Zusammenhang verschiedentlich geäußerten Bedenken[46]
überzeugen im Ergebnis nicht. Vor allem verstößt die Allgemeinverbindlichkeitserklärung einer schlichten Differenzierung
ohne bindende Erstreckung auf Außenseiter nicht gegen den
Grundsatz der Gleichbehandlung bzw. des Gesamtauftrages der
Koalition[47]. Auch wenn unterstellt wird, daß ein solcher
Grundsatz der Allgemeinverbindlichkeitserklärung innewohnt[48],
ist er durch Differenzierungen der in Rede stehenden Art
nicht verletzt. Die Allgemeinverbindlichkeitserklärung eines
Tarifvertrages dehnt lediglich die Tarifbindung auf alle Arbeitgeber und Arbeitnehmer aus, mit der Folge, daß auch die
nichtorganisierten Arbeitgeber und Arbeitnehmer unter den
Geltungsbereich des Tarifvertrages fallen: § 5 Abs. 4 TVG.
Jeder Arbeitgeber, der durch einen Tarifvertrag mit Diffe-

renzierung im weiteren Sinne verpflichtet wird, ist indes
nach wie vor rechtlich in der Lage, die Differenzierung dadurch außer Kraft zu setzen, daß er gegenüber Außenseitern
entsprechende Leistungen erbringt. Mit anderen Worten: Durch
die Allgemeinverbindlichkeitserklärung werden zwar die nicht
tarifgebundenen Arbeitnehmer und Arbeitgeber von den Rechtsnormen des Tarifvertrages erfaßt, es ändert sich aber nicht
der Inhalt des Tarifvertrages über die gemeinsame Einrichtung. Insoweit ergeben sich durch Allgemeinverbindlichkeitserklärung keine besonderen rechtlichen Probleme, die einer
Differenzierung im weiteren Sinne entgegenständen.

b) Gewerkschafts- und gesellschaftspolitische Probleme

Wegen der faktisch weitreichenden Wirksamkeit von Differenzierungen im weiteren Sinne bei Zwischenschaltung einer gemeinsamen Einrichtung sind mit ihnen eine Reihe von gewerk-
schafts- und gesellschaftspolitischen Problemen verbunden.
Da sich diese Problematik jedoch umfassend und akzentuiert
bei Differenzierung mit bindender Erstreckung auf Außenseiter (Differenzierung im engeren Sinne) stellt, werden sie
dort zusammenfassend erörtert.

An dieser Stelle sollen lediglich die Stichworte einiger
wichtiger Fragenbereiche wiedergegeben werden. Folgende
Probleme sind bei einer Entscheidung für eine Differenzierung unter Zwischenschaltung einer gemeinsamen Einrichtung
namentlich zu bedenken:
- Stellen Differenzierungen einen Anreiz zum Beitritt in
  die Gewerkschaft dar?
- Sind Differenzierungen durchsetzbar, ohne daß die Gegen-
  seite unzumutbare Gegenforderungen erhebt?
- Haben Differenzierungen unerwünschte Spannungssituationen
  zwischen Organisierten und Nichtorganisierten zur Folge?
- Kann eine gegebenenfalls notwendige Offenlegung der Mitgliedschaft zu einer Gefährdung von Gewerkschaftsmitgliedern führen?

- Besteht die Gefahr des Anschlusses von <u>Konkurrenzorga</u>-
<u>nisationen</u>?
- Wird das <u>Selbstverständnis</u> der Gewerkschaften durch derartige Vereinbarungen beeinträchtigt?

Diese Fragen werden sehr sorgfältig zu prüfen sein, bevor
die Gewerkschaften eine Differenzierung mit Hilfe gemeinsamer Einrichtungen in größerem Umfang in Erwägung ziehen.

Der Versuch, Chancen und Risiken gegeneinander abzuwägen,
wird - wie bereits erwähnt - später unter dem Abschnitt
"Differenzierungen im engeren Sinne" vorgenommen.

Eine praktische Schwierigkeit sei indes hier bereits angesprochen. Gemeinsame Einrichtungen erfordern einen nicht
unerheblichen verwaltungstechnischen Aufwand. Im Baugewerbe stellt sich diese Problematik deshalb nicht so zugespitzt, weil Urlaubskassen und Lohnausgleichskassen mit
ihrer eingespielten Apparatur schon seit langem bestehen[49].
Vor evtl. Neugründungen gemeinsamer Einrichtungen würde jedoch auch dieses technische Problem in die Überlegungen mit
einzubeziehen sein[50].

B. Ideelle Vorteile

a) Rechtliche Probleme

Die Gelder für gemeinsame Einrichtungen können nicht nur
für materielle Einzelvorteile, sondern u.a.auch für Bildungsmaßnahmen verwandt werden. Beispiele hierfür stellen
die "Stiftung zur Förderung von Bildung und Erholung der
Arbeitnehmer der Miederindustrie" sowie der Verein "Förderungswerk für die Beschäftigten des deutschen Bäckerhandwerks" dar[51]. Allerdings ist für beide Einrichtungen
zu betonen, daß bei den Bildungsmaßnahmen nicht zwischen
Außenseitern und Gewerkschaftsmitgliedern unterschieden wird.

Der Fall einer Form mittelbarer Differenzierung bei Bildungsmaßnahmen findet sich in den Niederlanden, wo die Tarifvertragsparteien einen Fonds errichtet haben, der von Arbeitgeberseite gespeist wird und aus dem neben Bildungsmaßnahmen
der Arbeitgeberseite und allgemeinen Berufsbildungsmaßnahmen
zu einem Drittel gewerkschaftliche Bildungsmaßnahmen finan-
ziert werden.

Spezielle rechtliche Schwierigkeiten würden mit einer solchen
Art der indirekten Differenzierung nicht verbunden sein. Sie
ist vor allem mit den Prinzipien vereinbar, die das Bundesarbeitsgericht in seiner Grundsatzentscheidung vom 29. November 1967[52] entwickelt hat. Insoweit kann auf die vorangegangenen Ausführungen verwiesen werden.

b) Gewerkschafts- und gesellschaftspolitische Probleme

Gemeinsame Einrichtungen, deren Gelder für Bildungsmaßnahmen bestimmt sind, tragen dazu bei, daß die Gewerkschaften
im Hinblick auf Ausgaben für Bildungsarbeit finanziell entlastet werden. Hier liegt ein wohl maßgeblicher positiver
Gesichtspunkt derartiger Einrichtungen. Dies gilt vor allem
aber unter dem Aspekt, daß auf die Gewerkschaften durch die
Pläne eines allgemeinen Bildungsurlaubs[53] verstärkt Aufgaben auf diesem Gebiet zukommen.

Andererseits werfen gemeinsame Einrichtungen mit der Zweck-
richtung der Bildungsförderung - auch unabhängig von einer
rechtlichen oder faktischen Differenzierung - einige grundsätzliche Probleme auf, auf die wegen ihrer Bedeutung für
die zukünftige gewerkschaftliche Praxis kurz eingegangen
werden soll.

Vor allem stellt sich die Frage, inwieweit vermieden werden
kann, daß die Arbeitgeber und ihre Verbände auf die Bildungsinhalte in unangemessener Weise Einfluß nehmen. Dieses

Problem wird weniger bei der beruflichen, zugespitzt dagegen
bei der gewerkschafts- und gesellschaftspolitischen Bildung
sowie der allgemeinen Bildung relevant. Eine - aus Gewerkschaftssicht - zufriedenstellende Lösung hängt zunächst davon
ab, ob die Gewerkschaft befugt ist, autonom die Bildungsinhalte zu bestimmen[54]. Die Vielschichtigkeit der Problematik
ist allerdings damit noch nicht erschöpft, daß den Gewerkschaften formell eine Unabhängigkeit im Hinblick auf die
Festlegung der Bildungsinhalte eingeräumt wird. Weitergehend
wird zumindest in Rechnung zu stellen sein, ob nicht bereits
das Mindestmaß an Kooperation, das gemeinsame Einrichtungen
voraussetzen[55], zur Folge haben kann, daß bereits im "klima-
tischen Vorfeld" gewisse Weichenstellungen auch für die
Bildungsinhalte vorgenommen werden.

Welche Bildungsinhalte für derartige Seminare infrage kommen,
wurde im gewerkschaftlichen Bereich in jüngster Vergangenheit
aus Anlaß der geplanten bzw. bereits realisierten Vorhaben
zum gesetzlichen Bildungsurlaub erörtert. Die Diskussion
hierüber ist noch nicht abgeschlossen. Gleichwohl können
- trotz ihres sicher vorläufigen Charakters - folgende Überlegungen zu möglichen Bildungsinhalten einige Hinweise geben[56]

Die Zielsetzung der Seminare könnte darin bestehen, ausgehend
vom Handlungs- und Erfahrungsfeld "Arbeitsplatz" und seiner
Bedeutung für die abhängig Beschäftigten und deren familiäre
Situation gemeinsam mit den Teilnehmern

- die Hauptvoraussetzungen und -bedingungen der sozialen
  Existenz, d.h. die Zusammenhänge zwischen Einzel- und Gesamt-
  wirtschaft, Politik und Gesellschaft aufzuzeigen und zu
  analysieren;

- die Bereitschaft zur Erkenntnis der eigenen sozialen Lage
  und darauf aufbauend den Willen zur qualitativen Veränderung
  der sozioökonomischen Abhängigkeit zu stärken und damit
  selbständiges Handeln zu fördern;

- Einsichten und Fähigkeiten zu erarbeiten und weiterzuent-
wickeln, die für eine wirksame Interessenwahrnehmung in
Betrieb und Gesellschaft notwendig sind.

Dies würde bedeuten, daß die Teilnehmer befähigt wären,

- ihre abhängige, fremdbestimmte Stellung im Produktions-
und Dienstleistungsprozeß sowie in der arbeitsfreien Zeit
zu erkennen;

- in selbständiger Analyse und Kritik die sozioökonomische
Realität zu reflektieren;

- betriebliche und sozioökonomische Voraussetzungen und
Bedingungen sowie deren Wechselwirkung kritisch zu analysieren;

- politische Apathie und Resignation in beruflichen, betrieblichen und persönlichen (familiären) Bereichen zu verhindern bzw. zu überwinden;

- bisher erreichte Rechte in Anspruch zu nehmen und deren
Verletzung zu verhindern;

- die Interessengegensätze zwischen abhängig Beschäftigten
und Unternehmensleitungen zu erkennen sowie partielle und
langfristig mögliche Veränderungen zu erarbeiten und durch
solidarische Handlungen umzusetzen[57].

Ob eine solche oder ähnliche Zielsetzung von Arbeitgeberseite (noch) hingenommen würde, dürfte zumindest zweifelhaft
sein. Die Schwierigkeiten, die arbeitgeberseits der IG Metall
und IG Chemie beim Abschluß eines Tarifvertrages zur Freistellung gewerkschaftlicher Vertrauensleute u.a. für zusätzliche Bildungsmaßnahmen gemacht werden[58], lassen es als

nicht ausgeschlossen erscheinen, daß die Arbeitgeberverbände
Seminaren mit einer interessenorientierten Gestaltung von
Bildungsinhalten Widerstand entgegensetzen werden.

Diese Probleme werden bei einer gewerkschaftspolitischen
Entscheidung für die Errichtung gemeinsamer Einrichtungen mit
dem Ziel der Förderung von Bildungsmaßnahmen zu bedenken sein,
ohne daß der Entscheidung selbst an dieser Stelle vorgegriffen
werden kann oder soll.

IV. Exkurs: Vereinbarung von funktionsgebundenen Rechten

In einer Reihe von Tarifverträgen finden sich Regelungen, die
für gewerkschaftliche Funktionsträger, namentlich Mitglieder von
Tarifvertragskommissionen und gewerkschaftliche Vertrauensleute,
bestimmte Rechte zur Durchführung ihrer Aufgaben beinhalten.

So ist - um nur einige typische Beispiele zu nennen - nach
§ 16 Abs. 2 MTV Banken (Manteltarifvertrag für das private Bankgewerbe vom 22.6.1961) den Arbeitnehmern, die in verantwortlicher
leitender Stellung bei den vertragsschließenden Angestellten-
Organisationen tätig sind, in gewissen näher definierten zeitlichen Grenzen zur Teilnahme an Sitzungen in Gewerkschaftsange-
legenheiten Dienstbefreiung zu gewähren. Ähnliches gilt z.B.
nach § 14 des Manteltarifvertrages für das private Versicherungsgewerbe vom 1.4.1975.

Weitergehend enthält beispielsweise ein Tarifvertrag zwischen
dem Bezirk Hessen der ÖTV und den Städtischen Werken Kassel vom
1.11.1972 eine Reihe von Bestimmungen über die Rechte gewerkschaftlicher Vertrauensleute. U.a. sind Vertrauensleute zur
ordnungsgemäßen Durchführung ihrer Aufgaben unter Fortzahlung
der Bezüge freizustellen (§ 3 Abs. 2). Sie erhalten zusätzlich
zwei Wochen Bildungsurlaub für den Besuch gewerkschaftlicher
Schulungsveranstaltungen (§ 4). Vertrauensleute-Sitzungen finden
grundsätzlich in der Arbeitszeit statt (§ 5) und den Vertrauens-

leuten darf aus ihrer Tätigkeit und in ihrer Eigenschaft kein
Nachteil erwachsen (§ 6).

In diesem Zusammenhang sind als Beispiele aus der jüngsten Vergangenheit darüber hinaus die Vereinbarung zwischen der Deutschen
Postgewerkschaft und dem Postministerium zum Schutz der gewerkschaftlichen Funktionsträger der DPG vom 11.3.1975[59] sowie die
Bemühungen der IG Metall und der IG Chemie um einen Tarifvertrag
zum Schutz gewerkschaftlicher Vertrauensleute zu nennen[60].

Allen bereits durchgesetzten oder angestrebten Regelungen ist
gemeinsam, daß es nicht um eine Differenzierung mit dem Ziel
materieller Einzelvorteile, daß es ferner nicht um "ideelle
Vorteilsregelungen" - etwa persönliche Ansprüche auf berufliche
oder staatsbürgerliche Bildung - oder auch um (finanzielle)
Entlastung der Gewerkschaftsorganisation geht. Vielmehr handelt
es sich darum, gewerkschaftlichen Funktionsträgern die Freiräume
zu sichern und zu erhalten, die sie zur Wahrnehmung ihrer gewerkschaftlichen Funktion zwingend benötigen. Es liegt daher
kein Fall der Differenzierung im engeren oder weiteren Sinne
vor, sondern dieser Fragenbereich ist unter dem Aspekt des
Schutzes der in Art. 9 Abs. 3 Grundgesetz gewährleisteten Koalitionsfreiheit zu sehen. Er fällt daher nach streng systematischen
Kriterien aus der hier behandelten Thematik heraus. Deshalb
sollen - ihrer Aktualität wegen - lediglich einige Gesichtspunkte
kurz gestreift werden.

1. Rechtliche Probleme

Vom Ausgangspunkt, daß ein Tarifvertrag über den Schutz gewerkschaftlicher Funktionsträger und Vertrauensleute Ausprä-
gung der in Art. 9 Abs. 3 Grundgesetz garantierten gewerkschaftlichen Bestands- und Betätigungsfreiheit ist, sind die
juristischen Probleme derartiger Vereinbarungen zu lösen[61].

Art. 9 Abs. 3 Grundgesetz schützt einmal den Bestand und die
Betätigung der gewerkschaftlichen Koalition von der kollektiven
Seite her[62]. Darüber hinaus wird auch die individuelle Koalitionsfreiheit originär gewährleistet[63]. Denn gewerkschaftliches Handeln ist im wesentlichen das Handeln der Mitglieder
und hat zugleich einen kollektiven und einen individuellen
Aspekt[64].

Der Tätigkeit gewerkschaftlicher Vertrauensleute kommt bei
der Wahrnehmung der durch Art. 9 Abs. 3 Grundgesetz geschütz-
ten Koalitionsfunktionen ein außerordentlich hoher Stellen-
wert zu[65]. Gewerkschaftliche Vertrauensleute haben neben der
Aufgabe, die Gewerkschaftsmitglieder zu informieren und zu
beraten, wichtige Funktionen bei der Diskussion und Erarbei-
tung von tariflichen Forderungen[66]. Als Tarifkommissionsmitglieder sind sie bei Tarifvertragsauseinandersetzungen
gegebenenfalls unmittelbar in den Entscheidungsprozeß mit einbezogen. Die Ausübung dieser und weiterer Aufgaben gehört im
Rahmen des Art. 9 Abs. 3 Grundgesetz zum essentiellen Bestandteil der gewerkschaftlichen Bestands- und Betätigungsfreiheit.

Bereits vom Ansatz her verfehlt ist es deshalb, in einer
tariflichen Absicherung der Betätigung gewerkschaftlicher
Vertrauensleute und Funktionsträger eine Begünstigung und damit eine Beeinträchtigung der gewerkschaftlichen Gegnerunabhängigkeit zu erblicken[67]. Gewerkschaftliche Funktionsträger
sind in ein sich fortwährend aktualisierendes Spannungsver-
hältnis zwischen ihren gewerkschaftlichen Aufgaben und den
Zwängen gestellt, die ihnen die Respektierung des arbeitgeber-
seitigen Direktionsrechts auferlegt[68]. Das wird unter anderem
durch eine kürzlich durchgeführte Untersuchung der IG Metall
bestätigt, aus der sich ergibt, daß gewerkschaftliche Vertrauensleute ihre Arbeit teilweise unter erheblichen Schwierigkeiten durchführen müssen[69].

Die Koalitionsfreiheit wird mithin durch tarifliche Schutz-
regelungen für Vertrauensleute nicht beeinträchtigt, im Gegenteil würden zur Zeit noch bestehende Behinderungen und
Diskriminierungen abgebaut.

Derartige Tarifverträge überschreiten ferner nicht die Rege-
lungsbefugnis der Tarifvertragsparteien nach dem Tarifvertragsgesetz[70]. Freistellungen für die gewerkschaftliche Betätigung sowie Nachteils-verbote gehören zu den zulässigen
Inhaltsnormen des § 1 TVG[71]. In ihrer rechtlichen Tragweite
vergleichbare Bestimmungen finden sich in zahlreichen Tarifverträgen etwa über Bildungsurlaub[72] oder z.B. in Maßregelungs-
verboten nach Beendigung eines Arbeitskampfes[73]. Eine gegen-
teilige und einschränkende Auslegung des § 1 TVG wäre auch
mit Art. 9 Abs. 3 GG nicht vereinbar: Nicht der einen umfassenderen Rahmen absteckende Art. 9 Abs. 3 GG ist nämlich
durch § 1 Abs. 1 TVG inhaltlich begrenzt[74]. Vielmehr ist
das Tarifvertragsgesetz notfalls durch Heranziehung des verfassungsrechtlich gewährleisteten kollektiven Schutzbereichs
zu ergänzen und verfassungskonform auszulegen.

Letztlich führt in diesem Zusammenhang der Hinweis auf den
im § 75 BetrVG enthaltene Gleichbehandlungsgrundsatz nicht
weiter. Zum einen untersagt diese Bestimmung nicht sachgemäße
Unterscheidungen[75]. Entscheidend kommt auch hier wiederum
hinzu, daß es bei Tarifverträgen über den Schutz gewerkschaftlicher Funktionsträger und Vertrauensleute nicht um eine ir-
gendwie geartete Begünstigung, sondern um einen Ausgleich
von Risiken, die Absicherung gewerkschaftlicher Betätigung
sowie die Herstellung der intellektuellen Voraussetzungen zur
Wahrnehmung gewerkschaftlicher Funktionen geht[76].

2. Gewerkschafts- und gesellschaftspolitische Probleme

Gewerkschafts- und gesellschaftspolitische Probleme ergeben
sich bei Tarifverträgen über Freistellung und Schutz gewerkschaftlicher Funktionsträger nicht. Es gehört nach wie vor zu

den zentralen gewerkschaftlichen Aufgaben, den Nachteilen und
Risiken dieses Personenkreises, die im Widerspruch zu Art. 9
Abs. 3 GG stehen, durch entsprechende tarifvertragliche Re-
gelungen entgegenzuwirken[77].

V. Differenzierung im engeren Sinne: Außenseiter sind zwangs-
läufig_ausgeschlossen

1. Vorbemerkung: Verschiedene Formen einer Differenzierung
im engeren Sinne

A. Begrenzte Wirkung einer Differenzierung im weiteren Sinne

Den vorstehend erörterten Differenzierungsklauseln ist gemeinsam, daß sie keine bindende Wirkung für Außenseiter entfalten. Wegen dieser beschränkten Wirkung steht es dem Arbeitgeber frei, nichtorganisierten Arbeitnehmern einzelver-
traglich die gleichen oder ähnliche Leistungen zu gewähren.

B. Differenzierung in Verbindung mit Spannensicherungsklauseln

Gewerkschaften haben daher zum Teil den Versuch unternommen,
vor allem durch sogenannte Spannenklauseln, besser: Spannensicherungsklauseln ("Benachteiligungsverbot") zu verhindern,
daß eine tarifvertraglich vereinbarte Differenzierung einzel-
vertraglich unterlaufen werden kann. Spannensicherungsklauseln
werden mit Differenzierungsklauseln verbunden. Sie knüpfen
wie Differenzierungsklauseln an die Gewerkschaftszugehörigkeit
an und sind Bestandteil des normativen Teils des Tarifvertrages.

Im Tarifvertrag wird vereinbart, daß der Arbeitgeber bei einer zusätzlichen Leistung für Nichtorganisierte auch die
Leistungen der organisierten Arbeitnehmer entsprechend an-
heben muß. Spannensicherungsklauseln verfolgen mithin das
Ziel, daß der in der Differenzierungsklausel vereinbarte Ab-

stand zwischen den Leistungen an organisierte und nichtorganisierte Arbeitnehmer erhalten bleibt.

Die praktische Gestaltung derartiger Klauseln läßt sich am
Beispiel eines Tarifvertrags-Entwurfs der Gewerkschaft Textil-
Bekleidung über ein zusätzliches Urlaubsgeld aus dem Jahre
1965 deutlich machen:

- Die Arbeitgeber sollten 2 % des Jahres-Bruttolohnes an
  eine gemeinsame Einrichtung der Tarifvertrags-Parteien auszahlen (§ 4 Abs. 2 TVG).

- Aus dem Aufkommen sollte für jeden Arbeitnehmer des Betriebes ein jährliches zusätzliches Urlaubsgeld in Höhe von
  60,-- DM ausgeschüttet werden.

- Der verbleibende Betrag sollte geteilt werden: Eine Hälfte
  sollte zusätzlich an alle Arbeitnehmer gezahlt werden, die
  länger als 1 Jahr in der Bekleidungsindustrie beschäftigt
  waren. Die andere Hälfte sollte Gewerkschaftsmitgliedern
  der Gewerkschaft Textil-Bekleidung zukommen (Differenzierungsklausel). Dadurch hätten Gewerkschaftsmitglieder einen
  weiteren Betrag in Höhe von ca. 40 - 60 DM erhalten.

- Soweit unorganisierte Arbeitnehmer Geld oder sonstige Leistungen erhielten, die über die getroffene Vereinbarung
  hinausgingen, sollte jeder der Gewerkschaft Textil-Bekleidung angehörige Arbeitnehmer zusätzlich die gleichen Geld-
  oder sonstigen Zuwendungen erhalten, die Nichtorganisierten
  gewährt wurden (Spannensicherungsklausel).

Dieser Tarifvertrag lag dem Großen Senat des Bundesarbeitsgerichts im Jahre 1967 zur Beurteilung vor. Das Bundesarbeitsgericht erklärte eine Differenzierung in Verbindung mit einer
Spannensicherungsklausel für unwirksam[78]. Das Gericht hat
mit dem fraglichen Beschluß gleichzeitig alle Versuche blok-
kiert, auf anderem Wege eine rechtlich verbindliche Erstrek-
kung der Differenzierung auf Außenseiter zu erreichen [79].

C. Differenzierung in Verbindung mit Tarifausschlußklauseln

Damit war es für die Gewerkschaften und Arbeitgeberverbände
u.a. unmöglich, Differenzierungsklauseln in Verbindung mit

sogenannten Tarifausschlußklauseln zu vereinbaren. Durch
Tarifausschlußklauseln verpflichtet sich der Arbeitgeber im
schuldrechtlichen Teil des Tarifvertrages, nichtorganisierten
Arbeitnehmern keine nach Art und Höhe vergleichbaren Vergünstigungen zu gewähren, die er organisierten Arbeitnehmern
zukommen läßt. In ihrer Wirkung kommen Tarifausschlußklauseln
Spannensicherungsklauseln nahe. Im Unterschied zu Spannensicherungsklauseln hat aber der einzelne organisierte Arbeitnehmer keinen Anspruch auf Einhaltung der Tarifvertragsbe-
stimmungen (keine normative Wirkung). Auch die Gewerkschaft
kann im Falle eines Verbands-Tarifvertrages gegen den einzelnen verbandsangehörigen Arbeitgeber rechtlich nicht vorgehen. Wegen der Schwierigkeit der rechtlichen Sanktionierung
eines Verstoßes gegen derartige Klauseln haben sie nicht die
Bedeutung erlangt, die Spannensicherungsklauseln vor dem Beschluß des Bundesarbeitsgerichts vom 29. 11. 1967 zugekommen
ist.

Auch anderen Überlegungen, auf tariflichem Wege eine Differenzierung zwischen organisierten und nichtorganisierten Arbeitnehmern zu erreichen, kommt vorrangig eine historische
oder rechtssystematische, dagegen weniger eine praktische
Bedeutung zu. Sie spielten entweder in der Zeit der Weimarer
Republik eine Rolle, oder der Versuch einer Durchsetzung
scheiterte bereits daran, daß sich innerhalb der Gewerkschaften keine eigene Meinung herausgebildet hat[80].

D. Solidaritätsbeiträge

In diesem Zusammenhang sind vor allem Solidaritätsbeiträge zu
erwähnen. Sie wurden namentlich im Bereich der IG Bau, Steine,
Erden in den späten fünfziger Jahren diskutiert[81]. Vorbild
hierfür war das in der Schweiz in einigen Wirtschaftszweigen
praktizierte Arbeitskartensystem. Danach konnten Außenseiter,
die zu den Bedingungen eines Tarifvertrages (in der Schweizer

Terminologie: Gesamtarbeitsvertrag) arbeiten wollten, von den tarifgebundenen Arbeitgebern nur unter der Bedingung eingestellt werden, daß sie eine Arbeitskarte vorlegten. Die betreffenden Arbeitskarten wurden lediglich gegen Entrichtung eines Solidaritätsbeitrages ausgestellt, der den Gewerkschaftsbeitrag in der Regel nicht überstieg. Die einfließenden Gelder wurden zum Ausgleich von Verbandskosten und zur Förderung allgemeiner Berufsinteressen (z.B. Aus- und Weiterbildung) verwandt[82].

Dieses System ist unter gewissen verfahrenstechnischen Abweichungen dem Schweizer Recht auch heute noch bekannt (vgl. hierzu im einzelnen den Dritten Teil der Studie). Es besteht kein Zweifel, daß unsere Rechtsprechung Solidaritätsbeiträge ebenfalls für unwirksam erklären würde[83].

E. Organisations- bzw. Absperrklauseln

Letztlich wären nach der Rechtsprechung Organisations- und Absperrklauseln (Closed Shop) nicht zulässig. Hierunter werden tarifliche Abmachungen verstanden, die Arbeitgeber verpflichten, keinen Außenseiter zu beschäftigen. In den USA, Schweden, den Niederlanden und Dänemark sind bestimmte Abarten von Organisations- und Absperrklauseln verbreitet[84] (vgl. dazu ebenfalls den Dritten Teil der vorliegenden Studie).

2. Bestandsaufnahme der rechtlichen und gewerkschaftspolitischen Situation

A. Allgemeine Bestandsaufnahme der Rechtslage

a) Stellungnahme der Rechtslehre

Das Problem der Zulässigkeit von Differenzierungsklauseln hat von Beginn bis zur Mitte der sechziger Jahre in der arbeitsrechtlichen Literatur einen breiten Raum eingenommen[85]. Auch der 46. Deutsche Juristentag im Jahre 1966 beschäftigte sich mit dieser Frage[86]. Die Diskussion soll hier nicht zum

wiederholten Male in ihren Einzelheiten nachgezeichnet werden.
Die Argumentation der Rechtslehre pro und contra Differenzierungsklauseln ist außerordentlich gründlich in dem mehrfach erwähnten Urteil des Großen Senats des Bundesarbeitsgerichts vom 29. 11. 1967[87] auf den Seiten 12 ff zusammen-
gestellt. Zusammenfassend lassen sich mit dem Bundesarbeitsgericht die Ansichten der verschiedenen Vertreter der juristischen Literatur zum betreffenden Problembereich auf folgende
Grundüberlegungen zurückführen[88]:

Die Befürworter einer Differenzierung im engeren Sinne bejahen in diesem Zusammenhang eine Repräsentanz der Koalition
auch für Außenseiter. Sie leiten daraus die Autonomie der
Koalition her, Selbsterhaltungsmaßnahmen der in Rede stehenden
Art mit den Mitteln des Tarifvertrages durchzuführen. Die Zulässigkeit der in Betracht kommenden Selbsterhaltungsmaßnahmen
ergibt sich dieser Ansicht zufolge aus Art. 9 Abs. 3 Grundgesetz
und einer verfassungskonformen Auslegung des Tarifvertrages[89].

Die Gegner einer Differenzierung im engeren Sinne gehen im
wesentlichen davon aus, daß tarifvertragliche Selbsterhaltungsmaßnahmen der fraglichen Art jenseits der Betätigungsfreiheit der Koalitionen liegen und durch die den Koalitionen
eingeräumte Tarifvertragsmacht nicht mehr gedeckt sind. Insbesondere liegt nach dieser Auffassung ein Verstoß gegen das
Individualgrundrecht der negativen Koalitionsfreiheit aus
Art. 9 Abs. 3 Grundgesetz vor[90].

Wesentlich neue Gesichtspunkte hat die juristische Literatur
nach der vorstehend genannten Grundsatzentscheidung des Bundesarbeitsgerichts nicht beigetragen. Allerdings scheint
sich eine gewisse Tendenzwende insofern abzuzeichnen, als
die Zahl der Stimmen zunimmt, die eine maßvolle Differenzierung für zulässig erachten. Vor dem Urteil des Bundesarbeitsgerichts zu dieser Frage hatten die Stellungnahmen von
Gegnern der Differenzierungsklauseln deutlich überwogen[91].

b) Beschluß des Größen Senats vom 29. 11. 1967

Das Bundesarbeitsgericht folgte im Ergebnis der ablehnenden Meinung der Differenzierungsklausel-Gegner. Es lehnte die Zulässigkeit von Differenzierungsklauseln im wesentlichen aus zwei Gesichtspunkten ab: Mit dem Abschluß von Differenzierungsklauseln werde die Grenze der Tarifmacht überschritten (tarifrechtliches Argument). Ferner werde das in Art. 9 Abs. 3 Grundgesetz gewährleistete Grundrecht der (negativen) Koalitionsfreiheit verletzt (verfassungsrechtliches Argument).

Zur Begründung seiner tarifrechtlichen Überlegungen führte das Bundesarbeitsgericht aus, mit derartigen Regelungen werde von Außenseitern eine Art Ausgleichsleistung für die Inanspruchnahme gewerkschaftlicher Arbeiten verlangt. Eine Differenzierung müsse beim Außenseiter zwangsläufig das Gerechtigkeitsempfinden verletzen. Das Gerechtigkeitsempfinden gehe überwiegend dahin, Urlaub, Urlaubsentgelt und auch zusätzliches Urlaubsentgelt seien nach Art der geleisteten Tätigkeit, nach dem Grad der Erholungsbedürftigkeit, nach dem Alter, Familienstand und sonstigen Maßnahmen, nicht aber nach der Organisationszugehörigkeit zu bemessen. Ein Arbeitgeber, der auf die vorgesehene Weise zu differenzieren versuche, werde das allgemeine Gerechtigkeitsempfinden besonders verletzen und in vielen Fällen Gefahr laufen, daß der Betriebsfrieden und der unternehmerische Erfolg Schaden nehmen. Im übrigen verlange die Gewerkschaft von der Arbeitgeber-Koalition etwas Unzumutbares, wenn sie von ihr fordere, bei der Differenzierung zwischen Organisierten und Außenseitern mitzuwirken. Wegen der Unzumutbarkeit eines solchen Verlangens versage die Tarifmacht[92].

Im Rahmen der verfassungsrechtlichen Argumente berief sich das Bundesarbeitsgericht darauf, die fragliche Differenzierungsklausel übe einen sozial inadäquaten Druck auf die

Außenseiter aus, den sie nicht hinzunehmen brauchten. Es handele sich insoweit nicht lediglich um einen sozial adäquaten Druck, den man hinnehmen müsse, sondern um einen sozial inadäquaten Druck, der rechtswidrig und zu mißbilligen sei. In diesem Zusammenhang verwies das Gericht wiederum auf das Gerechtigkeitsempfinden, das gröblich verletzt werde[93].

c) Beschluß des Bundesverfassungsgerichts vom 4. 5. 1971

Der DGB hat gegen das Urteil des Bundesarbeitsgerichts Verfassungsbeschwerde eingelegt. Aus formalen Gründen, also ohne zur Sache selbst Stellung zu nehmen, hat das Bundesverfassungsgericht die Klage abgewiesen[94].

Das Gericht vertrat die Auffassung, den Gewerkschaften entstehe durch den Beschluß des Großen Senats vom 29. 11. 1967 kein gegenwärtiger Nachteil. Im konkreten Fall hatte der erkennende Senat den Großen Senat um Entscheidung angerufen, da er die Differenzierungsklausel-Problematik für eine Frage von grundsätzlicher Bedeutung im Sinne des § 45 Abs. 2 Satz 2 ArbGG hielt. Zwar binde - so meinte das Bundesverfassungsgericht - der Beschluß des Großen Senats den erkennenden Senat, von dem der anstehende Streitfall (endgültig) entschieden werden müsse (§ 45 Abs. 3 Satz 3 ArbGG, § 138 Abs. 3 GVG). Der Große Senat entscheide aber nicht über das Klagebegehren. Sein Beschluß habe gegenüber den Prozeßparteien keine unmittelbaren Auswirkungen. Er wende nämlich - im Unterschied zum erkennenden Senat - keinen Rechtssatz auf den konkreten Sachverhalt an. Vielmehr diene er ausschließlich dem Zweck, den Inhalt des einfachen Rechts abstrakt festzustellen.

Verfassungsbeschwerde kann nach Ansicht des Bundesverfassungsgerichts im Ergebnis nur gegen Beschlüsse und Urteile des erkennenden Senats eingelegt werden. Hiervon hat die Gewerkschaft nach dessen Entscheidung (noch) keinen Gebrauch gemacht.

B. Kritik des BAG-Urteils vom 29. 11. 1967

a) Vorbemerkung

Die Entscheidung des Bundesarbeitsgerichts vom 29. 11. 1967
ist von verschiedener Seite auf Ablehnung gestoßen. Faßt man
die Kritik zum fraglichen Beschluß des Großen Senats zusammen,
so ergeben sich im wesentlichen drei Argumentationslinien.

b) Das methodische Vorgehen des Bundesarbeitsgerichts

Generell ist gegen die Methode des Bundesarbeitsgerichts
einzuwenden, daß sich das Urteil auf eine Reihe von ausfüllungs-
bedürftigen Begriffen stützt (Gerechtigkeitsempfinden, Zu-
mutbarkeit, Sozialadäquanz), die die Nachprüfbarkeit mit
Mitteln der juristischen Methodenlehre nicht gewährleisten,
vielmehr den Verdacht erregen, daß hier juristische Begriffe
zu politischen Wertentscheidungen mißbraucht werden[95].
Das Gerechtigkeitsempfinden (des Außenseiters), auf das das
Bundesarbeitsgericht wesentlich abhebt, stellt eine indivi-
duell-subjektive Größe dar, über die es keine empirischen
Untersuchungen gibt. Will man diese Kategorie überhaupt heran-
ziehen, dann darf nicht einseitig auf das Gerechtigkeitsempfinden der Außenseiter abgestellt werden. Das Empfinden
der organisierten Arbeitnehmer unterscheidet sich wahrscheinlich von dem der Außenseiter: ihr Gerechtigkeitsempfinden
wird dadurch verletzt, daß die von ihnen und ihrer Organisation erreichten Vorteile nicht nur ihnen, sondern auch
den Außenseitern zugute kommen können[96]. Diese Überlegungen
zeigen bereits, daß das Kriterium des Gerechtigkeitsempfin-
dens kaum justiabel ist und zur Lösung des konkreten Sach-
verhalts nichts beiträgt.

Entsprechendes gilt für den vom Bundesarbeitsgericht ver-
wandten Begriff der Unzumutbarkeit. Zurecht wird hiergegen

vorgebracht, es sei symptomatisch für die Entscheidung, daß
der Große Senat dem noch einigermaßen handfesten Kriterium
der Gegnerfreiheit das sehr viel verschwommenere der Zumut-
barkeit (§ 242 BGB) vorzieht[97]. Der Gesichtspunkt der Zu-
mutbarkeit ist im übrigen in diesem Zusammenhang verfehlt.
Es gibt keinen Rechtssatz, daß Unzumutbares bei Tarifverhandlungen nicht verlangt werden dürfe[98]. Im Kern läuft die
Argumentation des Bundesarbeitsgerichts darauf hinaus, die
Tarifmacht dadurch einzuschränken, daß die Tarifvertragsparteien und deren Mitglieder vor sich selbst geschützt
werden[99].

Letztlich ist der Begriff der <u>Sozialadäquanz</u> konturenlos
und nicht geeignet, konkrete - sogar verfassungsrechtliche! -
Konsequenzen wie den vom Bundesarbeitsgericht behaupteten
Verstoß einer Differenzierung gegen den Grundsatz der negativen Koalitionsfreiheit nach sich zu ziehen[100]. Mit der
gleichen oder sogar noch höherer Plausibilität ließe sich
gegen die Ausführungen des Bundesarbeitsgerichts einwenden,
im Hinblick auf die Außenseiter werde kein sozial inadäquater
Druck ausgeübt, vielmehr werde durch geringfügige Sonderleistungen lediglich der <u>Anreiz</u> zum Eintritt in die Gewerkschaft erhöht. Im übrigen hatte das <u>Bundesverfassungsgericht</u>
im Rechtsstreit um die Tariffähigkeit von Handwerksinnungen
einen äußerst massiven Druck, nämlich die Gefahr eines et-
waigen Existenzverlustes bei Organisationsunwilligkeit, noch
als zulässig angesehen, ohne dabei auf die fragwürdige
Voraussetzung der Sozialadäquanz abzustellen[101].

c) Grenzen der Tarifmacht

Unabhängig von der o. a. Problematik der vom Bundesarbeits-
gericht herangezogenen Kriterien und der nicht überzeugenden
Abwägung durch das Gericht bei der Anwendung der betreffenden
Generalklausel auf den konkreten Sachverhalt überschreiten

die Tarifvertragsparteien mit der Vereinbarung von Differenzierungsklauseln im engeren Sinne nicht die <u>Grenzen der Tarif-
macht</u>.

Wie vor allem Gamillscheg[102] und jüngst Leventis[103] überzeugend nachgewiesen haben, handelt es sich insoweit um zu-
lässige Inhaltsnormen zugunsten der organisierten Arbeitnehmer. Damit entsprechen die Tarifvertragsparteien der begrenzten Legitimation des Tarifvertrages nach § 3 Abs. 1 und § 4
Abs. 2 TVG, wonach die Rechtsnormen des Tarifvertrages nur
für die Mitglieder der Tarifvertragsparteien gelten. Die
Außenseiter werden mithin nicht durch die vereinbarte Vorteilsregelung in Ansprüchen beschränkt. Vielmehr stehen ihnen
- wegen der beschränkten Tarifmacht der Tarifvertragsparteien
nur für ihre Mitglieder - <u>grundsätzlich</u> keine Rechtsansprüche
auf tarifliche Leistungen zu. Sie sind also kraft Gesetzes,
nicht durch die Koalitionen, von diesen Leistungen ausgeschlossen[104]. Die Frage, ob sich der Arbeitgeber etwa durch
Spannensicherungsklauseln (mit normativer Wirkung) verpflichten kann, die Abstände zwischen Organisierten und Nichtorganisierten einzuhalten, ist somit kein tarifvertragsrecht-
liches, sondern ein einzelvertragliches Problem[105]. Auch die
Individual-Vertragsfreiheit steht im Ergebnis einer derartigen
Klausel nicht entgegen, da kein allgemeines Verbot besteht,
durch Vertrag eine Beschränkung des Kontrahierens mit Dritten
zu vereinbaren[106].

d) Der Schutz der sogenannten negativen Koalitionsfreiheit

Letztlich verstoßen Vorteilsregelungen der in Rede stehenden
Art nicht gegen den Grundsatz der sogenannten <u>negativen
Koalitionsfreiheit</u>.Im Gegensatz zum Bundesarbeitsgericht ist
der Schutz der negativen Koalitionsfreiheit richtigerweise
nicht aus Art. 9 Abs. 3 Grundgesetz, sondern aus der allgemeinen Handlungsfreiheit des Art. 2 Abs. 1 Grundgesetz her-

zuleiten. Er unterliegt damit den Schranken der Rechte anderer, der verfassungsmäßigen Ordnung und dem Sittengesetz - alles Begrenzungen der Handlungsfreiheit, die vom Bundesverfassungsgericht in ständiger Rechtsprechung weitgezogen werden[107].

Dagegen birgt die Einordnung der sogenannten negativen Koalitionsfreiheit in den Schutzbereich des Art. 9 Abs. 3 GG - wie das Urteil des Großen Senats deutlich demonstriert - die Gefahr einer Gleichstellung von Organisierten und Nichtorganisierten, einer Gleichbewertung von positiver und negativer Koalitionsfreiheit und damit schlechthin des Verschwindens der Koalition als Verfassungswert in sich[108]. Es ist ferner nicht einzusehen, wie der durch Art. 9 Abs. 3 GG geschützte Zweck, Arbeits- und Wirtschaftsbedingungen zu fördern, durch "Nichtkoalieren" erreichbar wäre[109]. Doch auch wenn man im Gegensatz zur hier vertretenen Ansicht die negative Koalitionsfreiheit in Art. 9 Abs. 3 GG einordnet, erscheint es unrichtig, mit dem Bundesarbeitsgericht die Differenzierungsklausel isoliert der negativen Koalitionsfreiheit gegenüberzustellen. Wie die Untersuchung Steinbergs zeigt, kann eine Ermittlung der Verfassungsmäßigkeit von Differenzierungsklauseln innerhalb des Gesamtrahmens von positiver kollektiver und negativer individueller Koalitionsfreiheit durchaus zu dem Ergebnis führen, daß derartige Klauseln mit Art. 9 Abs. 3 GG zu vereinbaren sind[110].

C. Kritik der BAG-Rechtsprechung zum kollektiven Arbeitsrecht

Der Beschluß des Großen Senats vom 29. 11. 1967 fügt sich ein in eine Reihe anderer höchstrichterlicher Entscheidungen, die die Rechte der Gewerkschaften im Bereich des kollektiven Arbeitsrechts in ihrer Gesamttendenz maßgeblich einschränken.

Erinnert sei besonders an die Urteile zu den begrenzten Effektivklauseln. Dies sind Klauseln, in denen die Tarifver-

tragsparteien vereinbaren, daß Tariferhöhungen auf die
Effektivlöhne aufgestockt werden müssen, ohne daß der Arbeitgeber gehindert wäre, durch einzelvertragliche Änderung
die Effektivlöhne herabzusetzen.

Während das Bundesarbeitsgericht derartige Bestimmungen zunächst als zulässig angesehen hatte[111], erklärte es sie im
Jahre 1968 mit der Begründung für unwirksam, derartige Klauseln griffen in Bereiche ein, die der einzelvertraglichen
Gestaltung vorbehalten bleiben müßten[112]. Zutreffend werden
die Entscheidungen des Bundesarbeitsgerichts zu diesem Fragenbereich dahingehend interpretiert, das Bundesarbeitsgericht
lege Wert darauf, daß der Bereich übertariflicher Lohnrege-
lungen auch wirklich übertariflich bleibt[113]. Daß durch
eine solche Absicherung unternehmerischer Freiräume bei der
Lohnfestsetzung die gewerkschaftliche Handlungsmacht spürbar
geschwächt wird, bedarf keiner näheren Begründung.

Die Rechtsprechung des Bundesarbeitsgerichts zum Tarifvertragsrecht ist nicht isoliert zu sehen. Mit dem Tarifvertrags-
hängt das Arbeitskampfrecht unmittelbar zusammen. Beide be-
dingen einander. Von den zahlreichen Entscheidungen des
Bundesarbeitsgerichts, die die gewerkschaftlichen Spielräume
im Rahmen des Arbeitskampfrechts einengen[114], sei lediglich
an die Zulassung der Aussperrung[115], die Beschränkung des
Streiks auf tariflich regelbare Ziele[116] sowie die restriktiven Kampfgebote und Verfahrensvorschriften erinnert, die das
Bundesarbeitsgericht aus dem von ihm angewandten Prinzip
der Verhältnismäßigkeit ableitet. Hierzu gehört nach dem
Bundesarbeitsgericht vor allem, daß die Verhandlungsmöglich-
keiten vor Ausrufung eines Streiks ausgeschöpft (Ultima-Ratio-
Prinzip) und die Mittel des Kampfes dem Ziel angemessen sein
müssen. (Gebot fairer Kampfführung)[117].

Die vorstehend skizzierte Kritik der höchstrichterlichen
Rechtsprechung soll nicht den Eindruck erwecken, als seien
die vom Bundesarbeitsgericht entwickelten Grundsätze bei
Anwendung juristischer Auslegungsmethoden nicht vertretbar:
Freilich sind andere Interpretationen ebenso möglich.

Die herkömmliche juristische Interpretationslehre[118] gewährleistet keine eindeutigen, mit letzter Sicherheit be-
rechenbaren, sozusagen richtigen Ergebnisse. Um dies am
Beispiel der Differenzierungsklauseln deutlich zu machen:
Das wohl gründlichste Arbeitsrechtslehrbuch von Hueck-
Nipperdey führte in der 6. Auflage[119] aus, eine Differenzierung im engeren Sinne sei nichts anderes als die noch-
malige tarifvertragliche Festlegung des besonderen Status
der tarifgebundenen Arbeitnehmer nach §§ 3 und 4 TVG. Demgegenüber heißt es in der 7. Auflage desselben Lehrbuchs
(1966)[120], die gesetzlich und verfassungsrechtlich legiti-
mierte Beschränkung der Tarifgeltung auf die Mitglieder
(§§ 3, 4 TVG) bedeute keineswegs, daß es den Tarifparteien
gestattet sei, durch Differenzierungsklauseln entsprechende
einzelvertragliche Verträge mit Außenseitern zu verhindern.
Ein derartiger Versuch stehe außerhalb der Tarifmacht der
Verbände. Der letzten Ansicht hat sich das Bundesarbeitsgericht im Ergebnis angeschlossen. Beide Auffassungen lassen
sich u.E. auch mit Hilfe der üblichen juristischen Aus-
legungskriterien begründen, wenngleich - wie vorstehend
näher dargelegt - die besseren Argumente für die rechtliche
Zulässigkeit von Differenzierungsklauseln sprechen.

Die Problematik im kollektiven Arbeitsrecht besteht darin,
daß dieses Rechtsgebiet weitgehend nicht oder nur unvollstän-
dig kodifiziert ist. Dies fördert Tendenzen der Rechtsprechung,
weite und ausfüllungsbedürftige Formeln zu verwenden (Waffen-
gleichheit, Sozialadäquanz, Verhältnismäßigkeit, Gegnerfreiheit, Unzumutbarkeit usw.), in die im Rahmen der konkreten

Entscheidung - oft ohne den Versuch empirischer Absicherung[121] -
(rechts)politische Werturteile der zuständigen Richter ein-
fließen[122].

Das sich über die Generalklauseln in der Einzelentscheidung
aktualisierende politische Vorverständnis des Bundesarbeitsgerichts scheint uns geprägt von Vorstellungen einer auf
Harmonie angelegten Gesellschaftsordnung, der Konflikte prinzipieller Natur fremd sind. Dies zeigt sich besonders deutlich im Bereich des kollektiven Arbeitsrechts. Die Gewerkschaften werden einerseits als Ordnungsfaktoren anerkannt,
andererseits jedoch in ihren Handlungsinstrumenten soweit
eingeschränkt, daß sie ihrer Ordnungsfunktion kaum und ihrem
selbstgestellten Auftrag, durch Umgestaltung der Wirtschaft
und Gesellschaft die grundsätzliche Unterlegenheit der abhängig Beschäftigten aufzuheben[123], nur mit Einschränkungen,
Rückschlägen, jedenfalls unter größten Schwierigkeiten gerecht werden können. Typische Beispiele zum Beleg dieser
These finden sich in der Grundsatzentscheidung des Großen
Senats des Bundesarbeitsgerichts vom 28. 1. 1955[124], wo es
heißt:

> Arbeitskämpfe (Streik und Aussperrung) sind im allgemeinen
> unerwünscht, da sie volkswirtschaftliche Schäden mit sich
> bringen und den im Interesse der Gesamtheit liegenden Frieden
> beeinträchtigen.

Charakteristisch sind ferner die Ausführungen im Urteil des
Bundesarbeitsgerichts vom 20. 12. 1963[125]:

> "...daraus ergibt sich und das ist die vor allem entschei-
> dende und schon für sich durchschlagende Erwägung gegen-
> über einer rechtlichen Anerkennung oder auch nur Tolerierung
> des wilden Streiks, daß die Zulassung von Arbeitskämpfen
> nur in einem bestimmten Rahmen verantwortet werden kann.
> Dabei ist es wichtig, beim Ausbruch eines Streiks zu Kon-
> trollzwecken Stellen einzuschalten, die wegen ihrer Stellung
> im Arbeitsleben, ihrer Bedeutung in wirtschaftlicher Hin-
> sicht und ihrem Wissen auf dem Gebiet des Arbeitskampfrechts
> die Gewähr dafür bieten, daß nur in wirklich begründeten
> Fällen gestreikt wird und daß im Falle eines Streiks die im

allgemeinen Interesse erforderlichen Kampfregeln eingehal-
ten werden. Als solche Stellen kommen auf der Arbeitnehmerseite bei ihrer gesellschaftlichen Stellung nur die Gewerkschaften infrage. Wegen des auch beim Arbeitskampf und damit
beim Streik zu beachtenden Ordnungsmoments ist ein wilder
Streik um betriebliche Fragen schlechterdings unzulässig ...".

Letztlich sei in diesem Zusammenhang auf den Beschluß des
Großen Senats vom 29. 11. 1967 zu Differenzierungsklauseln
selbst hingewiesen[126]:

"Der Arbeitgeber, der auf diese Weise zu differenzieren
versucht, wird - so meint das Bundesarbeitsgericht - das
Gerechtigkeitsempfinden besonders verletzen und in vielen
Fällen Gefahr laufen, daß der Betriebsfrieden und der unternehmerische Erfolg Schaden nehmen."

Im Ergebnis dürfte jene Auffassung die gewerkschafts- und
gesellschaftspolitischen Konsequenzen dieser Rechtsprechung
zutreffend beschreiben, wonach sie faktisch auf eine ver-
schleierte und gerade darum sehr effiziente Form eines Ge-
werkschaftsgesetzes hinausläuft[127].

Zusammenfassend läßt sich feststellen: Die gewerkschaftliche
Autonomie auf dem Gebiet des kollektiven Arbeitsrechts wird
durch die BAG-Rechtsprechung nicht gestärkt, sondern im Gegenteil erheblich beeinträchtigt.

D. Stellungnahme der Gewerkschaften zur BAG-Rechtsprechung im
   Bereich des kollektiven Arbeitsrechts einschließlich
   Differenzierungsklauseln

Die Gewerkschaften haben das Urteil des Bundesarbeitsgerichts
vom 29. 11. 1967 scharf kritisiert[128]. Sie haben darauf hingewiesen, daß dieses Urteil eines unter vielen sei, die die
gewerkschaftliche Betätigungsfreiheit im Bereich des kollektiven Arbeitsrechts maßgeblich einschränken.

Die Vertreter der zuständigen Ministerien der Länder im
Richterwahlausschuß wurden aufgefordert, darauf bedacht zu

sein, daß nur Männer und Frauen für die Tätigkeit an diesem gesellschaftspolitisch wichtigen Bundesgericht berücksichtigt werden, die Gewähr bieten, daß die gesellschaftspolitischen Erfordernisse unserer Zeit in der BAG-Rechtsprechung die nötige Beachtung finden[129].

Ferner halten es die Gewerkschaften für notwendig, daß der Gesetzgeber Maßnahmen ergreift, die sicherstellen, daß die Tarifvertragsautonomie sich entfalten und nicht durch restaurative rechtspolitische Entscheidungen der Gerichte eingeengt werden kann[130]. Auf dem DGB-Bundeskongreß 1975 wurden von mehreren Gewerkschaften sowie von einigen DGB-Landesbezirken inhaltlich sich entsprechende Anträge formuliert und - nach allerdings teilweise kontroverser Diskussion zum Thema Differenzierungsklauseln - mehrheitlich angenommen, die auf die Notwendigkeit einer gesetzlichen Veränderung des Tarifvertragsgesetzes hinweisen, mit dem Ziel, den Gewerkschaften den Abschluß von Differenzierungs-, Effektiv- und Öffnungsklauseln zu ermöglichen[131].

Ein entsprechender Entwurf des DGB zur Änderung des Tarifvertragsgesetzes wurde ausgearbeitet, dessen Wortlaut in der Dokumentation abgedruckt ist.

3. Materielle Einzelvorteile durch unmittelbare Auszahlung

A. Vorbemerkung

Im folgenden wird davon ausgegangen, eine Differenzierung im engeren Sinne sei rechtlich zulässig. Dies hätte entweder zur Voraussetzung, daß sich die höchstrichterliche Rechtsprechung ändert oder daß der Gesetzgeber durch eine Änderung des Tarifvertragsgesetzes die Möglichkeit schafft, derartige Klauseln in Tarifverträgen zu vereinbaren.

Unter dieser Annahme wären verschiedene Gestaltungsformen einer Differenzierung denkbar. Sie könnte u.a. dadurch erfolgen, daß den Gewerkschaftsmitgliedern unmittelbar bestimmte materielle Einzelvorteile eingeräumt werden.

Zu denken wäre an einen (monatlich zahlbaren) Lohnzuschlag. Hierbei dürften jedoch - bereits aus einer Reihe praktischer Gründe - die Realisierungschancen gering sein. So wird eine Differenzierung im Lohn bei bestimmten Lohnformen, wie Akkord- oder Stücklohn, nur schwer durchführbar sein. Weitere Probleme könnten daraus erwachsen, daß trotz der erweiterten Informationsrechte des Betriebsrats nach § 80 Abs. 2 BetrVG nicht in allen Betrieben Offenheit und Transparenz bei Lohn- und Gehaltsstrukturen gewährleistet sind. Letztlich wird eine Lohndifferenzierung dort auf Schwierigkeiten stoßen, wo eine Spanne zwischen Tarif- und Effektivverdiensten[132] besteht. Hier müßten ggf. Differenzierungs- mit Effektivklauseln im Tarifvertrag verbunden werden. Alles in allem scheint bereits aus diesen Erwägungen heraus eine Lohndifferenzierung kaum realisierbar.

Die vorstehend genannten Probleme stellen sich nicht - oder zumindest nicht in voller Schärfe - bei einer Differenzierung von Nebenleistungen, etwa im Rahmen des Urlaubsgeldes oder der Altersversorgung. Hierin dürfte auch die maßgebliche Ursache dafür liegen, daß die Gewerkschaften eine Differenzierung im Lohn, soweit ersichtlich, bislang nicht in Erwägung gezogen haben.

Die zusätzlichen (Neben)Leistungen könnten - und dies wäre eine weitere Gestaltungsmöglichkeit - durch gemeinsame Einrichtungen im Sinne von § 4 Abs. 2 TVG verwaltet und ausgezahlt werden. Damit würde einerseits das einzelne Unternehmen von zusätzlichem Verwaltungsaufwand entlastet. Andererseits ergeben sich insoweit eine Reihe besonderer gewerkschafts-

und gesellschaftspolitischer Probleme. Dies läßt eine getrennte Darstellung der verschiedenen Abarten unmittelbarer Differenzierung einerseits und einer Differenzierung unter Einschaltung einer gemeinsamen Einrichtung auf der anderen Seite als zweckmäßig erscheinen.

B. Besondere rechtliche Probleme

a) Vorbemerkung

Die grundsätzlichen juristischen Probleme einer Differenzierung im engeren Sinne waren bereits in den vorigen Kapiteln Gegenstand ausführlicher Erörterungen. In diesem Zusammenhang soll daher ergänzend nur kurz auf einige Fragen vor allem aus dem verfassungsrechtlichen Bereich eingegangen werden, die in der Auseinandersetzung um die Zulässigkeit von Differenzierungsklauseln nur am Rande eine Rolle gespielt haben, die aber bei einer erneuten Diskussion zu diesem Thema Bedeutung erlangen könnten.

b) Gleichbehandlungs- und Gleichheitsgrundsatz

Zunächst verstößt jegliche Form einer Differenzierung, die nicht zu einer schwerwiegenden Beeinträchtigung des regelmäßigen Arbeitseinkommens des Außenseiters führt[133], weder gegen den arbeitsrechtlichen Gleichbehandlungsgrundsatz noch gegen den verfassungsrechtlichen Gleichheitssatz des Art. 3 GG. Dies gilt auch für Lohndifferenzierungen. Der Gleichbehandlungs- bzw. Gleichheitsgrundsatz verbietet nämlich lediglich eine sachfremde bzw. willkürliche Schlechterstellung. Er untersagt dagegen nicht, Ungleiches nach Maßgabe der vorhandenen Verschiedenheiten ungleich zu behandeln[134]. Insofern ist es ein sachgerechter Anknüpfungspunkt, wenn hinsichtlich des Arbeitsentgelts zwischen Gewerkschaftsmitgliedern, die durch ihre Mitarbeit und Beiträge die Regelung des Tarifver-

trages ermöglicht, ggf. sogar erkämpft haben, und den
Nichtorganisierten unterschieden wird, die nichts dazu bei-
trugen[135].

c) Gegnerfreiheit und Gegnerunabhängigkeit

Auch der Gedanke der Gegnerfreiheit bzw. Gegnerunabhängigkeit,
der zu Unrecht herangezogen wird, um aus Artikel 9 Abs. 3 GG
Argumente gegen eine Erweiterung der (paritätischen) Mitbestimmung herzuleiten[136], steht einer Differenzierung im
engeren Sinne nicht entgegen.

Grundsätzlich ist davor zu warnen, den Gedanken der Gegnerunabhängigkeit zu verabsolutieren. Zu weit ginge es, in
diesem Zusammhang die vollständige Autonomie der Koalition
im Sinne einer Abschirmung gegen jegliche Einflüsse zu verlangen[137]. U.a. dürfte als Nebeneffekt von gemeinsamen
Einrichtungen nach § 4 Abs. 2 TVG, deren Mittel ganz überwiegend von der Arbeitgeberseite aufgebracht werden, mittelbar auch eine Stärkung der gewerkschaftlichen Organisation
zu verzeichnen sein.
Umgekehrt sprechen eine Reihe von Tatsachen und Indizien
dafür, daß die Gewerkschaften dadurch nicht unerheblich
geschwächt werden, daß der Arbeitgeber namentlich aufgrund
seines Direktionsrechts in der Lage ist, gegen Gewerkschaftsmitglieder Sanktionen verschiedenster Art bis hin
zu Entlassungen zu ergreifen[138]. Gleichwohl ist insoweit
nicht ernsthaft behauptet worden, die gewerkschaftliche
Unabhängigkeit werde über den zulässigen Rahmen hinaus beeinträchtigt[139].

Richtigerweise entfällt die Gegnerunabhängigkeit der Koalitionen erst, wenn die Bildung eines eigenen Koalitionswillens

nicht mehr möglich ist[140]. Diese Schwelle wird durch Differenzierungsklauseln nicht überschritten. Dadurch, daß derartige
Klauseln vereinbart werden, wird eine Gewerkschaft nicht zur
"gelben Gewerkschaft", die - finanziell korrumpiert - lediglich verlängerter Arm der Unternehmerseite ist.

d) Differenzierung für Beamte?

Sehr viel schwieriger ist die Frage zu beantworten, ob eine
Differenzierung nach Gewerkschaftszugehörigkeit bei Beamten
vorgenommen werden darf. Bedenken könnten sich daraus ergeben,
daß Beamte zum Dienstherrn in einem öffentlichen Dienst-
und Treueverhältnis stehen und - damit im Zusammenhang - ihr
Anspruch auf Dienstbezüge der Höhe nach durch das Bundes-
besoldungs- und die jeweiligen Landesbesoldungsgesetze geregelt wird[141].

Ohne daß in dieser Studie eine ins Detail gehende Prüfung
möglich wäre, sei hierzu folgendes bemerkt:

Dem Gesetzgeber ist einerseits bei Festsetzung der Besoldungs-
bezüge ein Gestaltungsspielraum eingeräumt[142]. Eine Differenzierung nach Gewerkschaftszugehörigkeit bedeutet auch
- wie sich aus vorstehenden Ausführungen ergibt - keine entsprechend Art. 3 GG unzulässige sachwidrige Unterscheidung.
Andererseits scheint die Rechtsprechung an eine unterschiedliche Besoldung von Beamtengruppen einen strengen Maßstab
anzulegen[143], also eine Differenzierung insofern nur in
engen Grenzen zuzulassen[144].

Ferner wäre bei einer Differenzierung nach Gewerkschaftszugehörigkeit für Beamte Art. 33 Abs. 5 GG zu beachten. Dort
heißt es: "Das Recht des öffentlichen Dienstes ist unter
Berücksichtigung der hergebrachten Grundsätze des Berufs-
beamtentums zu regeln". Zwar hindert diese Bestimmung den

Gesetzgeber nicht, die hergebrachten "Grundsätze des Berufs-
beamtentums" dem Grundgesetz und der gewandelten Stellung
des Beamtentums in der demokratischen Gesellschaft anzupassen
und neu zu gestalten[145]. Jedoch werden durch Art. 33 Abs. 5 GG
für die Besoldung gewisse Mindestvoraussetzungen gewährleistet,
namentlich das Alimentationsprinzip, d.h. ein angemessener
Lebensunterhalt[146], das Leistungsprinzip[147] sowie das Prinzip der Äquivalenz von Leistung und Besoldung[148]. Hieraus
könnten sich Grenzen für eine angestrebte Differenzierung
ergeben.

Die oben angedeuteten Schwierigkeiten würden allerdings entfallen, wenn der Gesetzgeber bereit wäre, entsprechend den
gewerkschaftlichen Vorstellungen ein einheitliches Personalrecht zu schaffen[149].

C. Gewerkschafts- und gesellschaftspolitische Probleme

a) Vorbemerkung

Im Anschluß an die vorstehend behandelten rechtlichen Probleme sollen eine Reihe gewerkschafts- und gesellschaftspolitischer Aspekte von Differenzierungen im engeren Sinne erörtert werden. Hierbei geht es vorläufig darum, einige wichtige Argumentationslinien des Für und Wider deutlichzumachen.

Der inhaltlichen Auseinandersetzung sei zunächst folgendes
vorausgeschickt: Wenn in der Darstellung gewerkschafts- und
gesellschaftspolitischer Probleme einer Differenzierung auch
bestimmte Risiken derartiger Regelungen angesprochen werden,
so haben diese Erwägungen nichts mit den Äußerungen gemein,
die in ihrer Grundtendenz ersichtlich darauf abzielen, im

Gewande loyaler Ratschläge gewerkschaftliche Rechte einzuschränken. Wenn - um ein typisches Beispiel zu nennen - ein
Autor wie Zöllner den Gewerkschaften empfiehlt, sie sollten
erwägen, ob sie nicht mit modernen Methoden der Aufklärung
über ihre Aufgaben und Ziele mehr erreichen als durch Differenzierungsklauseln[150], so erscheint diese Empfehlung deshalb wenig überzeugend, weil derselbe Verfasser andererseits
das gesamte Arsenal von (formal-juristischen) Argumenten der
Differenzierungsklauselgegner aufbietet, um den Nachweis der
angeblichen Unzulässigkeit derartiger Vereinbarungen zu
führen[151].

Soweit - dies sei daher ausdrücklich betont - gewerkschafts-
und gesellschaftspolitische Bedenken formuliert werden, geschieht es nicht, um die gewerkschaftliche Autonomie in
irgendeiner Form zu beschränken. Vielmehr sind die folgenden
Ausführungen vom Gedanken getragen, die gewerkschaftlichen
Handlungsfreiheiten für die Zukunft zu erhalten und im Rahmen
des verfassungsrechtlichen Spielraums, der sehr viel weiter
ist, als von einigen angenommen[152], auszubauen.

b) Ziele einer Differenzierung

Ein, wenn nicht das wesentliche Ziel von Differenzierungsklauseln besteht darin, den gewerkschaftlichen Organisationsgrad zu erhöhen. Differenzierungsklauseln sollen für den
Außenseiter ein Anreiz sein, den Gewerkschaften beizutreten.
Dies könnte zu einer spürbaren finanziellen Entlastung der
Gewerkschaften führen, die sich u.a. durch Aufwendungen für
Ausbildung und Schulung von Gewerkschaftsmitgliedern und
gewerkschaftlichen Funktionsträgern wachsenden Anforderungen
gegenübersehen.

Dahinter tritt der vor allem in den sechziger Jahren z.T.
vorgebrachte Gedanke zurück, die Gewerkschaftsmitglieder

könnten billigerweise von den Nichtorganisierten einen Ausgleich verlangen, da diese Früchte genießen, zu deren Er-
ringung sie nicht beigetragen haben[153]. Er ist - wie zu
Recht kritisiert wurde - emotional belastet und könnte den
Eindruck erwecken, als bezweckten die Gewerkschaften durch
Vereinbarung von Differenzierungsklauseln eine Art straf-
rechtlicher Sanktion gegenüber den Außenseitern für "Tritt-
brettfahren" und "Schmarotzertum"[154].

Auch die erzieherische Funktion, die Differenzierungsklauseln
und ähnlichen Regelungen teilweise zugeschrieben wird, ist
u.E. nicht überzubewerten. Einem Anspruch auf "Erziehung zu
guter staatsbürgerlicher Haltung" können sie wahrscheinlich
kaum gerecht werden[155].

Um Solidarität statt Konkurrenzdenken und Trittbrettfahrer-
mentalität zu wecken, müßte tiefer angesetzt werden, nämlich bereits im Bildungsbereich durch Aufklärung über die
Ursachen sozialer Konflikte und Aufzeigen von Möglichkeiten
ihrer emanzipativen Überwindung[156]. Die Formulierung des
Bundesarbeitsgerichts, es gäbe kein allgemeines Rechtsprinzip, das die Anlehnung an die Früchte fremder Arbeit ohne
weiteres ausgleichspflichtig mache, und der Hinweis des Gerichts, ohne eine gewisse Freiheit auch in der Ausnutzung
der Arbeit anderer wäre ein Fortschritt nicht denkbar[157],
dürfte im Kern zutreffend die Bewegungsgesetze einer privat-
kapitalistischen Gesellschaftsordnung wiedergeben. Eine derartige gesellschaftliche Praxis bleibt nicht ohne Einfluß
auf das allgemeine Bewußtsein[158]. Der Beitrag, den Differenzierungsklauseln zu seiner Veränderung leisten können,
wird - ohne gleichzeitige Änderungen prinzipieller Natur -
voraussichtlich gering bleiben.

c) Differenzierungsklauseln als Mittel zum Erreichen eines
   höheren Organisationsgrades

Die Steigerung des gewerkschaftlichen Organisationsgrades
wird dadurch erschwert, daß das Bild des § 3 Abs. 1 TVG,
wonach nur die Mitglieder der Tarifparteien tarifgebunden
sind und deshalb auch in den Genuß tariflicher Leistungen
kommen sollen, nicht der tariflichen Praxis entspricht. Tatsächlich kommen die tariflichen Leistungen allen Arbeitnehmern, also auch den nichtorganisierten Arbeitnehmern,
zugute. Insofern dürften Differenzierungsklauseln _ein_ geeigneter Ansatz sein, um den Beschäftigten die Notwendigkeit
gewerkschaftlicher Organisationen sichtbar vor Augen zu
führen. Dies wird vor allem durch die positiven Erfahrungen
bestätigt, die die Gewerkschaft Textil-Bekleidung mit einer
Differenzierung im Bereich der Miederindustrie gemacht hat[159].
Hierüber berichtet die Stuttgarter Zeitung vom 25.11.1964:

> "...sowohl die Arbeitgeber der Holzwirtschaft als auch der
> Bekleidungsindustrie befürchten, daß ein besonderes Ur-
> laubsgeld für Organisierte den Mitgliederstand der Gewerk-
> schaften erheblich verbessert. Sie stützen sich dabei auf
> die Tatsache, daß in der Miederindustrie des Bundesgebiets
> heute 65 % der Beschäftigten bis in die schwer organisier-
> baren Gebiete des Bayerischen Waldes hinein organisiert
> sind, obwohl es hier nicht einmal Sonderleistungen für Or-
> ganisierte gibt, sondern für alle Beschäftigten, die aller-
> dings an beide Gruppen von einer gewerkschaftlich verwal-
> teten Kasse ausgezahlt werden. Ferner hat die Gewerkschaft
> Textil-Bekleidung aufgrund einer besonderen Jahreszahlung
> nur für Organisierte ihren Mitgliederstand im Saargebiet
> 1964 allein um mehr als 40 % verbessert."

Wenn gleichwohl davor gewarnt wird, mit einer Vereinbarung
von Differenzierungsklauseln generell die Erwartung eines
ähnlich spektakulären Anwachsens des Organisationsgrades
wie z.B. im Miederbereich zu verbinden, so sind dafür folgende Überlegungen maßgebend.

Zum einen ist die Beschäftigtenzahl der von den Differenzierungsklauseln erfaßten Arbeitnehmer sowohl im Bereich der
Mieder- als auch in dem der saarländischen Textilindustrie

vergleichsweise gering. Die dort gemachten Erfahrungen
werden deshalb nicht ohne weiteres auf größere Tarifvertrags-
gebiete übertragen werden können.

Darüber hinaus wird das Bestreben nach dem Abschluß von
Differenzierungsklauseln nicht in jedem Organisationsbereich
in gleichem Maße der Mitgliedererwartung entsprechen: Wie
sich bereits an den Anträgen zu Gewerkschaftstagen zeigt,
ist der Wunsch nach einer Differenzierung dort geringer, wo
sich der Mitgliederstand auf einer hohen Ebene konsolidiert
hat[160]. Er dürfte ferner im öffentlichen Bereich, u.a. wegen
des hohen Anteils von Beamten, ebenfalls nicht so stark ausgeprägt sein wie in einigen Bereichen der Privatwirtschaft.

Letztlich ist zu bedenken, daß neben der Schwierigkeit, die
gewerkschaftlichen Leistungen im Tarifbereich den Nichtorganisierten deutlich zu machen, eine Reihe anderer Ursachen
den Organisationsgrad negativ beeinflussen.

In einer DGB-Studie werden sie wie folgt systematisiert:
- Tarifliche Gründe: Gleichstellung von Organisierten und
  Nichtorganisierten; Zahlung von übertariflichen Löhnen,
  ohne daß die gewerkschaftliche Präsenz sichtbar wird.

- Organisatorische Gründe: U.a. Kontaktmangel, ungenügende
  Maßnahmen im Hinblick auf die Fluktuation, unzulängliche
  Ausstattung der Verwaltungsstellen usw..

- Sozialpsychologische und ähnliche Gründe: Abneigung
  gegen die Gewerkschaften bei Arbeitnehmern mit landwirt-
  schaftlichen Nebenerwerbsstellen oder engen Bindungen
  an die Landwirtschaft; Widerstände bei der Werbung weib-
  licher Arbeitnehmer und bei der Werbung von Angestellten;
  mangelndes gewerkschaftliches Bewußtsein; enges Verhältnis zum Arbeitgeber im Kleinbetrieb und gewerkschafts-
  feindliches Verhalten des Arbeitgebers; Auseinandersetzungen mit konkurrierenden Verbänden; Schwierigkeiten bei der
  Organisierung von Gastarbeitern.

- Strukturelle Gründe: Schwierigkeiten, die sich aus Be-
  triebs- und Wirtschaftsstrukturen ergeben, Erfassung und
  Betreuung der Ein- und Auspendler 161).

Wie die hier angeführten Ursachen im einzelnen zu gewichten
sind, wird sich kaum empirisch nachprüfbar feststellen lassen.
Die Bedeutung der jeweiligen Gründe einer Organisations-
abstinenz wird u.a. auch von unterschiedlichen betrieblichen
und organisationspolitischen Umständen abhängen. Immerhin
dürfte generell feststehen, daß bei der Vielschichtigkeit der
Ursachen, die einer Erhöhung des gewerkschaftlichen Organisationsgrades im Wege stehen, der Abschluß von Differenzierungsklauseln nicht zwangsläufig zu einer Erhöhung der gewerkschaftlichen Mitgliederzahl führen muß[162].

Um dies an zwei Beispielen deutlich zu machen: Die Tatsache,
daß nur ein Prozent der weiblichen gegenüber 40 % der männ-
lichen Gastarbeiter gewerkschaftlich organisiert ist[163],
dürfte sich durch Differenzierungsklauseln kaum beheben
lassen. Hier werden vor allem sozialpsychologische Faktoren
zu verändern sein, um den Organisationsgrad zu verbessern.

Ferner: Der verhältnismäßig niedrige Organisationsgrad von
Jugendlichen[164] wird ebenfalls nicht in erster Linie auf
tarifpolitische Gründe zurückzuführen sein. Es spricht einiges
dafür, daß der Organisationsgrad dieser Gruppe stärker durch
Erziehungs- und Bildungsinhalte im (vor-) und schulischen
Bereich beeinflußt wird[165].

Um die Zahl der gewerkschaftlich organisierten Arbeitnehmer
nachhaltig und dauerhaft zu erhöhen, werden daher eine Reihe
differenzierter Maßnahmen in Betracht zu ziehen sein. Die
bereits genannte DGB-Studie führt im wesentlichen folgende
an:

- Vereinheitlichung und Rationalisierung der Beitrags-
  systeme und der Beitragskassierung, um die Kausalreihe
  mangelhafte Kassierung - Beitragsrückstand - einschlafende
  Mitgliedschaft oder Austritt zu unterbinden.

- Aktivierung der Werbung.

- Rationalisierung der Verwaltung und der organisatorischen Zusammenarbeit zwischen DGB und Gewerkschaft.
- Ein einheitliches System von Unterstützungen und Leistungen.
- Personelle Verstärkung.
- Auf- und Ausbau der Vertrauenskörper.
- Schulung der Vertrauenskörper und der Betriebs- und Personalräte.
- Verbesserung der Mitgliederbetreuung.
- Verbesserung der Personengruppenarbeit.
- Stärkung des gewerkschaftlichen Bewußtseins.
- Erhöhung der finanziellen Mittel.
- Maßnahmen gegen die Fluktuation.
- Verbesserung der Ortskartellarbeit.
- Verstärkung der Bildungsarbeit.
- Besserstellung der Organisierten.

Ergänzend ist darauf hinzuweisen, daß - wie das Beispiel der Montanindustrie zeigt - nicht zuletzt eine paritätische Mitbestimmung auf Unternehmensebene geeignet ist, den Organisationsgrad zu verbessern.

Ferner läßt sich an einer Reihe von Streikbewegungen nachweisen, daß bei Arbeitskämpfen die Mitgliederzahlen der streikführenden Gewerkschaften teilweise erheblich gestiegen sind[166]. Dies muß nicht ausschließlich daran liegen, daß die Gewerkschaften den organisierten Arbeitnehmern Streikgelder zahlen[167]. Vielmehr zeigen gruppensoziologische Untersuchungen, daß der Konflikt von Individuen mit anderen gesellschaftlichen Gruppen regelmäßig zur Konsolidierung der Gruppe führt, die den Konflikt, z.B. den Streik, austrägt. Es bildet sich ein einheitliches Gruppenbewußtsein. Damit grenzt sich die Gruppe gegenüber anderen Gruppen ab, sie gewinnt ihre Identität. Das Mittel des offenen sozialen Konflikts, im gewerkschaftlichen Bereich vor allem der Streik, bewirkt auf diese Weise eine Solidarisierung, die - ggf. mit flankierenden gewerkschaftlichen Maßnahmen - auch zu einem

längerfristigen Anwachsen des Organisationsgrades führen
kann [168].

Mit welchen Maßnahmen zu beginnen ist bzw. welche Aktivitäten verstärkt werden müssen, um neue Gewerkschaftsmitglieder zu gewinnen, wird nicht zuletzt eine Frage der
politischen Durchsetzbarkeit, der gewerkschaftlichen Finanzen, der innergewerkschaftlichen Strukturen und anderer
Faktoren mehr sein. In der Regel wird ein Bündel von Maßnahmen den größten Erfolg versprechen, wie: der systematische
Aufbau des Vertrauensleutekörpers, eine intensive Schulungs-
arbeit, eine verstärkte Betreuung verschiedener Arbeitnehmer-
gruppen, gute Tarifvertragsabschlüsse sowie allgemeine und
gezielte Werbeaktionen [169]. Das Betreben, den Organisationsgrad durch den Abschluß von Differenzierungsklauseln zu erhöhen, wird dort besonders stark ausgeprägt sein, wo - wie z.B.
im Bereich der IG Bau,Steine,Erden und Gewerkschaft Textil-
Bekleidung - andere Möglichkeiten der Verbesserung des Mit-
gliederbestandes auf besondere Schwierigkeiten der Produktion
(zahlreiche Kleinbetriebe), Kommunikation und Information
stoßen [170].

Allgemein zeigt die gewerkschaftliche Mitgliederentwicklung,
daß die DGB-Gewerkschaften selbst in schwierigen wirtschaftlichen Phasen in der Lage sind, ihre Mitgliederzahlen - auch
ohne den Abschluss von Differenzierungsklauseln - nicht nur zu
konsolidieren, sondern sogar zu steigern [171].

d) Spannungssituationen zwischen Organisierten und Nichtorganisierten

Gegen Differenzierungsklauseln könnte sprechen, daß deren
Abschluß Spannungssituationen zwischen Organisierten und
Nichtorganisierten hervorruft. Indes ist diese Gefahr u.E.
nicht besonders hoch einzuschätzen.

Fraglos wird die Vereinbarung von Differenzierungsklauseln
zu Diskussionen zwischen Gewerkschaftsmitgliedern und Aussenseitern führen. Dies kann jedoch die durchaus begrüßenswerte
Konsequenz haben, daß der eine oder andere Aussenseiter erkennt, wie wenig gesichert seine vermeintlich tariflichen
Lohn- und Gehaltsansprüche sind.

Gewerkschaftspolitisch unerwünschte Spannungen dürften sich
insoweit kaum ergeben. Auch die Befürchtung des Bundesarbeitsgerichts, eine Differenzierung würde in vielen Fällen
zu einer Störung des Betriebsfriedens führen [172], scheint
uns bei einer maßvollen Differenzierung im Rahmen der DGB-
Vorschläge zur Änderung des Tarif-Vertragsgesetzes unbe-
gründet.

Die Problematik liegt u.E. in diesem Zusammenhang darin,
daß der Abschluß derartiger Klauseln möglicherweise den
Anspruch der Gewerkschaften, für alle Arbeitnehmer zu handeln, infrage stellt. Hierauf wird im einzelnen später noch
einzugehen sein.

e) Durchsetzbarkeit von Differenzierungsklauseln

Auch unabhängig von der juristischen Problematik
(BAG-Rechtsprechung) stellt sich die Frage der Durchsetzbarkeit von Differenzierungsklauseln gegenüber dem jeweiligen
Arbeitgeberverband. Die Verhandlungsmacht der Gewerkschaft
beim Abschluß von Tarifverträgen beruht u.a. entscheidend
darauf, daß das Scheitern der Verhandlung einen Streik zur
Folge haben kann. Die erfolgreiche Durchführung eines Streiks
wiederum hängt davon ab, ob die gewerkschaftliche Forderung
an die Interessen und Bewußtseinslage der Beschäftigten an-
knüpft.

Zwar kann dies bei der Forderung nach Differenzierungsklauseln der Fall sein, wie etwa der Arbeitskampf der Gewerkschaft Textil-Bekleidung aus dem Jahre 1965 zur Durchsetzung

von Differenzierungsklauseln in der Bekleidungsindustrie
Westfalens zeigt. In anderen Organisationsbereichen (u.a.
Bergbau, öffentlicher Dienst, Metall-Industrie) dürfte
eine derartige Forderung jedoch den Wünschen der Mitglieder
nicht oder nicht in gleichem Maße entsprechen, so daß dort
von der Durchsetzbarkeit derartiger Klauseln mit Hilfe
eines Arbeitskampfes nicht ohne weiteres ausgegangen werden kann.

Generell wird bei Streiks um Differenzierungsklauseln eine
Reihe grundsätzlicher Probleme in Rechnung zu stellen sein.
In erster Linie werden Differenzierungsklauseln trotz der
o.g. Einschränkungen dort nützlich sein und in Betracht
kommen können, wo der gewerkschaftliche Organisationsgrad
gering ist. Es stellt sich die Frage, ob ein Streik bei
geringem Organisationsgrad überhaupt durchgehalten werden
kann. Insoweit dürften lediglich Schwerpunktstreiks Aus-
sicht auf Erfolg versprechen. Sozialwissenschaftliche Untersuchungen bestätigen ferner, daß Streiks , nachdem die
Initialzündung von den Organisierten ausgeht, auch bei
Aussenseitern im allgemeinen Resonanz finden [173]. Bei einem
Streik um Differenzierungsklauseln ist eine entsprechend positive Einstellung der Aussenseiter mit Gewißheit nicht zu
erwarten.

Gamillscheg ist insofern durchaus zuzustimmen, wenn er aus-
führt: Daß die Bäume der Tarifausschlußklausel (Differenzierungsklauseln im engeren Sinn) nicht in den Himmel wachsen,
dafür sorgt schon, daß sie ohne Aussenseiter nicht erstritten
werden kann [174].

Sollen Differenzierungsklauseln ohne Arbeitskampf bzw. ohne
glaubhafte Drohung mit einem Arbeitskampf abgeschlossen werden, so setzt dies voraus, daß die andere Seite bereit ist,
sich auf derartige Vereinbarungen einzulassen. Ob eine solche
Bereitschaft ohne weiteres unterstellt werden kann, erscheint
zweifelhaft. Geht man von einem typischen Verhalten der Ar-

beitgeberverbände aus, so dürften sie kein Interesse daran
haben, mit der Gewerkschaft Tarifvereinbarungen zu treffen,
die für letztere eine Organisationshilfe sein können [175].
Es wird deshalb realistischerweise damit zu rechnen sein,
daß Arbeitgeberverbände von den Gewerkschaften für die Bereitschaft des Abschlusses von Differenzierungsklauseln
Gegenleistungen erwarten.

Dies ist einerseits nicht ungewöhnlich, entspricht vielmehr
den Gepflogenheiten bei Tarifverhandlungen. Da die Vereinbarung von Differenzierungsklauseln jedoch eine Frage von
prinzipieller Bedeutung darstellt (Organisationshilfe), ist
nicht auszuschließen, daß der Gewerkschaft Gegenforderungen
präsentiert werden, die sie möglicherweise nicht akzeptieren
kann. Wo der Schwellenwert des Zumutbaren liegt, läßt sich
mit dem Anspruch auf allgemeine Verbindlichkeit nicht feststellen. Hiermit ist u.a. auch das Problem des Selbstverständnisses der Gewerkschaften berührt.

Verhältnismäßig leicht wird eine Gewerkschaft noch abschätzen können, ob
sie etwa für die Vereinbarung zusätzlicher materieller Einzelvorteile zugunsten Organisierter Abstriche von sonstigen Forderungen hinnimmt. Sehr viel schwerer werden demgegenüber bereits die Auswirkungen gemeinsamer Einrichtungen etwa im Bildungsbereich und - damit verbunden - denkbarer Einflüsse der
Arbeitgeberseite formeller und informeller Natur zu übersehen
sein.

f) Offenbarung der Mitgliedschaft

Ein weiteres gewerkschaftspolitisches Problem von Differenzierungsklauseln besteht darin, daß dem Arbeitgeber - jedenfalls sofern die Differenzierung ohne Zwischenschaltung einer
gemeinsamen Einrichtung vorgenommen wird - die Gewerkschaftsmitglieder bekannt gemacht werden müssen. Dies kann in
schlecht organisierten Betrieben, deren Klima nicht selten
durch eine offen gewerkschaftsfeindliche Haltung des Arbeit-

gebers geprägt ist, zu Sanktionen verschiedenster Art gegenüber Gewerkschaftsmitgliedern führen. Unabhängig davon müssen
bei einer unmittelbaren Differenzierung in Lohn oder Nebenleistungen praktische Schwierigkeiten gelöst werden. Es wäre
notwendig, daß (durch den Arbeitgeber?) entsprechende Mit-
gliederlisten geführt und jeweils dem neuesten Stand entsprechend aktualisiert werden.

g) Differenzierungsklauseln und gewerkschaftliches Bewußtsein
   - Mitläuferproblematik -

Geht man davon aus, daß Differenzierungsklauseln ggf. mit
flankierenden Maßnahmen geeignet sind, den gewerkschaftlichen
Organisationsgrad zu verbessern, so fragt sich, ob und ggf.
inwieweit in diesem Zusammenhang Auswirkungen auf das Bewußtsein der gewerkschaftlich organisierten Arbeitnehmer zu
erwarten sind. Anlaß für einen Beitritt in die Gewerkschaft
können eine Reihe unterschiedlicher, z.T. sich überschneiden-
der Motive sein (persönlicher Schutz, persönliche Vorteile,
ideelle Motive)[176].

Untersuchungen haben ergeben, daß etwa 20 - 25 % der Arbeitnehmer für den Beitritt in die Gewerkschaft ideelle Motive,
d.h. die Übereinstimmung mit gewerkschaftlichen Zielvor-
stellungen, anführen[177]. Die übrigen folgen eher passiv den
Impulsen ihrer Umgebung, wobei die Werbung durch persönliche
Kontakte eine große Rolle spielt[178].
Entsprechend scheint bei der wachsenden Gruppe der Angestellten eine Haltung verbreitet, die sich dahin umschreiben
läßt, daß der Gewerkschaftsbeitritt vor allem auch unter einer
Art Dienstleistungsaspekt gesehen wird: Nicht die Solidarität mit der Gruppe, zu der man gehört, ist in erster Linie
ausgeprägt, vielmehr wird vor einem evtl. Gewerkschaftsbeitritt eine individuelle "Kosten-Nutzen-Analyse" angestellt[179].

Dies hat im Hinblick auf Differenzierungsklauseln eine
doppelte Bedeutung: Indem derartige Vereinbarungen die
speziellen Leistungen der Gewerkschaften sichtbar heraus-
stellen, die als Gegenwert für den Gewerkschaftsbeitrag angesehen werden könnten, knüpfen sie einerseits an die teilweise verbreiteten "konsumorientierten" Erwartenshaltungen
an. Andererseits nimmt mit dem Abschluß von Differenzierungsklauseln die Gefahr zu, daß verstärkt Arbeitnehmer der Gewerkschaft beitreten, die diesen Schritt lediglich bzw. vordringlich als ein "Geschäft auf Gegenseitigkeit" betrachten.
Mit anderen Worten: Es ist nicht auszuschließen, daß sich durch
den Abschluß von Differenzierungsklauseln die Zahl der bloßen
Mitläufer erhöht, die in der Gewerkschaft vordringlich ein
Instrument zur Befriedigung persönlicher Bedürfnisse sehen,
ohne sich mit den gewerkschaftlichen Zielen zu identifi-
zieren[180].

Allerdings erscheint es nicht als ausgeschlossen, diese
Schwierigkeiten durch verstärkte Bildungsarbeit auszuglei-
chen, die sich aufgrund eines möglicherweise verbesserten
Beitragsaufkommens durchführen läßt. Voraussetzung ist jedoch, daß die o.a. Aspekte als Problem erkannt und die an-
gemessenen gewerkschaftspolitischen Konsequenzen auf dem
Bildungssektor eingeleitet werden.

In diesem Zusammenhang stellt sich weiter die Frage, ob als
Preis für eine Vergrößerung der Mitgliederzahl durch Differenzierungsklauseln ggf. eine Schwächung wichtiger gewerkschaftlicher Handlungsinstrumente in Kauf genommen werden
muß. Gamillscheg bemerkt zu Recht, es sei anzunehmen, daß
jedes Mitglied, das der Gewerkschaft nur aus finanziellen
Erwägungen beigetreten ist, sich bei der Urabstimmung über
einen Streik jedenfalls nicht aus kämpferischem Elan heraus
entscheiden wird[181]. Dies könnte dazu führen, daß im Ein-
zelfall die zur Durchführung eines Streiks satzungsmäßig

erforderlichen Mehrheiten nicht mehr zustandekommen, obwohl
ein Streik gewerkschaftspolitisch wünschenswert und erforderlich erscheint. Einschlägige Untersuchungen haben ergeben,
daß Organisierte weit häufiger als Nichtorganisierte die Ansicht vertreten, die Gewerkschaften sollten zur Durchsetzung
ihrer Forderungen einen Streik durchführen[182]. Dagegen
spricht nicht, daß sich auch Außenseiter häufig einem Streik
anschließen. Denn insofern ist der Beschluß über das ob,
d.h. über die Durchführung des Arbeitskampfes, aufgrund der
Willensbildung der Organisierten bereits gefallen. Demgegenüber ist die Entscheidung über das Für und Wider des Streiks
zum Zeitpunkt der Urabstimmung noch offen.

h) Gefahr des Anschlusses von Konkurrenzorganisationen

Gewerkschaftspolitisch unerwünschte Folgen könnten Differenzierungsklauseln für die Gewerkschaften nach sich ziehen,
in deren Organisationsbereich Konkurrenzgewerkschaften tätig
sind.
Zum einen wäre möglich, daß eine Differenzierung im Tarifvertrag Ausgangspunkt für einen Trend zu "billigen" Gewerkschaften sein könnte, die durch besonders niedrige Beitrags-
sätze dem - nicht unerheblich verbreiteten - Kosten-Nutzen-
Denken entgegenkommen: Ohnehin schon um den Bestand kämpfen-
de und/oder von dritter Seite beeinflußte Verbände würden
möglicherweise überproportional von einem durch Differenzierungsklauseln bedingten Mitgliederzuwachs profitieren.
Der bestehende und sich verstärkende Trend zur Einheitsgewerkschaft könnte insoweit gefährdet werden.

Darüber hinaus erscheint es denkbar, daß Arbeitgeber sogar
bewußt wirtschaftsfriedliche ("gelbe") Verbände durch Vereinbarung von Differenzierungsklauseln gegenüber anderen Gewerkschaften begünstigen. Ein solcher Rückfall in die Situation des Kaiserreichs und der Weimarer Republik liegt zwar

nicht nahe, läßt sich aber auch nicht völlig ausschließen[183].

i) Differenzierungsklauseln und veränderte wirtschaftliche
Umstände (Rezessionen)

Bei einem Abschluß von Differenzierungsklauseln wäre weiter
- zwar nicht als unmittelbar aktuelles - aber immerhin nicht
völlig abseitiges Problem zu bedenken, wie sich derartige
Klauseln in Zeiten (schwerer) wirtschaftlicher Rezession aus-
wirken. In der Weimarer Republik haben die Gewerkschaften
zeitweilig das Gegenteil von Differenzierungsklauseln angestrebt, nämlich die Erstreckung des Tarifvertrages auf
Außenseiter. Hierfür waren folgende Gründe maßgeblich: Bei
einer Erstreckung des Tarifvertrages auf die Koalitionspar-
teien bestand die Gefahr, daß Arbeitgeber Außenseiter zu
schlechteren Lohn- und Arbeitsbedingungen einstellen und
Gewerkschaftsmitglieder infolgedessen kündigten bzw. gar
nicht erst einstellten. Dieser Frage dürfte - wie angedeutet -
keine überragende Bedeutung zukommen. Letztlich handelt es
sich um ein gewerkschaftspolitisches Problem, d.h. die Gewerkschaften müßten bei veränderten wirtschaftlichen Ver-
hältnissen ihre Tarifvertragspraxis ändern.

j) Differenzierungsklauseln und Aufgabe des Anspruchs der
Gesamtrepräsentanz

Ferner fragt sich, ob die Gewerkschaften durch den Abschluß
von Differenzierungsklauseln den Anspruch aufgeben, für alle
Arbeitnehmer zu handeln[184]. Hiergegen spricht zunächst,
daß den Koalitionen nach § 3 Abs. 1 TVG lediglich eine beschränkte Legitimation zugewiesen worden ist. Mit Differenzierungsklauseln wird dieser Auftrag lediglich für einen
kleinen Teilbereich in die Wirklichkeit umgesetzt. Daran,
daß den Außenseitern der überwiegende Teil der von Gewerkschaftsseite durchgesetzten tarifvertraglichen Verbesserungen
gleichfalls zukommt, ändert die Vereinbarung von Differen-

zierungsklauseln, etwa ein geringfügig erhöhtes Urlaubsgeld,
im Grundsatz nichts. Auch die sonstigen Tätigkeiten der Gewerkschaften dienen allen abhängig Beschäftigten. Dies gilt
sowohl für Initiativen gegenüber dem Gesetzgeber, als auch
bei sonstigen Maßnahmen zur Verbesserung der Lage der Arbeitnehmer in wirtschaftlicher und gesellschaftlicher Hinsicht[185].
Diese Überlegungen sprechen dafür, daß der Anspruch der Gewerkschaften auf Gesamtzuständigkeit für die abhängig Beschäftigten durch den Abschluß von Differenzierungsklauseln
nicht ernsthaft infragegestellt wird.

Andererseits ist nicht zu verkennen, daß die Schwierigkeiten
zunehmen werden, den Anspruch auf Repräsentation aller Arbeitnehmer in der Öffentlichkeit überzeugend zu vertreten, je
betonter die Gewerkschaften für ihre Mitglieder tätig werden.
Es ist also nicht völlig von der Hand zu weisen, daß der
Abschluß von Differenzierungsklauseln zumindest ein Anstoß
dafür sein kann, daß sich die Gewerkschaften in Richtung auf
reine Interessenverbände entwickeln.

k) Differenzierungsklauseln und Beeinträchtigung der
   gewerkschaftlichen Unabhängigkeit

Wie an anderer Stelle bereits ausgeführt, wird die Gegnerunabhängigkeit in juristischem Sinne durch Differenzierungsklauseln nicht beeinträchtigt.

Losgelöst davon ist die Frage zu beurteilen, ob die Gewerkschaften ihre politischen Handlungsspielräume durch
den Abschluß derartiger Klauseln möglicherweise einschränken.

Da sich dieses Problem dort besonders zugespitzt stellt,
wo die differenzierende Leistung durch gemeinsame Einrichtungen ausgeschüttet wird, soll in diesem Zusammenhang
hierauf zusammenfassend eingegangen werden.

1) Differenzierungsklauseln und Zwangsmitgliedschaft

Gewerkschaften sind freie Vereinigungen, beruhend auf dem freiwilligen Zusammenschluß ihrer Mitglieder. Jeder Arbeitnehmer entscheidet, ob und wie lange er der Gewerkschaft angehören will. Das Bundesverfassungsgericht umschreibt diesen elementaren und unverzichtbaren Grundsatz im Urteil zu den Arbeitnehmerkammern in Bremen und dem Saarland wie folgt: Die Gewerkschaften beruhen auf dem Prinzip des freiwilligen Beitritts. Sie folgen damit dem Verfassungsprinzip der freien Verbandsbildung (Art. 9 Abs. 1 GG), das der grundsätzlichen Forderung nach größtmöglicher Freiheit des Individuums weit mehr entspricht als die staatlich verordnete öffentlich-rechtliche Körperschaft[186].

Dieses Prinzip der freiwilligen Mitgliedschaft ist eine der wichtigsten Waffen der Gewerkschaften gegenüber den vielfältigen und zunehmenden Bestrebungen, die gewerkschaftlichen Handlungsfreiheiten einzuschränken. So erkennt selbst Biedenkopf an: Eine von ihm angestrebte Einschränkung der Tarifautonomie (durch eine sogenannte Sozialbindung) sei schwierig, weil eine ungeheure politische Energie dazu gehöre, solche Massenorganisationen wie die Gewerkschaften mit ihrem großen wahlpolitischen Stimmvolumen, das hinter ihnen steht, zu domestizieren[187].

Die Stärke der Gewerkschaften beruht im Ergebnis darauf, daß sie sich durch ihre tägliche politische Praxis ständig von neuem gegenüber den organisierten Arbeitnehmern legitimieren und ihre Anziehungskraft gegenüber den (noch) Fernstehenden unter Beweis stellen müssen.

Nun bedeutet eine Differenzierung, die sich im Rahmen der DGB-Vorschläge zur Änderung des Tarifvertragsgesetzes hält

- und dies ist scharf und nachdrücklich zu unterstreichen -,
keinen moralisch verwerflichen, verfassungspolitisch zweifel-
haften oder sogar rechtlich unzulässigen Zwang. Eine maßvolle Differenzierung ist nicht gleichzusetzen mit einer
Pflichtmitgliedschaft. Andererseits ist nicht zu verkennen,
daß der Anreiz oder,wie Gamillscheg es formuliert hat: "der
leise bzw. milde Druck, den Differenzierungsklauseln ausüben"[188], das Gewicht der gewerkschaftlichen Argumente in
der Auseinandersetzung mit ihren Gegnern vor einer oft nur
unzureichend oder falsch informierten Öffentlichkeit[189]
beeinträchtigen könnte. Vor dem Forum der öffentlichen Meinung bildet die Freiwilligkeit - und es wäre zu ergänzen,
die gegen jeden möglicherweise demagogisch verzerrten oder
hochgespielten Verdacht einer Beschränkung gefeite Freiwilligkeit - der Mitgliedschaft eine der wesentlichen Grund-
lagen der demokratischen Souveränität und inneren Rechtfer-
tigung der Gewerkschaften[190].

m) Differenzierungsklauseln und öffentliche Funktion der
   Gewerkschaften

Wesentliches Prinzip der im DGB zusammengeschlossenen Gewerkschaften ist nicht nur das der freiwilligen Mitgliedschaft. Sie wählen sich im Rahmen der von ihnen verab-
schiedeten Satzung und Programmatik ihre Aufgaben autonom
und bestimmen in eigener Verantwortung, wo sie in der
(tages-)politischen Auseinandersetzung Schwerpunkte setzen.
Über Mittelherkunft und Verwendung berichten sie - auch
gegenüber der Öffentlichkeit - so freimütig, daß dies für
andere,vor allem kapitalorientierte Verbände durchaus vor-
bildlich sein kann[191]. Gleichwohl sind sie rechenschafts-
pflichtig nur gegenüber ihren Mitgliedern, d.h. nicht gegenüber dem Staat oder einer sonstigen dritten Instanz. Die Gewerkschaften verstehen sich als politische Bewegung. Sie
sind politisch unabhängig, jedoch nicht politisch neutral.
Mit anderen Worten: Gewerkschaften stehen nicht hilflos

zwischen den Meinungsfronten der politischen Parteien, vielmehr sprechen sie auch insoweit ihre Meinung deutlich aus[192].

Damit stehen alle gerade bei _Gamillscheg_ und anderen Befür-
wortern einer Differenzierung festzustellenden Bestrebungen
im Widerspruch, die Gewerkschaften unter dem Schlagwort einer
"öffentlichen Funktion" in ihren legitimen Funktionen zu
begrenzen und einer staatlichen Kontrolle zu unterwerfen.
So betont beispielsweise _Gamillscheg_, die Gewerkschaften
seien Träger öffentlicher Aufgaben. Sie ständen als Koali-
tionspartner unter einer Pflichtbindung. Ihnen sei kein Frei-
brief zu ungebundenem Gebrauch einer Koalitionsfreiheit, sondern die Freiheit zu einem der Gemeinschaft verpflichteten,
an einer gerechten Sozialordnung ausgerichteten und verant-
wortlichen Gebrauch gegeben, der sich ebenso an den Grundsatz gerechter Verteilung der Güter hält, die die Wirtschaft
herstellt, wie er der Grenzen ihrer Leistungskraft einge-
denk bleiben muß[193]. Hier zeigen sich Berührungspunkte mit
der Auffassung, die die Tarifvertragsautonomie über die
Bindung an einen verschwommenen Gemeinwohlbegriff (u.a.
Biedenkopf) auf ein inhaltsloses, nur noch formal gewähr-
leistetes Recht reduzieren will. Ferner fordert _Gamillscheg_
mit aller Entschiedenheit, daß Gewerkschaften über das
selbstverständliche Bekenntnis zum freiheitlich-demokratischen
Rechtsstaat - auch zur Wahrung seiner inneren und äußeren
Sicherheit - hinaus mit der politischen und konfessionellen
Neutralität wirklich ernst zu machen hätten. An der politischen Neutralität fehle es noch in hohem Maße, weshalb
den Gewerkschaften noch von so vielen Seiten das Mißtrauen
entgegenschlage[194].

Ähnlich äußert sich in einer jüngst erschienenen umfassenden
Monografie zu Differenzierungsklauseln _Leventis_, ebenfalls
ein Befürworter einer (maßvollen) Differenzierung. Er plä-
diert für eine Änderung des Tarifvertragsgesetzes und hält

es für sinnvoll, wenn die neue Regelung, die eine Außen-
seiterwirkung des Tarifvertrages gestattet, eine Staatsaufsicht vorsieht[195].

Um es wiederum deutlich hervorzuheben: Diese Ansichten sind
wegen Unvereinbarkeit mit dem vorstehend kurz skizzierten
gewerkschaftlichen Selbstverständnis undiskutabel. Sie
wurden nur deshalb verhältnismäßig ausführlich wiedergegeben,
um aufzuzeigen, welchen Tendenzen die Gewerkschaften Vorschub
leisten könnten, wenn eine politische Umsetzung der Forderung
nach Differenzierungsklauseln (durch Änderung des Tarifvertragsgesetzes) auf der Tagesordnung steht. Insoweit wird
wiederum die Wirkung auf die Öffentlichkeit ein wichtiger
Faktor bei der Einschätzung der politischen Zweckmäßigkeit
eines derartigen Verlangens sein.

n) Differenzierungsklauseln und Parität

Abschließend sei darauf hingewiesen,daß Differenzierungsklauseln kein von einigen Autoren ohne fundierte empirische
Beweisführung unterstelltes Gleichgewicht der gesellschaftlichen Kräfte infrage stellen[196]. Dieses Gleichgewicht besteht nämlich nicht. Vielmehr ist bei sachlicher Analyse der
ökonomischen und gesellschaftlichen Phänomene eine eindeutige
Dominanz kapitalorientierter Verbände festzustellen[197].
Auf das spezielle Gebiet der Tarifvertragspolitik bezogen,
zeigen u.a. die den Gewerkschaften auferlegten Schranken und
Schwierigkeiten bei der Durchsetzung von Öffnungs-, Effektiv-
und Differenzierungsklauseln, daß von einem Machtgleichge-
wicht keine Rede sein kann.

4. Materielle Einzelvorteile durch Einschaltung einer gemeinsamen
   Einrichtung

A. Vorbemerkung

Ohne so weit zu gehen, wie einige Vertreter der juristischen

Literatur, wonach die Gewerkschaften gemeinsame Einrichtungen
angeblich als Instrument der Verbandspolitik, also zur Ko-
alitionsstärkung, schätzen gelernt hätten[198], wird man doch
sagen können, daß ein enger Zusammenhang zwischen Differenzierungsklauseln und gemeinsamen Einrichtungen besteht. Der
Grund liegt vor allem darin, daß gemeinsame Einrichtungen
die technische Durchführung der Differenzierung erleichtern.
Der einzelne Arbeitgeber wird vom Verwaltungsaufwand entlastet[199]. Es überrascht daher nicht, daß alle bisher bekannten Formen einer Differenzierung im engeren Sinne über
gemeinsame Einrichtungen abgewickelt wurden bzw. werden[200].

B. Besondere rechtliche Probleme

Besondere rechtliche Probleme ruft eine Differenzierung
durch Einschaltung einer gemeinsamen Einrichtung nicht her-
vor. Die rechtlichen Möglichkeiten und Grenzen tariflicher
Normierung werden nicht dadurch verschoben oder verändert,
daß eine gemeinsame Einrichtung in die Erbringung einer
Leistung eingeschaltet wird[201].

C. Besondere gewerkschafts- und gesellschaftspolitische Probleme

Wie an anderer Stelle bereits angedeutet[202], stellt sich
bei einer Differenzierung unter Einschaltung einer gemeinsamen Einrichtung besonders zugespitzt die Frage, ob die politische Unabhängigkeit der Gewerkschaften gegenüber dem jeweiligen Arbeitgeberverband möglicherweise beeinträchtigt
werden könnte. Insofern ist noch einmal ausdrücklich zu betonen, daß hier nicht der juristische Begriff der Gegnerfreiheit oder Gegnerunabhängigkeit, der im Rahmen der Auslegung von Art. 9 Abs. 3 Grundgesetz eine Rolle spielt, angesprochen wird. Daß dieser durch eine - wie auch immer
gestaltete - Differenzierung nicht verletzt werden kann,
wurde bereits ausführlich dargelegt[203]. Es geht vielmehr

um die nichtjustitiable politische Bewegungsfreiheit der Gewerkschaften gegenüber ihrem sozialen Gegenspieler.

Zunächst spricht gegen eine besondere Beschränkung der gewerkschaftlichen Bewegungsfreiheit, daß aus faktischen Gründen zwar die Errichtung gemeinsamer Einrichtungen durch Arbeitskampf kaum erzwungen werden kann, andererseits aber
die Verteidigung derartiger Einrichtungen durch Abwehrstreiks
nicht ausgeschlossen erscheint. Der Gefahr einer übermäßigen
Einbuße des politischen Handlungsspielraums kann ferner dadurch entgegengewirkt werden, daß - soweit durchsetzbar -
die gemeinsame Einrichtung ausschließlich durch die Gewerkschaftsseite verwaltet wird.

Die Schwierigkeiten im Hinblick auf die gewerkschaftspolitische Unabhängigkeit in diesem Zusammenhang scheinen uns
deshalb auch in erster Linie auf atmosphärischem Gebiet zu
liegen. Die häufig geäußerte Meinung, die Bildung gemeinsamer
Einrichtungen der Tarifvertragsparteien und die Anerkennung
der Differenzierung nach Gewerkschaftszugehörigkeit durch den
Arbeitgeber füge sich besser ein in ein Kooperations- als in ein
Konfrontationsmodell, erscheint uns im Kern zutreffend[204].
Damit soll nicht bestritten werden, daß dort, wo eine Differenzierung zugunsten von Gewerkschaftsmitgliedern durch gemeinsame Einrichtungen erfolgt, zwischen den Tarifvertragsparteien ggf.hart verhandelt wird. Auch Auseinandersetzungen
wie Arbeitskämpfe werden hierdurch nicht schlechthin ausgeschlossen.

Insgesamt scheinen jedoch derartige Regelungen - wie z.B.
die regelmäßigen Konsultationsgespräche zwischen Gewerkschaft
und Arbeitgeberverband in der Miederindustrie zeigen[205] -
nicht ohne Auswirkungen auf die Atmosphäre zwischen den Ko-
alitionspartnern geblieben zu sein.

Dies könnte - sollte die Praxis gemeinsamer Einrichtungen,
die zugunsten gewerkschaftlich organisierter Mitglieder differenzieren, einmal in größerem Umfang Wirklichkeit werden -
zu einer nachhaltigen Veränderung des gewerkschaftlichen
Selbstverständnisses führen. An dieser Stelle mag der Hinweis auf das Urteil des Bundesverfassungsgerichts zu den
Arbeitnehmerkammern in Bremen und im Saarland genügen. Danach
sind

"die Gewerkschaften von ihrem Ursprung her Kampfverbände,
entstanden aus dem Gegensatz zu den Arbeitgebern, denen
gegenüber die Ansprüche auf gerechten Lohn und angemessene
Arbeitsbedingungen durchzusetzen waren. Ihrer ganzen Arbeit
ist daher von Haus aus der Bezug auf den sozialen Gegenspieler eigen, mit dem sie verhandeln, dem sie fordernd
entgegentreten, den sie gelegentlich offen bekämpfen.
Ihre Tätigkeit ist deutlich interessengerichtet. Selbstverständlich müssen auch die Gewerkschaften angesichts
der Bedeutung ihrer Tätigkeit für die gesamte Wirtschaft
und ihres (auch geistigen) Einflusses auf weite Bereiche
des öffentlichen Lebens bei allen ihren Aktivitäten das
gemeine Wohl berücksichtigen. Trotzdem erhält ihre ganze
Arbeit ihren besonderen Akzent von dem Gedanken des
Kampfes für die Hebung der sozialen und wirtschaftlichen
Stellung der Arbeitnehmer" 206).

5. Solidaritätsbeiträge

Auf Verfahrens- und Rechtsprobleme von Solidaritätsbeiträgen
wurde bereits vorstehend eingegangen[207]. Eine gründlichere
Auseinandersetzung mit der gesamten Problematik folgt im
Dritten Teil dieser Studie.
Hier sollen deshalb lediglich einige grundsätzliche Probleme
kurz angesprochen werden:

Einerseits würde die Einbeziehung von Solidaritätsbeiträgen
- etwa nach Art des Schweizer Beispiels - dem Anspruch der
Gewerkschaften, für alle Arbeitnehmer zu handeln (Gesamtrepräsentanz) besser entsprechen als der Weg des Ausschlusses
der Außenseiter von bestimmten tariflichen Leistungen[208].

Andererseits bestehen gegenüber der Einführung von Solidaritätsbeiträgen neben den bereits zu Differenzierungsklauseln dargelegten gewerkschaftspolitischen erhebliche prin-
zipielle verfassungsrechtliche Bedenken. Während Differenzierungsklauseln in erster Linie einen Anreiz für Unorganisierte darstellen, sich der Gewerkschaft anzuschließen,
führt der Solidaritätsbeitrag faktisch dazu, daß Außenseiter
durch Zahlung des Beitrages dieselben tariflichen Rechte erhalten wie die Gewerkschaftsmitglieder auch. Damit wird
schlagwortartig der Solidaritätsbeitrag zum Mittel, um sich
vom Gewerkschaftsbeitritt freizukaufen: Die Nichtmitgliedschaft
wird mittelbar gefördert. U.E. wird damit das in Art. 9
Abs. 3 GG geschützte Grundrecht der Koalitionsfreiheit in seinem Kern verletzt. Insoweit ist die Beeinträchtigung nicht
in einem Verstoß gegen die sogenannte negative Koalitionsfreiheit oder das Recht auf freie Entfaltung der Persönlich-
keit des Außenseiters zu sehen[209]. Sie liegt vielmehr darin,
daß durch derartige Regelungen der Bestand und die Betätigung
der Gewerkschaft, die in Art. 9 Abs. 3 GG verfassungsrechtlichen Schutz genießt, infragegestellt wird.

Im übrigen würden gesetzlich normierte Solidaritätsbeiträge
die Gewerkschaft in die Nähe eines öffentlichen Verbandes
rücken und die Gefahr einer Staatsaufsicht (Gewerkschafts-
gesetz) provozieren.

6. Absperrklauseln (Closed Shop)

Absperrklauseln (Closed Shop) würden bei uns ebenfalls auf
schwerwiegende verfassungsrechtliche Bedenken stoßen[211].
Sie wurden von den DGB-Gewerkschaften in der Vergangenheit
als Mittel der Gewerkschaftspolitik nicht in Erwägung gezogen und es gibt auch keine Gesichtspunkte, daß sie in der
Zukunft eine Rolle spielen werden.

Dritter Teil: Vorteilsregelungen und Gewerkschaften im
                Ausland

I. Vorbemerkung

Im vorangehenden Kapitel wurden bereits einige Konstruktionen
erwähnt, die im Ausland zur Regelung von Vorteilen für Gewerkschaftsmitglieder bzw. allgemein zur (Existenz-) Sicherung der
gewerkschaftlichen Organisation vorhanden sind. In der Tat gibt
es ausländische Vorkehrungen, die bei der Diskussion um Differenzierungsklauseln und Vorteilsregelungen in der Bundesrepublik
- auch auf Gewerkschaftsseite - oft erwähnt und als Beispiele
herangezogen werden.

Einige dieser Beispiele sollen im folgenden etwas näher beschrie-
ben werden. Es handelt sich dabei keineswegs um eine systematische
erschöpfende Aufzählung ausländischer Ansätze für gewerkschaftliche Vorteilsvorkehrungen, sondern es werden lediglich einige
typische Regelungen (willkürlich) herausgegriffen, auf die in
der Diskussion besonders häufig und exemplarisch verwiesen wird.

Dies betrifft vor allem die sog. Solidaritätsbeiträge im Rahmen
von Außenseiter-Anschlußverträgen in unserem Nachbarland Schweiz
sowie die closed shop-Systeme und deren Abwandlungen, die in den
USA und Großbritannien bekannt sind. Naheliegend ist es außerdem, die sog. gemeinsamen (paritätisch verwalteten) Einrichtungen
zu erwähnen, die insbesondere in den Niederlanden und in Belgien
anzutreffen sind. Schließlich soll noch einmal allgemein der skan-
dinavische - und hier vornehmlich der schwedische - Weg skizziert
werden, der durch eine besondere solidarische, konfliktfrei erscheinende Zusammenarbeit zwischen Gewerkschaften, Staat und Arbeitgebern bei der Regelung der Wirtschafts- und Arbeitsbedingungen gekennzeichnet ist (bzw. mittlerweile: lange Jahre hindurch gekennzeichnet war).

Wesentlich zum analytischen Verständnis und zur "Einordnung",
auch und gerade im Hinblick auf die bundesdeutsche Diskussion
dieses Themas und die mögliche Neigung zur Übertragung der ausländischen Konstruktionen, ist auch ein Hinweis auf das soziale
und gesellschaftliche Umfeld und auf die "Gewerkschaftsszenerie"
in den betreffenden ausländischen Staaten. Angesichts der Tatsache, daß in diesen Punkten zum Teil erhebliche Unterschiede
und andersgeartete Strukturen als in der Bundesrepublik anzutreffen sind, ist es nicht angeraten, sich allzu leichtfertig
auf einen Argumentationsrückgriff auf die ausländischen Regelungen zu verlassen, um etwaige Forderungen nach Vorteilsregelungen im Inland absichern zu wollen.

II. Schweiz

Die Schweiz zeichnet sich durch einige gewerkschaftliche und
arbeitsrechtliche Besonderheiten aus, die auch die Gestaltung
der Beziehungen zwischen Organisierten und Nicht- bzw. Andersorganisierten beeinflussen. Zunächst einmal sind die schweizerischen Gewerkschaften nicht nach dem Einheitsgewerkschaftsprin-
zip organisiert. Neben den "traditionellen" Gewerkschaften, die
sich aus den politischen Arbeiterbewegungen des 19. Jahrhunderts
entwickelt haben, gibt es eine Fülle von Konkurrenzorganisationen.
Die "herkömmlichen", aus der sozialen Arbeiterbewegung entstan-
denen, konfessionell und parteipolitisch unabhängigen Gewerkschaften sind die sechzehn im Schweizerischen Gewerkschaftsbund
(SGB) zusammengefassten Einzelgewerkschaften (insgesamt rund
455 ooo Mitglieder), deren größte der Schweizerische Metall-
und Uhrenarbeitnehmerverband (SMUV) mit über 12o ooo Mitgliedern
und deren kleinste der Allgemeine Verband der Seidenbeuteltuch-
weberei mit gut 5oo Organisierten ist. Daneben bestehen christlichnationale (katholische), evangelische und freie (liberale)
Gewerkschaftsbünde sowie zahlreiche ständisch organisierte An-
gestellten- und Beamtenverbände und sonstige kleinere Arbeit-
nehmervereinigungen und Splitterverbände [1].

Der Organisationsgrad der Arbeitnehmer zeigt zwischen den einzelnen Branchen und Betrieben große Unterschiede: fast 1oo v. H. bei den Litografen, Typografen und Eisenbahnern, sehr niedrig in der Textil- und Bekleidungsindustrie. Als durchschnittlicher gewerkschaftlicher Organisationsgrad in der Schweiz (einschließlich Minderheitsgewerkschaften und Standesorganisationen) wird die Größenordnung von rund einem Drittel der unselbständig Erwerbstätigen angegeben [2].

Für das hohe Maß an Außenseitertum und an Desinteresse an den Gewerkschaften schlechthin werden für die Schweiz insbesondere folgende Gründe angegeben [3]:

- Besonders die ausländischen Arbeitnehmer betrachten Gewerkschaftsbeiträge als unnötige Schmälerung des Haushaltseinkommens.

- Lohnforderungen können auch individuell durchgesetzt werden bei guter Arbeitsmarktlage.

- Die Gewerkschaften sind zum Teil politisch oder konfessionell ausgerichtet.

- Das Außenseitertum wird teilweise immer noch durch gewerkschaftsfeindliche Praktiken der Unternehmen gefördert; auch gibt es jene Arbeitnehmer, die sich durch Fernbleiben von der Gewerkschaft bei ihren Arbeitgebern einschmeicheln zu können glauben.

- Die Tarifverträge, in der Schweiz Gesamtarbeitsverträge (GAV) genannt, unterliegen einer fortschreitenden Zentralisierung bei ihrer Aushandlung, so daß der einzelne Arbeitnehmer an den Auseinandersetzungen der Tarifvertragskontrahenten immer weniger unmittelbaren Anteil nimmt.

- Es herrscht die Tendenz, aus dem Arbeitsfrieden einen Mythos
  zu machen, so daß spektakuläre Kampfaktionen selten geworden
  sind.

- Die Gewerkschaften unterliegen der Tendenz zu bürokratischen
  Großorganisationen mit ungenügendem Informationsfluß zwischen
  Leitung und Basis; zudem sind die Gewerkschaftsfunktionäre
  oft ganz ungeeignete Propagandisten.

- Die (sehr schwer organisierbare) Angestelltenschaft nimmt
  überproportional zu.

Der Organisationsgrad der Arbeitgeberseite scheint hoch zu sein,
wenngleich die aufgestellte Behauptung eines Organisationsgrades
von nahezu loo v. H. zurückgewiesen wird - zumal da beispielsweise das Baugewerbe arbeitgeberseits nur zu etwa 5o v. H. organisiert ist [4].

Der mit berufsständischen, religiösen und weltanschaulichen
Momenten durchsetzte schweizerische Gewerkschaftspluralismus
läßt die offenbar von den dominierenden SGB-Gewerkschaften
teilweise gehegten Hoffnungen auf das Ziel einer schweizerischen Einheitsgewerkschaftsbewegung doch zumindest als sehr
langfristig angelegt erscheinen: Zum einen wird argumentiert,
daß die Minderheitsverbände zwar zur Zusammenarbeit mit den
dem SGB angeschlossenen Gewerkschaften bereit seien und sich
diese Zusammenarbeit auch beim Abschluß von Tarifverträgen
erweise, daß jedoch der Ruf zur Einheitsgewerkschaft bei eben
diesen Minderheitsverbänden wie in der öffentlichen Meinung
auf Ablehnung gestoßen sei [5]. Zum anderen sind die SGB-Gewerkschaften offenbar grundsätzlich selbst bestrebt, allein
mit den Unternehmern zu verhandeln; das gewerkschaftliche
Stärkeverhältnis, das Verhalten der Arbeitgeber oder andere
Gründe können indessen auch zum Einbezug der Minderheitsgewerkschaften führen [6]. Während der SGB und die Vereinigung

Schweizerischer Angestelltenverbände (VSA, 12 Verbände mit
13o ooo Mitgliedern) "schon recht lange freundschaftliche Beziehungen pflegen" [7], gab es zwischen dem SGB und den Minderheitsgewerkschaften bis vor kurzem weder offizielle Kontakte
noch Zusammenarbeit. Anfang 1971 fanden sich jedoch der SGB
und der Christlichnationale Gewerkschaftsbund der Schweiz (CNG,
13 Verbände mit fast loo ooo Mitgliedern) sowie der Schweizerische Verband evangelischer Arbeitnehmer (SVEA, 14 ooo Mitglieder)erstmalig zu einer gemeinsamen politischen Aktion (Ver-
fassungsinitiative betreffend das Mitbestimmungsrecht) zusammen. Dagegen zeichnen sich andererseits nunmehr verstärkte
Spannungen zwischen dem SGB und den Angestelltenverbänden ab
(organisatorisches Vordringen der nach dem Industrieverbands-
prinzip organisierten "Arbeitergewerkschaften" in den Ange-
stelltenbereich; Problematik der leitenden Angestellten u. ä.).

Wesentlich für das Verständnis einiger durch den schweizerischen
Gewerkschaftspluralismusgedanken bestimmter Besonderheiten und
(gegenüber den Regelungen in der Bundesrepublik Deutschland be-
stehender) Abweichungen ist das Friedensabkommen für die schweizerische Maschinen- und Metallindustrie, das 1937 zwischen dem
SMUV und dem Arbeitgeberverband Schweizerischer Metall-und Ma-
schinenindustrieller abgeschlossen wurde und seitdem fortlaufend
erneuert worden ist. Hierzu ein paar Vorbemerkungen [8]:

Die Schweizer Rechtsordnung anerkennt, wenn auch teilweise nicht
in Form ausdrücklicher gesetzlicher Vorschriften, die Verbandsfreiheit gegenüber dem Staat wie die privatrechtliche Verbandsfreiheit gegenüber den natürlichen und juristischen Personen.
Dies schließ einerseits die positive Koalitionsfreiheit ein,
nämlich das Recht für den einzelnen Arbeitnehmer und Arbeitgeber,
Verbände zu gründen, ihnen freiwillig beizutreten und in ihnen
tätig zu sein. Dies schließ andererseits die negative Koalitionsfreiheit ein, nämlich das Recht, entsprechenden Verbänden fern-
zubleiben und aus ihnen auszutreten. Die Verbandsfreiheit bein-
haltet ebenfalls die Freiheit der Koalition, d. h. das Recht für

die Verbände als solche z. B. zur Werbung und Sammlung von Mitgliedern, zur Bestimmung der Verbandssatzung, insgesamt zur Wahrung der wirtschaftlichen und sozialen Interessen der Mitglieder
unter Einsatz der verbandlichen Mittel.

Damit sind nach geltendem Schweizer Recht auch die kollektiven
Kampfmittel Streik und Aussperrung an sich nicht widerrechtlich.
Tatsächlich würden Arbeitskämpfe in der Schweiz weithin aber
rechtswidrig werden durch den Umstand, daß tarifvertraglich eine
Reihe von sog. Friedensabkommen geschlossen wurde, in denen teilweise relative Friedenspflicht (Aufrechterhaltung des Arbeits-
friedens hinsichtlich der im Vertrag geordneten Arbeitsbedingungen),
teilweise aber auch absolute Friedenspflicht (Wahrung des Arbeits-
friedens auch bezüglich der im Vertrag nicht geordneten Arbeitsbedingungen) vereinbart ist.

Wegweisend in dieser Hinsicht war das erwähnte Friedensabkommen
in der schweizerischen Maschinen- und Metallindustrie, das ab-
soluten Arbeitsfrieden vorsieht. Die entsprechenden Tarifvertragsparteien haben damit auf Arbeitskampfmaßnahmen verzichtet;
Meinungsverschiedenheiten und Streitigkeiten sollen im Geiste
von Treu und Glauben erledigt werden. Das Friedensabkommen des
SMUV ist von den übrigen Wirtschaftszweigen nicht einfach kopiert
worden. Daß es jedoch das schweizerische Gesamtarbeitsvertrags-
wesen und die Verhaltensweisen von Arbeitgebern und Arbeitnehmern
nachhaltig beeinflußt hat, wird allenthalben im Schweizer Arbeitsrecht wie auch von den Gewerkschaften der Schweiz betont. Dabei
wird der Abschluß des Friedensabkommens mit der SMUV als Signal
zur Wendung der Gewerkschaftspolitik vom Klassenkampf zu einer
konstruktiven Tarifvertragspolitik mit einer weitgehenden Befriedung der sozialen Beziehungen bezeichnet. Erst dadurch seien
die Gewerkschaften als vertragswürdige Partner anerkannt, erst
dadurch sei der Widerstand der Arbeitgeber gegenüber den Gewerkschaften und gegenüber der Koalitionsfreiheit verschwunden. Die
eigentliche Entfaltung des Instruments "Tarifvertrag" - obwohl
bereits seit dem letzten Drittel des 19. Jahrhunderts bekannt -
sei erst danach eingetreten. Jetzt bestehen etwa 1.4oo Gesamt-

Die schweizerischen Gewerkschaften ragen recht stark in den
staatlich-verfassungsrechtlichen Bereich hinein (verfassungs-
mäßiges Anhörungsrecht bei allen Gesetzen, die die Wirtschafts-
und Sozialordnung betreffen; Mitwirkung beim Vollzug der Aus-
führungsvorschriften; Beteiligung an den außerparlamentarischen
Kommissionen des Bundes; Abgabe von Stellungnahmen im sog. Ver-
nehmlassungsverfahren). Das schweizerische Recht anerkennt die
Ordnungsfunktion der Verbände der Arbeitgeber und Arbeitnehmer
und räumt ihnen die Rechtsetzungsbefugnis für die Regelung der
Arbeitsverhältnisse ein; das Instrument des Privatrechts, das
dieser Regelung dient, ist der Gesamtarbeitsvertrag [9].

Die Quasi-Funktion der Gewerkschaften "von Staats wegen" wirft
in der Schweiz im Zusammenhang mit der hyperpluralistischen Ge-
werkschaftsstruktur und den Friedensabkommen die Frage auf, wie
die Außenseiter bzw. die jeweils Andersorganisierten in diese
quasiautonome kollektivvertragliche, jedoch insgesamt privat-
rechtlich bleibende, Ordnung der Arbeitsverhältnisse ebenfalls
hineinintegriert bzw. differenzierend berücksichtigt werden
können: "Diese Freiheit gestattet den Berufsverbänden als Sozialpartner, die als freie Organisationen des Privatrechts letztlich
auch im Interesse der Allgemeinheit die Aufgabe und die Verantwortung übernehmen, das Arbeitsverhältnis kollektivrechtlich zu
ordnen, von den eigenen Mitgliedern und ... den Nicht-Organisierte
die Respektierung der von ihnen aufgestellten Ordnung sowie die
Bezahlung eines im Rahmen der Billigkeit festgelegten Beitrags
an die finanziellen Lasten dieser Ordnung zu verlangen" [1o].
Die normativen und schuldrechtlichen Bestimmungen des Gesamtarbeitsvertrages, die dem einzelnen Arbeitnehmer und -geber Ver-
haltenspflichten gegenüber den Tarifvertragsparteien auferlegen
(z. B. Friedenspflicht), gelten zunächst nur für die beteiligten
Arbeitnehmer und -geber, also für die Mitglieder der vertragsschließenden Verbände. Die Fernwirkung des Gesamtarbeitsvertrages
ist dem schweizerischen Recht unbekannt [11].

Differenzierungsklauseln (tarifliche Sonderleistungen für Organisierte) und Tarifausschlußklaus eln (Ausschluß der Gewährung
tariflicher Sonderleistungen an Nicht- bzw. Andersorganisierte)
haben sich in der schweizerischen Gesamtarbeitsvertragspraxis
nicht durchgesetzt; ihre rechtliche Beurteilung ist noch nicht
aktuell geworden. Bestimmungen in Gesamtarbeitsverträgen oder
Abreden, die Organisationszwang beinhalten, sind nichtig (Absperrklauseln im Sinne von closed shop-Regelungen; Druckstreiks
o. ä.) [12].

Es gibt jedoch verschiedene andere Wege, Außenseiter bzw. Andersorganisierte in die Gesamtarbeitsvertragsordnung einzubeziehen:

Ein Verband (und nur ein solcher, d. h. keine Privatperson oder
Einzelunternehmung) kann als neue Vertragspartei einem bereits
bestehenden Gesamtarbeitsvertrag beitreten. Der schweizerische
Beitritt, bei dem die beitretende Vertragspartei mit allen bisherigen Parteien des Gesamtarbeitsvertrags kontrahiert, ist
nicht gleichbedeutend mit dem Anschlußvertrag in der Bundesrepublik, bei dem die anschließende Partei nur mit einer Tarif-
vertragsseite kontrahiert (z. B. Problem der Anschlußverträge,
die Konkurrenzorganisationen der Gewerkschaft ÖTV mit Arbeitgebern des öffentlichen Dienstes schließen im Anschluß an einen
originären Tarifvertrag zwischen der Gewerkschaft ÖTV und öffentlichen Arbeitgebern). Ein Recht auf Beitritt wird in der Schweiz
jedoch nicht anerkannt.

Auf Antrag aller Vertragsparteien kann ein Gesamtarbeitsvertrag zwangsweise durch behördliche Anordnung für allgemeinverbindlich erklärt werden. Bei dieser öffentlich-
rechtlichen Allgemeinverbindlicherklärung für alle (auch
die nichtbeteiligten) Arbeitnehmer und Arbeitgeber des
Geltungsbereichs des betreffenden Gesamtarbeitsvertrages
ist jedoch der "Grundsatz der offenen Tür" anzuwenden:
nichtbeteiligten Arbeitgeber- und Arbeitnehmerorganisationen
muß vordem der Beitritt zum Gesamtarbeitsvertrag zu gleichen

Rechten und Pflichten offengestanden haben, wenn sie ein berechtigtes Interesse nachweisen und ausreichende Gewähr für die
Einhaltung des Vertrags bieten können; auch einzelnen nichtbeteiligten Arbeitnehmern und -gebern muß der Beitritt zum vertragschließenden Verband oder der Anschluß an den Gesamtarbeitsvertrag offengestanden haben. Nicht anwendbar ist die Allgemeinverbindlicherklärung z. B. bei einseitig korporativen Gesamtarbeitsverträgen (Firmentarifverträgen). Kontrollkostenbeiträge
(Solidaritätsbeiträge) der am Gesamtarbeitsvertrag, welcher allgemeinverbindlich erklärt werden soll, nichtbeteiligten Arbeitgeber und Arbeitnehmer dürfen nicht unangemessen hoch sein, sondern müssen beim Vergleich mit den finanziellen Leistungen der
Organisierten dem Grundsatz der Billigkeit und Gerechtigkeit
entsprechen. Die Allgemeinverbindlicherklärung hat relativ ge-
ringe praktische Bedeutung. Der Grund liegt in der Scheu der
Sozialparteien vor staatlichen Eingriffen in ihre quasiautonome
Regelung; autonome Ausdehnungsmittel der Gesamtarbeitsverträge
(die natürlich auch abhängig vom jeweiligen Organisationsgrad
sind) werden nach Möglichkeit vorgezogen. Der Prozentsatz der
allgemeinverbindlicherklärten Gesamtarbeitsverträge liegt etwa
bei 2 v. H. [13].

Sehr verbreitet ist in den schweizerischen Tarifverträgen die
sog. ausdehnende Klausel (Gleichbehandlungsklausel), die die
Arbeitgeber verpflichtet, auch außenseiterische Lohnempfänger
gemäß dem betreffenden Gesamtarbeitsvertrag zu behandeln.
Häufig hängt damit die Gestaltung von Einzelarbeitsverträgen
mit Unorganisierten entsprechend dem Gesamtarbeitsvertrag zusammen - was jedoch auch ohne ausdehnende Klausel des öfteren
der Fall ist. Im umgekehrten Fall kann von Gewerkschaftsseite
auch mit einem nichtorganisierten Arbeitgeber ein Parallel-
vertrag, der dem Gesamtarbeitsvertrag gleichwertig ist, geschlossen werden.

Wenngleich Verbandszwang rechtswidrig ist, ist dennoch eine
zwangsweise Unterstellung von Außenseitern unter den Gesamtarbeitsvertrag statthaft. Eine spezielle schweizerische Einrichtung, die ähnlich offenbar nur in der Türkei zu finden
ist [14), ist der sogenannte Anschluß. Wiederum handelt es
sich hier um ein anderes Instrument als es der deutsche Anschlußvertrag darstellt. Der schweizerische Anschluß kann
förmlich oder unförmlich erfolgen. Der unformelle Anschluß
überwiegt in der Praxis, insbesondere bei nichtorganisierten
Arbeitnehmern, gegenüber dem förmlichen Anschluß.
Der Außenseiter gibt eine einseitige Verpflichtungserklärung
ab, daß er den in seiner Branche gültigen Kollektivarbeits-
vertrag anerkennt und strikt einhält. Rechte erwirbt der
Außenseiter mit der unförmlichen Unterziehung nicht. Er kann
jedoch - je nach Stärke der betreffenden Tarifvertragsparteien -
zur regelmäßigen Zahlung von Außenseiterbeiträgen, die z. B.
durch den Arbeitgeber vom Lohn direkt abzuhalten sind, verpflichtet werden.

Nicht- bzw. andersorganisierte Arbeitnehmer und Arbeitgeber
können daneben auch förmlich einem Gesamtarbeitsvertrag unterstellt werden. Der Anschlußvertrag ist in der Schweiz gesetzlich geregelt. Er kann (was die Ausnahme ist) freiwillig abgeschlossen werden oder (in der Regel) unter Ausübung wirtschaftlichen Drucks mit sog. gemilderten Absperrklauseln
zwangsweise erfolgen.

Der Anschlußzwang von Außenseitern, der kein Verbands- und
Überzeugungszwang ist, hängt natürlich ebenfalls von dem jeweiligen Organisationsgradverhältnis der Tarifvertragsparteien
ab.

Die Gesamtarbeitsvertragsparteien gemeinsam auf der einen Seite
schließen mit dem Außenseiter auf der anderen Seite einen Vertrag, durch den letzterer zum Beteiligten am Gesamtarbeitsvertrag mit den entsprechenden Rechten und Pflichten wird, nicht
aber zur Gesamtarbeitsvertragspartei oder zum Verbandsmitglied.
Die Aufzwingung des Anschlusses ist gesetzlicherseits gegenüber Nichtorganisierten vorbehaltlos möglich. Andersorganisierte
Arbeitnehmer und -geber können unter der Voraussetzung zwangsweise dem Tarifvertrag unterworfen werden, wenn den betreffenden
(Konkurrenz-, Minderheits-) Verbänden die Beteiligung am Gesamtarbeitsvertrag oder der Anschluß eines sinngemäß gleichen Vertrages nicht offensteht. Praktisch können "Splitterorganisationen"
dann dem individuellen Anschlußzwang ihrer Mitglieder anheim-
fallen, wenn sie sich überhaupt nicht um den Abschluß eines eigenen Vertrages bemühen oder von einer ihnen offenstehenden Möglichkeit zur Beteiligung und zum Beitritt zu einem Gesamtarbeitsvertrag keinen Gebrauch machen.

Geschützt werden sollen damit nicht die einzelnen Andersorganisierten, sondern die Verbände, denen sie angehören. Der Zwang,
sich an einen Gesamtarbeitsvertrag anzuschließen, an dem der
eigene Verband nicht beteiligt ist, bedeutet für diesen Verband
an sich schon einen Prestigeverlust. Kommt noch die Pflicht zur
Zahlung von Solidaritätsbeiträgen hinzu, wird die Versuchung
groß, aus dem eigenen (sich als ohnmächtig erweisenden) Verband,
an den ja ebenfalls Mitgliedsbeiträge abgeführt werden, auszutreten [15].

Hier wird ein gewerkschaftspolitisch interessanter Aspekt
angesprochen. Die Parteien des Gesamtarbeitsvertrages sind
nämlich befugt, hinsichtlich des Außenseiteranschlusses bestimmte Bedingungen festzulegen und aufzuzwingen. In der
Praxis handelt es sich dabei fast ausschließlich um die sog.
Solidaritätsbeiträge. Die Höhe dieser Außenseiterbeiträge, die
periodisch aufgrund entsprechender Verabredung im Anschlußvertrag an die Gesamtarbeitsvertragsparteien zu entrichten sind,
darf - so lautet die gesetzliche Vorschrift - nicht unangemessen
sein. Über die "Angemessenheit" entscheidet im Streitfall der
Richter. Solidaritätsbeiträge dürfen nicht so hoch sein, daß
sie einem verkappten Koalitionszwang gleichkommen, so daß der
Außenseiter sich veranlaßt sieht, in den tarifvertragschließen-
den Verband überzutreten bzw. ihm beizutreten.

Allenthalben wird bedauert, daß sich die Schweizer Gesetzgebung
auf eine konkrete Limitierung nicht einigen konnte. Als angemessener Solidaritätsbeitrag werden zwei Drittel des Mitglieder-
beitrags des Tarifvertragsverbandes - wie in der Türkei - angesehen [16]. Der Mitgliedsbeitrag soll merklich höher sein als der
Solidaritätsbeitrag, "weil das Verbandsmitglied bereit sein muß,
ein finanzielles Opfer zu tragen, um die Weltanschauung und die
Politik seines Verbandes zu unterstützen" [17]. Andererseits soll
der Außenseiter einen spürbaren Beitrag zur Vorbereitung und
Durchführung des Gesamtarbeitsvertrages sowie zum Ausgleich für
die Vorteile leisten, die Nichtverbandsmitglieder durch den Gesamtarbeitsvertrag genießen. Das heißt, daß die Verwendung der
Solidaritätsbeiträge nicht für rein verbandliche Zwecke zulässig
ist, sondern nur für solche Zwecke, die in engerem Zusammenhang
mit dem Gesamtarbeitsvertrag stehen und den Außenseiter in gleichem Maße wie die Verbandsmitglieder interessieren (Kosten für
Abschluß, Kontrolle und Vollzug des Gesamtarbeitsvertrages und
für eventuelle Schlichtungen; berufsbildende und -fördernde Maßnahmen; Unterstützung von Fürsorgeeinrichtungen, Pensionskassen
u.ä.m.).

Die Außenseiterbeiträge werden durchweg durch direkten Lohnabzug vom Arbeitgeber eingetrieben (Vollzugskostenbeitrag);
jedoch kommen auch modifizierte Beitragserhebungsformen vor
- wie etwa die Berufskarte (Arbeitskarte) im metallverarbeitenden Gewerbe (die Berufskarte wird an alle Berufsangehörigen
abgegeben; die in den vertragschließenden Verbänden Organisierten
erhalten sie umsonst, Unorganisierte zahlen) oder der direkt
durch Gewerkschaftsfunktionäre einkassierte Solidaritätsbeitrag
(Instrument der Mitgliederwerbung!) [18]. Verwaltet werden die
Beiträge meist durch paritätisch besetzte Organe. Manchmal wird
die Solidaritätsbeitragssumme jedoch hälftig zwischen Arbeit-
geber- und Arbeitnehmerseite geteilt. Der Präsident des SGB,
Ezio Canonica, rät den Gewerkschaften jedoch ab, sich in finanzielle Abhängigkeit zu begeben, indem sie zu viele Mittel aus
dem Fonds der Außenseiterbeiträge in die eigene Kasse fließen
lassen [19].

Die Höhe der Beiträge reicht von 35 Franken jährlich (Festsetzung absoluter Beiträge) bis zu 2 vH der Lohnsumme (Festsetzung prozentualer Beiträge) bei den Arbeitnehmern. Bei
den außenseiterischen Arbeitgebern wird ein fixer Grundbetrag
zwischen 20 und 100 Franken erhoben sowie ein bestimmter Betrag
je beschäftigten Arbeitnehmer oder ein bestimmter Lohnsummen-
prozentsatz aufgestockt (meist zwischen 20 und 60 Franken je
Beschäftigten bzw. 1 bis 1 1/2 vH der Lohnsumme). Insgesamt
kommt den Außenseiterbeiträgen jedoch keine übermäßige Bedeutung
zu. Nur etwa 10 vH aller Gesamtarbeitsverträge enthalten Bestimmungen über Beiträge irgendeiner Art (hauptsächlich einzelne
Zweige des Metallgewerbes, das Buchdruckgewerbe, die Wellpappe-
industrie, das Schreiner- und Zimmereigewerbe); nur etwa 1 vH
der an Gesamtarbeitsverträgen beteiligten Arbeitnehmer haben Solidaritätsbeiträge zu entrichten; nur etwa ein Fünftel der Arbeitnehmer, die von Gesamtarbeitsverträgen betroffen sind, in welchen
Solidaritätsbeiträge vorgesehen sind, müssen auch tatsächlich diese
Beiträge entrichten [20].

Die Arbeitgeber in der Schweiz stehen den Solidaritätsbeiträgen offenbar überwiegend ablehnend gegenüber; und auch die schweizerischen Gewerkschaften scheinen trotz des Wunsches nach differenzierter Behandlung von Außenseitern und trotz der Überlegung, daß ein Solidaritätsbeitrag gegenüber den eigentlichen Differenzierungs- und Tarifausschlußklauseln den Vorteil haben soll, rechtlich einwandfrei und in seiner Zulässigkeit unanfechtbar zu sein, nicht mit allzu starkem, über programmatische Willensbekundungen hinausgehendem Nachdruck für die praktische Durchsetzung weiterer Solidaritätsbeiträge sich einzusetzen [21].

Auf dem Kongreß des dominierenden SGB-Verbandes, nämlich des SMUV, im Jahre 1972 wurde zwar nachdrücklich verlangt, den Nichtorganisierten einen Berufsbeitrag abzuverlangen. Offenbar geben der SMUV wie auch die zweitgrößte SBG-Gewerkschaft, nämlich der Schweizerische Bau- und Holzarbeiterverband, jedoch auch weiterhin in ihren Landesverträgen lediglich unverbindliche Empfehlungen zur Einführung von Solidaritätsbeiträgen bei Abschlüssen von Ergänzungsverträgen. "Es wird somit den einzelnen nach Branchen und örtlichen Kriterien pluralistisch gegliederten Berufsgruppen überlassen zu prüfen, inwieweit die Voraussetzungen zur Zusammenarbeit mit den Arbeitgebern gegeben sind, um eine derartige Regelung in Ergänzungsverträgen zu Landesgesamtarbeitsverträgen aufzunehmen" [22].

Zielsetzungen, die die Schweizer Gewerkschaften generell mit dem Instrument der Solidaritätsbeiträge verfolgen könnten, sind:

- Veranlassung zum Eintritt in die Gewerkschaft. Tatsächlich wurde eine Steigerung der Mitgliederzahl nicht bewirkt; die Außenseiter haben sich an den Solidaritätsbeitrag gewöhnt. Höchstens 1 vH der Außenseiter konnte zwischen 1950 und 1960 durch Werbung zum Eintritt in die Gewerkschaften gewonnen werden. "Dieses hartnäckige Fernbleiben von den Verbänden beweist deutlich, daß der Außenseiterbeitrag nicht die Wirkung eines Zwangsmittels gezeigt hat ... .

Aus der Tatsache seiner geringen Werbekraft haben die
Schweizerischen Gewerkschaften den Schluß gezogen, daß
die Zwangsbeiträge die Werbung zwar erleichtern können,
aber niemals ersetzen dürfen" [23].

- Korrektur des sog. "Schmarotzertums" (Vorteilsausgleich).
Tatsächlich haben sich die Spannungen zwischen Organisierten
und Trittbrettfahrern offenbar verringert.

- Verhinderung von Gewerkschaftsaustritten, die das außenseiterische Nutznießertum bei Nichtvorhandensein von Solidaritätsbeiträgen für bisherige Gewerkschaftsmitglieder
attraktiver machen könnten. Als Nachteil des Solidaritätsbeitrags wird aus schweizerischer Gewerkschaftssicht das Be-
kanntwerden des Organisationsgrads angegeben, genau genommen
handelt es sich wohl eher um die etwaig zu befürchtenden Nachteile, die sich daraus ergeben können, daß die genaue Anzahl
und die Namen der im Betrieb beschäftigten Gewerkschaftsmitglieder dem Arbeitgeber und anderen Dritten bekannt werden.

III. Angelsächsische Länder

Obwohl die Unterschiede des Gewerkschaftswesens in Großbritannien und in den USA augenscheinlich sind, gibt es doch einige
Regelungen im Hinblick auf die Gleich- bzw. Ungleichbehandlung
von gewerkschaftlich Organisierten und Nichtorganisierten, die
in diesen beiden angelsächsischen Ländern gleich sind [24].

Ein wesentlicher Gesichtspunkt im britischen Tarifvertragswesen -
entgegen den USA und Kontinentaleuropa - ist dessen Formlosigkeit.
Ebenso wie die britische Rechtsfindung allgemein beruht auch das
Arbeits- und Tarifrecht im Vereinigten Königreich überwiegend
nicht auf einer systematischen Gesetzgebung und auf Kodifikationen
sondern auf Gewohnheitsrecht, auf einer ausgedehnten Rechtsprechung aufgrund des Common Law sowie auf einer großen Anzahl von
Einzelgesetzen über die Probleme, deren Regelung durch Gesetz
sich im Laufe der Jahrhunderte als notwendig herausgestellt hat.

Mit einer Ausnahme, die im übrigen auch für die USA gilt,
gibt es in Großbritannien keine Bestimmungen, aufgrund
derer Abreden oder Maßnahmen zur Gefährdung der Ausübung der Koalitionsfreiheit rechtswidrig sind. Diese Ausnahme betrifft insbesondere die Vergabe von öffentlichen Auf-
trägen: "Nur Firmen, die sich der Koalitionsfreiheit ihrer
Arbeitnehmer nicht widersetzen und auch garantieren, daß ihre
Subkontrahenten es nicht tun, können solche Aufträge bekommen" [25]. Ähnliches gilt für die Vergabe bestimmter Betriebs-
konzessionen (z.B. im Transportwesen) und für direkte oder in-
direkte Staatssubventionen. Hier sind also "Vorteile" für die
Gewerkschaftsorganisation als solche angesprochen, nicht jedoch
solche für die einzelnen Vorstandsmitglieder.

Ansonsten gibt es in Großbritannien keine rechtliche Verpflichtung zum Eintritt in Tarifverhandlungen, insbesondere
gibt es nicht - wie es in den USA der Fall ist, wo die Bestimmung des Inhalts der Tarifverhandlungen, d.h. des Umfangs
der Ausübungsmöglichkeit von Tarifautonomie, den Gerichten oder
Verwaltungsbehörden überlassen ist - eine Rechtspflicht zur
Tarifverhandlung "im guten Glauben". Die Herbeiführung der Tarif-
willigkeit gehört in das Gebiet der Autonomie; ebenso wie die
Ausübung der positiven Koalitionsfreiheit haben die Gewerkschaften
des Vereinigten Königreichs auch ihre eigene Anerkennung praeter
legem durchgesetzt [26].

Demgemäß gibt es in Großbritannien auch nur sehr beschränkte gesetzliche Maßnahmen zur Durchsetzung der abgeschlossenen Tarifverträge. Sie bleiben im allgemeinen Absichtserklärungen, die
nach dem neuen Trade Union and Labour Relations Act von 1974 nur
dann rechtsverbindlich sind, wenn sie eine diesbezügliche Klausel
enthalten. "Es entspricht der fast allgemein angenommenen Lehre,
daß die Tarifverträge mangels des Willens der Parteien zur Schaf-
fung rechtlich erzwingbarer Verpflichtungen im rechtlichen Sinne
keine 'Verträge' sind. Sie sind Vereinbarungen in der gesellschaftlichen, nicht Verträge in der rechtlichen Sphäre, 'agreements',
aber nicht 'contracts'. Der Gegensatz zu kontinentalem und amerikanischem Denken ist hier sehr ausgeprägt.

... Es ist ja zu berücksichtigen, daß sich ein großer Teil der
Tarifabschlüsse auf Verbandsebene durch 'Tarifgemeinschaften'
vollzieht, durch 'joint industrial councils' ..., d.h. in einer
Form, die sich soziologisch nicht als Vertragsabschluß, sondern
nur als gemeinsame Verwaltung charakterisieren läßt" [27].

Dies ist offenbar auch ein Ausfluß der bekannten Zersplitterung
der überaus komplizierten Struktur der britischen Gewerkschaften. Es gibt derzeit 469 Einzelgewerkschaften, mit insgesamt
etwa 11 Millionen Mitgliedern (Organisationsgrad von ca. 43 vH),
die sehr heterogen organisiert sind als Allgemeingewerkschaften
(general unions), Facharbeitergewerkschaften (craft unions), Be-
rufsgewerkschaften (occupational unions mit den Sonderformen
verschiedener Angestellten- und Beamtengewerkschaften); Industriegewerkschaften sind selten [28]. Der Trade Union Congress (TUC)
ist die einzige Spitzenorganisation. Ihm gehören direkt oder indirekt rund 350 Einzelgewerkschaften mit ca. 10 Millionen Organisierten an. Gleichermaßen uneinheitlich ist die Arbeitgeberseite strukturiert (ca. 1350 Verbände mit sehr unterschiedlichen
Aufgabenbereichen und Organisationsprinzipien) [29]. Ähnliches
gilt insgesamt auch für die Republik Irland. Dort ist bemerkens-
wert, daß eine Gewerkschaft mindestens 5000 Pfund bei Gericht
hinterlegen muß und eine Tarifvertragslizenz erst 18 Monate nach
Antragstellung erhält. Gewerkschaften (wie Arbeitgeberverbände)
müssen nämlich für Tarifverhandlungen vom Arbeitsminister eine
Lizenz erwerben; erst diese Lizenz macht sie tariffähig [30].
Der irische ICTU hat ca. 550 000 Mitglieder, der gewerkschaftliche Organisationsgrad liegt bei 75 vH [31].

"Der Gegensatz zwischen der britischen und der amerikanischen
Entwicklung macht deutlich, daß das Nichtbestehen oder Bestehen
einer Rechtspflicht zur Tarifverhandlung entscheidend sein kann
für die Bestimmung der Zuständigkeit zur Setzung der Grenzen
der tatsächlichen Tarifautonomie" [32].

Ein weiteres spezielles Merkmal der "Formlosigkeit" des bri-
tischen Gewerkschafts- und Tarifwesens ist das überragende
Gewicht, das der betrieblichen (bzw. unternehmensbezogenen)
Ebene der Verhandlungen beikommt (hier trifft sich das System
Großbritanniens mit dem der USA). Zwar haben die Verhandlungen
der Spitzenorganisationen der Sozialkontrahenten im Vereinigten
Königreich an Bedeutung zugenommen [33], nach wie vor bleibt es
jedoch bei der Verlagerung des Schwerpunkts der tatsächlichen
Lohnbestimmung in den betrieblichen Bereich. Es gibt keine gesetzlichen Betriebsräte; jedoch gibt es eine "hoch ausgebildete
gewerkschaftliche Betriebsorganisation durch (in der Regel von
den Gewerkschaftsmitgliedern im Betrieb) gewählte Vertrauensleute" [34]. Diese sog. shop stewards, die also keine eigentlichen
Gewerkschaftsfunktionäre sind, sind praktisch effektive Tarifvertragspartei im Betrieb; sie sind darüber hinaus in der Regel
auch zuständig für die Beitragseinziehung, für Mitgliederwerbung,
Mitgliederinformation, Entgegennahme von Beschwerden etc.

Durch den bereits erwähnten Trade Union and Labour Relations
Act von 1974 sind die (besonders im Druckereiwesen, bei See-
leuten und Musikern) traditionellen closed shop-Abkommen wieder
zulässig [35]. Hier besteht eine weitere Verbindung zu den Vereinigten Staaten, jedoch finden wir in Großbritannien offenbar
mit dem closed shop eine weitergehende Regelung als sie dem
union shop der USA entspricht (vgl. Näheres zum closed bzw.
union shop weiter unten). Die Labour-Regierung stellte insgesamt
mit diesem Gesetz durch Widerruf des 1970/71 von der Konservativen Partei erlassenen Industrial Relations Act den rechtlichen
Zustand wieder her, der vor der Einführung dieses Industrial
Relations Act geherrscht hatte. Die Labour-Regierung richtete
hiermit ebenfalls einen von jeder Regierungsstelle unabhängigen
Vermittlungs- und Schlichtungsdienst ein; durch die geplante
Verabschiedung eines Industriegesetzes soll eine Nationale Unter-
nehmensbehörde eingerichtet werden, die u.a. die Zulassung von
Gewerkschaften in den Unternehmen zur Pflicht machen soll, in
denen diese Gewerkschaften vertreten sind [36].

Gerade an der - trotz verschiedener Ähnlichkeiten bei einzelnen Instrumenten und Regelungen - Unterschiedlichkeit der Ar-
beitsrechts- und Gewerkschaftspraxis in Großbritannien und
in den USA läßt sich nachvollziehen, daß das Wort von Sidney
und Beatrice Webb nach wie vor gültig ist, daß sich nämlich
der gewerkschaftlichen Aktion zur Interessendurchsetzung und
gesellschaftlichen Gestaltung grundsätzlich zwei alternative
Methoden anbieten: einerseits die Methode der Tarifverhandlungen,
andererseits die Methode der Einflußnahme auf die Gesetzgebung.
"Ob die Gewerkschaft ihren industriellen oder politischen Einfluß geltend zu machen sucht, ist eine Frage der politischen
Zweckmäßigkeit" [37].

In Großbritannien mit seiner immensen und vielgestaltigen Fülle
von Gewerkschaften, die traditionsreich und historisch unge-
brochen gewachsen sind, die aber gleichwohl fortdauernd noch
kämpferisch und dem Staat gegenüber reserviert sind, deren Mitglieder vielfach weiterhin großen Wert auf ihre "Proletarität"
legen - in Großbritannien, "wo das Recht seit alters her eine
wohlwollende Zurückhaltung gegenüber den Gewerkschaften geübt
hat, wo das common law nicht auf die Gewerkschaften und ihre
Aktionen angewandt wurde" [38], wird der gewerkschaftliche Weg
der Regelung und Beeinflußung der gesellschaftlichen Verhältnisse und der Arbeitswelt so weit wie möglich über Tarifverträge gegangen.

Bei der gleichwohl zunehmenden Bedeutung staatlicher Rahmen-
setzung und Richtlinien mag den sog. Zulassungsnormen zunehmen-
des Gewicht beikommen. "Das Wesen der Zulassungsnorm ist es,
daß eine gesetzliche Regelung geschaffen wird, die dem Arbeitsvertrag gegenüber zwingendes, aber Tarifverträgen gegenüber entweder allgemeines oder unter gewissen Voraussetzungen nach-
giebiges Recht ist" [39].

So können in Großbritannien beispielsweise bezüglich der Sozialversicherung Versicherungsleistungen und -beiträge mit Genehmigung des Arbeitsministers durch Tarifvertrag erhöht werden.
Der Arbeitsminister kann der Tarifbestimmung durch Erlaß einer
Verordnung Gesetzeskraft geben, er kann also praktisch eine
tarifvertragliche Regelung an die Stelle der gesetzlichen Vorschrift setzen. Dies ist nach Kahn-Freund "eine Rechtsfigur
von großer Bedeutung in einer Zeit, in der für die dürftig organisierten kaufmännischen und anderen Angestellten der Privat-
industrie eine gesetzliche Regelung unumgänglich sein mag,
während für die gut organisierten Arbeiter Tarifverträge das erwünschte Ziel erreichen. Wenn man - wie das in Großbritannien
jeder tut - der tarifvertraglichen Regelung vor der gesetzlichen
den Vorzug gibt und an die Tarifautonomie als ein Prinzip der
zweckmäßigen sozialen Organisation glaubt, so mag die 'Zulassungsnorm' einen Ausweg aus dem gegenwärtigen Dilemma bieten" [40].
Besonders bedeutsam kann dieser Gesichtspunkt dann werden, wenn
die tarifvertragliche Regelung gegenüber der betreffenden Ge-
setzesbestimmung die weitergehende ist und somit eine Differenzierung mit eventueller entsprechender Werbewirksamkeit gegeben
ist - einmal abgesehen von den Problemen der Drittwirkung, der
Ausdehnung des tarifvertraglichen Geltungsbereichs, der Allgemeinverbindlichkeit u.ä.

Anders in den USA: Hier zeigen die Gewerkschaften weniger poli-
tisches Profil im Sinne allgemeiner sozial- und gesellschaftspolitischer Fortschrittlichkeit, dafür aber auch ein nicht ganz
so inhomogenes, pluralistisches Bild wie in Großbritannien -
die Gewerkschaftsorganisation ist einheitlicher. Hier ist die
politischen Grundhaltung eine andere: die gewerkschaftliche Mitgliedschaft rekrutiert sich häufig vornehmlich aus der "Fachar-
beiteraristokratie"; sowohl die Gewerkschaften als auch die Organisierten selbst sind in sozialer Hinsicht konservativ; nach
wie vor scheint es ein ungelöstes Problem der Korruption und der
Rassendiskriminierung in den Reihen der Gewerkschaften zu geben;
die Gewerkschaften bestehen auch heute immer wieder darauf, daß

der Arbeitgeber mit der vollen Pflicht zur sachgemäßen Betriebsführung als verantwortlicher Manager belastet bleibt [41].

" Amerikanische Gewerkschaften sind zutiefst 'amerikanisch', ihre Vorstellungen transzendieren nicht den traditionellen Werthorizont ihrer Gesellschaft. ...Wenn auch gelegentlich von nichtmateriellen Kompensationen gesprochen wird, so sehen sie meist ihre Aufgabe - und damit den Schlüssel zu größerem Glück und größerer sozialer Gerechtigkeit - im wachsenden Lebensstandard, kürzerer Arbeitszeit und vor allem, nach wie vor, Sicherheit am Arbeitsplatz. Als Organisationen spiegeln sie die englisch-amerikanische Tradition des Utilitarismus wider, nicht die des vom philosophischen Idealismus beeinflußten kontinentalen Marxismus. Ihr Demokratieverständnis geht aus vom 'Menschen, wie er ist', ist empirisch und positivistisch, nicht idealistisch transzendental" [42].

Die Stärke der US-Gewerkschaften konzentriert sich auf die hochbezahlten,zunftmäßig organisierten Facharbeiter (Baugewerbe, Druck, Photogravüre), auf einige Massenindustrien (Automobil, Stahl, Gummi, Elektroindustrie, Konfektion) und auf das Transportwesen (LKW, Eisenbahn, Dockarbeiter, Seeleute) [43]. Eine gewisse Uneinheitlichkeit in der Organisation, den Traditionen und Zielsetzungen des amerikanischen Gewerkschaftswesens zeigt sich darin, daß z.B. im Jahre 1969 181 sogenannte nationale oder internationale Gewerkschaftsorganisationen bestanden. Von diesen waren 130 dem Dachverband AFL-CIO angeschlossen, der Rest bestand aus Einzelgewerkschaften ohne vereinheitlichende Bundesorganisation [44].

"Von den insgesamt etwa 18 Millionen Gewerkschaftsmitgliedern sind etwa 13,5 Mill. in den in der AFL-CIO zusammengefaßten Organisationen; weitere 3,5 Mill. gehören zu der 1968 von Walter Reuther nach seinem Austritt auf der AFL-CIO begründeten lockeren Arbeitsgemeinschaft der ALA (Alliance for Labor Action); der Rest besteht aus kleineren, völlig unabhängigen Organisationen, wie

etwa der heute auf 150 000 Mitglieder zusammengeschrumpften
Bergarbeiter-Gewerkschaft. Die beiden größten Gewerkschaften
sind die in der ALA verbündeten Teamsters (LKW-Fahrer, Lager-
hausarbeiter usw.) mit etwa 2 Mill. und die UAW (Automobil-
arbeiter) mit 1,4 Mill. Die zahlenmäßig stärksten Gewerkschaften in der AFL-CIO sind die Stahlarbeiter mit etwa 1 Mill.,
die Elektroarbeiter (IBEW), Metallarbeiter (IAM) und die Zim-
merleute mit je etwa 800 000, die Bauhilfsarbeiter, Damenkon-
fektions-, Herrenkonfektions-, Einzel- und Großhandels- und
die Hotel- und Restaurationsarbeiter mit je etwa 400 000 bis
450 000 Mitgliedern" [45].

Grundlegend ist jedoch der Tatbestand, daß nur etwa ein Fünftel
der unselbständigen Erwerbstätigen in den USA gewerkschaftlich
organisiert ist. Dieser Anteil hat sich seit Beginn der fünfziger Jahre, die absolute Mitgliederzahl etwa seit Beginn der
sechziger Jahre kaum mehr erhöht. Selbst wenn man die sogenannten company unions (gelbe Gewerkschaften) und einige der
Berufsorganisationen (Lehrerverband, Krankenschwestern, Poli-
zei- und Feuerwehrvereinigungen u.ä.) einbezieht, welche neuer-
dings semi-gewerkschaftliche Funktionen ausüben, ergibt sich
nur ein gesamter Organisationsgrad von rund einem Viertel der
unabhängig Beschäftigten [46].

" Die Gründe, daß die Gewerkschaften in den USA stets großes
Gewicht darauf gelegt haben, in die Tarifverträge Vereinbarungen
zur Sicherung der Existenz der Gewerkschaft (union security pro-
visions) einzubauen, sind darin zu suchen, daß die Gewerkschaften
länger als in den europäischen Industrieländern um ihre Anerkennung kämpfen mußten, daß in der 'klassenlosen Gesellschaft'
sich die Gewerkschaften nicht in gleichem Maße wie in anderen
Ländern, die zudem eine längere gewerkschaftliche Tradition haben,
auf das Klassenbewußtsein und die Anhänglichkeit der Mitglieder
verlassen können, und wohl auch darin, daß im Zweiparteiensystem
eine politische Partei, die sich in vorwiegendem Maße der Interessen der arbeitenden Schichten annähme, fehlt" [47].

In den Vereinigten Staaten ist das Recht der Gewerkschaften auf
Tarifverhandlungen und Lohnfestsetzung durch den Gesetzgeber anerkannt; Zusammenschluß und Collective Bargaining zwischen Arbeitgeber und Arbeitnehmern sind ausdrücklich sanktioniert; ja,
die Unternehmer sind zu Kollektivverhandlungen mit den gewerkschaftlichen Organisationen verpflichtet. Der diese Tatbestände
festlegende National Labor Relations Act von 1935 (Wagner Act)
geht dabei von den Grundsätzen der Mehrheit und der Ausschließ-
lichkeit aus [48]. Nach amerikanischer Rechtskonstruktion, ähnlich
wie in Australien und Neuseeland, fällt die Vertretung der gesamten Belegschaft einer bargaining unit (für das amerikanische
Tarifverhandlungssystem ist immer noch der Abschluß von Verträgen
auf Betriebsebene typisch) ausschließlich der von der Mehrheit
der Beschäftigten im Betrieb zu ihrem Tarifkontrahenten bestimmten,
als bargaining representative gewählten Mehrheitsgewerkschaft zu.

Diese betrieblich gewählte Mehrheitsgewerkschaft tritt am Ver-
handlungstisch als Vertreter der gesamten Belegschaft auf; sie
nimmt auch die Interessen derer wahr, die der Mehrheitsgewerkschaft nicht angehören. Das kollektive Vertragsrecht der Mehrheitsgewerkschaft schließt, soweit kollektivvertraglich anderes
nicht vereinbart ist, ein selbständiges Vertragsrecht der einzelnen Arbeitnehmer und der Minderheitsgruppen aus.

Um ihren Bestand zu sichern, verstanden es die Gewerkschaften
früher in Zusammenhang mit dem Wagner Act, in vielen Fällen in
die Tarifverträge sog. closed shop-Klauseln einzubringen (nur
Arbeitnehmer, die bereits vor der Einstellung Gewerkschaftsmitglieder sind und dies bleiben und die von ihrer Gewerkschaft
eine 'clearance', eine Art Unbedenklichkeitszeugnis, bekommen,
daß es sich bei ihnen um Mitglieder 'in good standing' handele,
dürfen im Betrieb beschäftigt werden). Der Wagner Act erlaubte
jede Form der union security, der Gewerkschaftssicherung, also
auch den closed shop.

"Besonders scharf wirkte sich diese Einschränkung aus, wenn
der Vertrag von einer closed union geschlossen wurde, einer
Gewerkschaft, die die Zahl ihrer Mitglieder beschränkt und
die Neuaufnahme ausschließt oder an schwer zu erfüllende Bedingungen knüpft, wie hohe Eintrittsgebühr, besonders gute berufliche Kenntnisse" [49].

Daß eine Gruppe kraft Gesetzes als die zahlenmäßig stärkste
und als Repräsentant erkorene alle übrigen ausschließlich mit-
vertritt, bringt erhebliche organisationsmäßige Vorteile
("An-die-Wand-Quetschen" der Minderheitsverbände). Dies kann
jedoch nicht zu einer vollständigen Mehrheitsverbandsautonomie
führen. Ein besonders krasser Fall einer unbilligen, diskrimi-
nierenden Ausnutzung der Mehrheitsgewerkschaftsposition wurde
1944 vom Obersten Gerichtshof der USA behandelt [50]: Die Brother-
hood of Locomotive Firemen and Enginemen war bargaining representative der Lokomotivheizer verschiedener Eisenbahngesell-
schaften geworden. Neger waren von der Mitgliedschaft ausgeschlossen. Die Gewerkschaft schloß auf eigene Initiative, ohne
Anhörung der farbigen Arbeitnehmer, einen Tarifvertrag mit schweren Benachteiligungen für die Neger.

Das Oberste Bundesgericht der USA verkündete dazu, daß die Mehrheitsgewerkschaft zwar ihre eigenen Mitglieder in der Interessen-
betreuung voranstellen dürfe, aber nicht durch ihren vom Gesetz
gegebenen autonomen Vertretungsauftrag befugt sei, eine diskrimi-
nierende Politik gegenüber anderen Gruppen, die zu repräsen-
tieren ihr ja ebenfalls obliege, zu betreiben. Sie dürfe in Ausübung ihrer Vertretungsfunktion zwar differenzieren, aber nicht
diskriminieren.

Die US-Gewerkschaften haben sich um Bestimmungen über ihre Sicherheit, ihre staatlich-gesetzliche Absicherung vornehmlich bemüht,
"um 1. die Stärke zu gewinnen, die mit hundertprozentiger Organisierung eines Betriebes zusammenhängt; 2. die Tarifkosten auf
alle Nutznießer zu verteilen und zu vermeiden, daß die Mitglieder

einen unverhältnismäßig hohen Anteil der Unkosten zu tragen
haben, während die Nichtmitglieder frei ausgehen; und 3. die
finanzielle Unsicherheit und die Notwendigkeit ständiger Mitgliederwerbung infolge von Arbeiterwechsel und Mitgliederfluk-
tuation zu verringern" [51]. Seitens der gewerkschaftlichen
Spitzenorganisation der Vereinigten Staaten, AFL-CIO, wird argumentiert: "Wenn alle Beschäftigten der Gewerkschaft angehören,
wird die Spannung und Unruhe weitgehend vermieden, die entsteht,
wenn einige der Gewerkschaften angehören und andere nicht. Die
Gewerkschaft gewinnt dadurch ebenfalls die Sicherheit, die für
ein verantwortungsvolles Verhalten notwendig ist, denn wenn ihr
eine bestimmte Mitgliederzahl gesichert ist, braucht sie bei
ihrer Tätigkeit nicht in erster Linie an deren Rückwirkungen auf
die Mitgliederwerbung zu denken" [52].

Daß Letzteres durchaus nachteilig sein kann, daß diese gesamte
Argumentation durchaus nicht den Tatsachen zu entsprechen braucht
und in den USA offenbar tatsächlich auch nicht ohne weiteres entspricht, dürfte klar geworden sein. Im Labor-Management Relations
Act von 1947, dem sog. Taft-Hartley Act, wurden der künftige Abschluß von closed shop-Abkommen untersagt und auch Tarifverträge,
die eine Bevorzugung von Gewerkschaftsmitgliedern bei der Einstellung oder Beförderung vorsehen, verboten; bereits bestehende
Verträge mit closed shop-Klauseln wurden dadurch nicht berührt.
Weiterhin erlaubt und grundsätzlich für zulässig erklärt blieb
eine mildere Abart des closed shop, der union shop.

Im union shop ist der Arbeitgeber zwar frei in der Auswahl der
Arbeitnehmer, jedoch wird den Tarifparteien das Recht zugestan-
den, Verträge abzuschließen, durch die alle Arbeitnehmer veranlaßt werden, innerhalb einer bestimmten Zeit der für den Betrieb
zuständigen Gewerkschaft beizutreten und Mitglieder in good standing (mit gutem Betragen, d.h. mit Beitragszahlung und Unterstützung der Gewerkschaftsziele) zu bleiben. Die Bedenkzeit beträgt in der Regel mindestens 30 Tage nach Arbeitsantritt bzw.
nach Abschluß des Tarifvertrages (in der Bauindustrie 7 Tage).

Will der Außenseiter nicht Mitglied werden, so kann die Mehrheitsgewerkschaft wieder die Entlassung aus dem von diesem entsprechenden Tarifvertrag erfaßten Betrieb erzwingen [53]. Offenbar beinhalten die meisten Tarifverträge in den Vereinigten
Staaten (1954 waren 64 vH der Arbeitnehmer von Tarifvereinbarungen über einen closed oder union shop erfaßt, 1962 waren
Gewerkschaftssicherungsklauseln in 80 vH aller Tarifverträge
enthalten) Bestimmungen über den union shop [54]. Die Erfahrungen
mit dem union shop werden als positiv bezeichnet; derartige
Tarifregelungen hätten auch die Beziehungen zwischen den Tarifparteien günstig beeinflußt [55]. Der Einzug der üblichen Regel-
beiträge für die Gewerkschaftsmitgliedschaft (daneben wird
eine Aufnahmegebühr zum Erwerb der Gewerkschaftsmitgliedschaft
erhoben) geschieht wohl zumeist durch check-off, durch direkten
Lohnabzug durch das betriebliche Lohnbüro [56].

Das Taft-Hartley-Gesetz sah vor, daß die Gewerkschaft keinen
Tarifvertrag mit einer union shop-Klausel abschließen durfte,
ohne daß durch eine Abstimmung festgestellt war, daß die Mehrheit der Arbeitnehmer des betreffenden Betriebs mit dem union
shop einverstanden ist. "Nachdem 45 000 Wahlen über diese Frage
abgehalten worden waren und in 97 Prozent davon die Mehrheit
dafür gestimmt hatte, die Gewerkschaft zu autorisieren, über
einen 'union shop' zu verhandeln, wurde das Taft-Hartley-Gesetz
1951 geändert und diese Bestimmung aufgehoben [57].

Der inhaltlich wesentlichste Teil des Taft-Hartley-Acts von
1947 bestand jedoch darin, daß den einzelnen US-Bundesstaaten
die Möglichkeit eingeräumt wurde, durch eigene sog. right to
work-Gesetze jeweils auch den union shop zu verbieten. Right to
work-Gesetze, nach denen die Weiterbeschäftigung von dem kurze
Zeit nach Einstellung erfolgenden Eintritt in die Gewerkschaft
nicht mehr abhängig gemacht werden darf, wurden in 20 US-Staaten
erlassen, und zwar vor allem in den agrarischen, konservativen
Südstaaten sowie in den übrigen weniger industrialisierten
Staaten, in denen die Gewerkschaften schwach sind.

Als Alternative und Kompromißlösung entwickelte sich wiederum eine Abart des union shop, nämlich der agency shop. Im Rahmen des agency shop gilt und handelt die Gewerkschaft als eine Art Agentur für die nicht dem bargaining representative angehörigen Betriebsbeschäftigten. Die Außenseiter werden nicht verpflichtet, der (Mehrheits-) Gewerkschaft beizutreten, sie müssen jedoch Beiträge in gleicher Höhe wie die Mitgliedsbeiträge an die Gewerkschaft entrichten, wenn sie ihren Arbeitsplatz nicht verlieren wollen. Arbeitgeber müssen auf Verlangen der Gewerkschaften mit diesen über die Einführung des agency shop verhandeln und diese Einrichtung, je nach Verhandlungsergebnis, in die Tarifverträge aufnehmen lassen. "Von tariflichen Abmachungen hängt es dann weiter ab, ob die Beiträge auch der Nichtmitglieder vom Lohn einzubehalten und an die Gewerkschaften abzuführen sind"[58]. Das heißt prosaisch und einfach, daß die Gewerkschaften für die Durchsetzung der Sanktionen der verschiedenen shop-Klauseln (Entlassung des Arbeitnehmers bei Nichtbefolgung der shop-Klausel) die Mitwirkung der Unternehmer benötigen. "Sind die Unternehmer aber nicht bereit, mit den Gewerkschaften über deren Sicherung zu verhandeln, können diese die Verwirklichung ihrer Forderungen zu erzwingen versuchen, indem sich ihre Mitglieder konsequent weigern, mit beitritts- bzw. zahlungsunwilligen Arbeitern zusammenzuarbeiten" [59] - was natürlich entscheidend von der bereits vorhandenen Organisationsmacht abhängt.

Der agency shop der Vereinigten Staaten ähnelt dem schweizerischen Solidaritätsbeitrag, insofern als zwar mittelbarer Beitragszwang, nicht jedoch Verbandszwang besteht [60].

"Ist ein closed oder union bzw. agency shop verwirklicht, wird häufig auch von Zwangsmitgliedschaft bzw. Zwangsbeiträgen gesprochen. In beiden Fällen liegt jedoch keine absolute Ausübung von Zwang vor. Zwang wird vielmehr nur insoweit angewandt, als diejenigen, die eine bestimmte Tätigkeit behalten oder versehen wollen, gezwungen werden, eine Gewerkschaft zu unterstützen. Möchte der einzelne diese Unterstützung vermeiden, müßte er auf den betreffenden Arbeitsplatz verzichten. Die gewerkschaftlichen Maßnahmen wirken darüber hinaus selektiv. Diskriminiert werden nur solche Arbeiter, die nicht bereit sind, sich im Gruppeninteresse zu verhalten. Von diesen selektiven Aktionen gehen schließlich wirtschaftliche Anreize aus, da der Ausschluß von einer angestrebten bzw. ausgeübten Tätigkeit in der Regel mit einer wirtschaftlichen Verschlechterung verbunden ist. Gewöhnlich übersteigt der damit eintretende Wohlfahrtsverlust die mit der Gewerkschaftsunterstützung einhergehenden Kosten" [61].

Im Jahr 1963 wurde der agency shop vom amerikanischen Obersten Gerichtshof für nicht verfassungswidrig erklärt, jedoch wurde den US-Einzelstaaten wiederum anheimgestellt, ihn durch ihre eigene Gesetzgebung für ihr Gebiet auszuschließen. 19 oder 20 Staaten, die right to work-Gesetze erlassen hatten, taten dies dann auch [62]. Inzwischen ist den einzelnen Bundesstaaten das Recht, durch Recht- auf-Arbeit-Gesetze den union shop für ungesetzlich zu erklären, wieder genommen worden [63].

Abgesehen von den Fällen, wo der agency shop als Kompromißlösung in US-Bundesstaaten gewerkschaftlicherseits angestrebt wurde, in denen union shop-Abkommen verboten waren, hat der agency shop auch bei verschiedenen Tarifverhandlungen den Ausweg gewiesen, wo Unternehmen sich weigerten (in US-Staaten, die den union shop erlaubten), die Forderung nach Gewerkschaftsbeitrittspflicht aller gegenwärtigen und zukünftigen Betriebsangehörigen zu akzeptieren. In einigen Fällen haben auch die Gewerkschaften dem agency shop zugestimmt und die Forderung nach Beitritt zugunsten der Abgeltung eines gewissen Kostenbeitrags fallengelassen, um religiösen Bedenken verschiedener Arbeitnehmer gegen Mitgliedschaft in einer Gewerkschaft zu begegnen [64]. Jedoch erstreben offenbar nur wenige Gewerkschaften den agency shop wirklich. " Sie ziehen eine tarifliche Bestimmung, nach

der alle Arbeiter Gewerkschaftsmitglieder werden müssen, der
bloßen Zahlung einer Gebühr vor. Und viele Unternehmer ziehen
es ebenfalls vor, daß ihre Beschäftigten der Gewerkschaft angehören, weil sie der Auffassung sind, daß ein Arbeitnehmer,
der eine finanzielle Gebühr an die Gewerkschaft zahlt, auch
das Recht haben soll, in gewerkschaftlichen Angelegenheiten
mitzureden und mitzuentscheiden" [65].

In der Tat hat der agency shop in den USA offensichtlich keine
große Bedeutung erlangt. 1963 belief sich die Zahl der Tarifverträge, die den agency shop in sich schlossen und mindestens
eintausend Beschäftigte betrafen, lediglich auf 44 [66]. Der
union shop ist "weiterhin die entscheidende Grundlage der gewerkschaftlichen Sicherheit" [67] geblieben. Ein Wachstum der
gewerkschaftlichen Gesamtorganisation haben die verschiedenen
shop-Ansätze der gewerkschaftlichen Existenzsicherung in den
USA offensichtlich aber trotzdem insgesamt nicht hervorrufen
können. Organisationsgrad und Mitgliederzahl stagnieren trotz
alledem, wie bereits erwähnt; der relative Organisationsgrad
ist sogar deutlich gesunken, da die Gesamtzahl der Beschäftigten
in den vergangenen Jahrzehnten erheblich angestiegen ist [68].

IV. Belgien und Niederlande

Die bundesrepublikanischen Nachbarländer Belgien und Niederlande sind "Länder des klassischen gewerkschaftlichen Plura-
lismus", in denen das Gesetz dem Arbeitnehmer die freie Entscheidung über den Eintritt in die Gewerkschaft garantiert.
"Am weitesten geht in dieser Richtung das belgische Gesetz
von 1921, das eine Beeinträchtigung des Arbeitsverhältnisses
des einzelnen Arbeitnehmers in der Absicht, ihn zum Beitritt
oder Nichtbeitritt zu einer Vereinigung zu veranlassen, unter
Strafe stellt" [69].

Auch in den Niederlanden sind closed shop - Übereinküfte verboten, "d. h. eine Bedingung, durch welche ein Arbeitgeber verpflichtet wird, Arbeitnehmer einer bestimmten religiösen oder
politischen Überzeugung oder Mitglieder eines bestimmten Vereins nicht oder ausschließlich in seinen Dienst zu nehmen, ist
nichtig" [7o]. Dennoch kennen die Niederlande in bestimmten
Wirtschaftszweigen eine Zwangsmitgliedschaft [71]. Der Oberste
Gerichtshof der Niederlande hat verkündet, daß das gesetzliche
closed shop-Verbot nicht verletzt wird, wenn man die Wahl des
Beitritts zwischen den drei bedeutendsten Richtungen des niederländischen Gewerkschaftswesens hat. Es kann deshalb durchaus in
einem Tarifvertrag bestimmt werden, daß ein Arbeitgeber nur Mitglieder des sozialistischen, des katholischen oder des evangelischen Gewerkschaftsbundes beschäftigen darf. Allerdings lehnen
die Niederländer die Zwangsmitgliedschaft offenbar überwiegend
mit der Überlegung ab, daß damit doch die Koalitionsfreiheit,
die über das allgemeine niederländische Vereinsrecht gewährleistet ist, infrage gestellt werde. Zwangsmitgliedschaft gibt es
nur noch im Buchdruckergewerbe. In der Diamantenindustrie wird
sie nicht mehr praktiziert, seit die Diamantarbeitergewerkschaft
in der Metallarbeitergewerkschaft aufgegangen ist.

Um Tarifverträge abschließen zu können, müssen die betreffenden
Organisationen nach dem Tarifvertragsgesetz der Niederlande von
1937 Rechtspersonen sein. Um Rechtsperson zu werden, benötigt
man jedoch eine königliche Anerkennung. Diese erfolgt dadurch,
daß die niederländische Königin auf Antrag des Justizministers
die Statuten des betreffenden Vereins genehmigt. Die königliche
Anerkennung kann bei Verstoß der betreffenden Satzung und Organisation gegen das allgemeine Interesse verweigert werden, was
in der Praxis jedoch sehr selten - bezüglich Gewerkschaften noch
nie - vorgekommen ist [72].

Niederländische Tarifverträge können auch durch eine dem Sozial-
minister unterstellte Institution, nämlich durch das sog. Kollegium der Reichsschlichter, für allgemeinverbindlich erklärt werden. Ausgeschlossen von der Allgemeinverbindlicherklärung sind
Bestimmungen in Tarifverträgen, die Arbeitgeber oder Arbeitnehmer
zwingen, sich einem Arbeitgeber- oder Arbeitnehmerverband anzuschließen, d. h. zum Beispiel entweder dem sozialistischen, dem
evangelischen oder katholischen Gewerkschaftsbund angehören zu
müssen. Ebenfalls können selbstverständlich tarifvertragliche
Vereinbarungen nicht für allgemeinverbindlich erklärt werden,
die eine ungleiche Behandlung von Organisierten und Nichtorganisierten zum Ziel haben, also z. B. materielle Vorteilsregelungen
bei der Pensionierung eigens für organisierte Arbeitnehmer [73].

Wo closed, union oder agency shop-Regelungen verboten oder unge-
bräuchlich sind, wird verständlicherweise gleichwohl nach anderen
Mechanismen der Absicherung der Verbände und insbesondere natürlich der gewerkschaftlichen Existenzsicherung gesucht. Dies gilt
um so mehr angesichts der erwähnten weltanschaulichen und religiösen Verbändevielfalt in Belgien und in den Niederlanden. Auf
zwei Formen gewerkschaftlicher Sicherung, Stabilisierung und Be-
festigung, die in diesen beiden Ländern praktiziert werden, sei
im folgenden besonders hingewiesen.

Einmal handelt es sich um die (auch formalrechtliche) Zuerkennung
der Repräsentativität von bestimmten Gewerkschaften, wie sie auch
in den gewerkschaftspluralistischen Ländern Italien und Frankreich
bekannt ist. In den Niederlanden hat sich eine Gesetzgebungstechni
entwickelt, in die Gewerkschaften und Arbeitgeberverbände eingeschaltet sind und bei der der sog. Sozialökonomische Rat eine
wichtige Rolle spielt [74]. Dieser Rat ist drittelparitätisch aus
Arbeitgeber- und Arbeitnehmervertretern sowie Unabhängigen (von
der Königin ernannten Kronmitgliedern) zusammengesetzt. Und
die Arbeitgeberverbände und Gewerkschaften, die insgesamt jeweils ihr Ratsmitgliedsdrittel benennen, müssen beispielsweise
repräsentativ sein. Die Repräsentativerklärung erteilt die Niederländische Regierung nach vier Kriterien:

Einmal muß die Mitgliederzahl des als repräsentativ zu er-
klärenden Verbandes im Hinblick auf den entsprechenden Wirt-
schaftszweig ausreichend sein; sodann soll der Verband ein
Büro und einen hauptberuflichen Vorstand, also eine "gute
Organisation" haben; drittens müssen die Mitgliederbeiträge
für die normale Verbandsarbeit ausreichend sein; und viertens
muß der Verband schließlich bereit sein, Verantwortung im
sozialen Leben zu tragen, und gegebenenfalls auch unangenehme
Maßnahmen gegenüber der eigenen Mitgliedschaft vertreten.

Drei Gewerkschaftsbewegungen sind in den Niederlanden als
repräsentativ erklärt: die sozialistische (Niederländischer
Gewerkschaftsbund NVV), die katholische (Niederländische
Katholische Arbeiterbewegung KAB) und die evangelische (Christ-
licher Nationaler Gewerkschaftsbund CNV). In den Niederlanden, wo
die weltanschauliche Trennung der Gewerkschaftsbewegungen wie
der Arbeitgeberverbände als der landeseigenen Denkungsart entsprechend bezeichnet wird [75], gibt es weit über 1oo nationale
Gewerkschaften, wobei allerdings bei einem gesamten Organisationsgrad der Arbeitnehmer von 47 v. H. ein Organisationsgrad
von 38 v. H. der Arbeitnehmer erreicht wird, wenn man nur die
Mitgliedschaft in traditionellen, nicht (berufs-) ständisch
abgegrenzten Gewerkschaftsorganisationen zählt [76].

"In Belgien ist durch Erlaß im Jahre 1957 der repräsentative
Charakter den Gewerkschaften zuerkannt worden, deren Dachver-
bände mindestens 3o ooo Mitglieder zusammenfassen, und dann
wird ausdrücklich festgestellt, daß dies für die sozialistische,
die christliche und auch die liberale Gewerkschaftsbewegung
zutrifft ...; allerdings ist die letztere in gewissen wichtigen
Industriezweigen nicht zugelassen, wo sie offenbar keine An-
hängerschaft besitzt. - So willkürlich die praktische Lösung
der Frage nach der Repräsentativität in diesem oder jenem Land
erscheinen mag, so wird sie offenbar doch allgemein akzeptiert.
Das Ergebnis ist eine Art staatlich sanktioniertes Oligopol,
dessen Zusammensetzung sich unter Umständen einmal ändern kann"[77].

Offizielle Statistiken über Mitgliederzahlen der Gewerkschaften
sind in Belgien nicht vorhanden. Die Gesamtzahl der gewerkschaftlich Organisierten wird auf 2 25o ooo geschätzt. Auf die Konföde-
ration der christlichen Gewerkschaften (ACV-CSC) entfallen davon
etwa 1,1 Millionen, auf den parteipolitisch neutralen, jedoch
faktisch den Sozialisten nahestehenden Allgemeinen Belgischen Ar-
beiterbund (ABVV-FGTB) ca. 99o ooo. In der Allgemeinen Zentrale
der liberalen Gewerkschaften Belgiens (ACLV-CGSLB) sind rund
15o ooo Arbeitnehmer, vor allem Angestellte - auch des öffentlichen Dienstes - zusammengeschlossen. Die daneben bestehenden
unabhängigen Gewerkschaften üben nur schwachen Einfluß aus. Der
Organisationsgrad in Belgien beträgt damit annähernd 7o v. H.
In der Metall-, Zement- und Erdölindustrie, in der Chemie und
im Bergbau sind fast 9o v. H. der Arbeiter organisiert, der Organisationsgrad der Angestellten beläuft sich dagegen auf durchschnittlich nur etwa 4o v. H. Die belgischen Gewerkschaften sind
vorwiegend nach dem Industrie- bzw. Branchenverbandsprinzip ge-
gliedert [78].

Die drei repräsentativen Organisationen der Arbeitnehmer in Belgien (in vielen Fällen sind es praktisch nur zwei: der christliche und der sozialistische Gewerkschaftsbund) sind also die
einzigen, die die Repräsentation der Arbeitnehmerinteressen in
Staat, Branche und Unternehmung wahrnehmen können, d. h. vor
allem: die in den offiziellen gemeinsamen Ausschüssen vertreten
sein können, die sich aus Arbeitgeber- und Arbeitnehmervertretern
zusammensetzen und zu einem großen Teil die Kollektivverhandlungen
bestimmen (Nationaler Arbeitsrat - auf Landesebene in bezug auf
die einzelne Berufsgruppen oder Branchen übergreifenden Angelegenheiten; Gemeinsamer Ausschuß - auf Branchenebene; Betriebsrat
und Sicherheits- und Gesundheitsausschuß - auf Unternehmungsebene)
Diese erklärten Repräsentativorganisationen müssen als die recht-
mäßigen Sprecher der Arbeiter behandelt werden. Sie können auf
Unternehmungsebene nicht ausgeschlossen werden, etwa durch eine
Abstimmung unter den Beschäftigten, durch die eine Mehrheitsgewerkschaft als alleiniger Verhandlungspartner festgelegt würde

oder durch die eine Vertretung durch die Gewerkschaft insgesamt
abgelehnt würde [79].

Mit der organisierten Teilhabe der Gewerkschaften am öffentlichen
Leben geht als zweites Kennzeichen des belgischen Systems der
Arbeitsbeziehungen die gewerkschaftliche Zusammenarbeit mit den
Unternehmensverbänden einher. Bereits während der letzten Monate
des zweiten Weltkriegs wurde ein "Pakt der sozialen Solidarität"
geschlossen, der schließlich seit dem Jahre 1960 seinen Ausfluß
in der sog. Sozialen Programmierung fand [80]. Zwischen 1960 und
1970 wurde eine Serie von gemeinsamen Abkommen zwischen den Tarifvertragsparteien getroffen; die periodischen Kollektivverhandlungen wurden allgemein gemäß dem Grundsatz der Sozialen Programmierung durchgeführt. " 'Soziale Programmierung' gibt das
Bedürfnis nach einer besonderen Art von Beziehungen zwischen den
Sozialparteien wieder, die auf Dialog und Verständigung und nicht
auf Konflikt gegründet ist. Der Hauptgedanke ist, daß, vermittels
einer Verständigung, die sich auf objektive Kriterien stützt, der
Anteil der Arbeiter am Wachstum des Wohlstandes im Land für eine
gewisse festgelegte Zeitperiode 'programmiert' wird" [81].

Der belgische Erfahrungsbericht mit der Sozialen Programmierung
geht dahin, daß das Klima der Beziehungen und Verhandlungen zwischen Gewerkschaften und Arbeitgebern verbessert worden und eine
Zentralisierung der Kollektivverhandlungen eingetreten sei. Diese
Zentralisierung führte ihrerseits zu Abkommen mit längeren Laufzeiten, mit verständlicherem Inhalt und eher technischer Natur.
Als eines der grundlegenden Prinzipien der Sozialen Programmierung gilt die Friedenspflicht während der Vertragsdauer. Die meisten Tarifverträge enthalten demgemäß eine Streikausschlußklausel
für die Laufzeit der Verträge. Im Allgemeinen wird die Streikausschlußklausel von einer Ausschließlichkeitsklausel begleitet,
welche Vorteile nur für Gewerkschaftsmitglieder vorsieht und die
Gewährung solcher Vorteile an die exakte Einhaltung der Kollektiv-
vereinbarung und die Aufrechterhaltung des sozialen Friedens
während der Vertragslaufzeit bindet [82].

Hier tritt nun neben der Repräsentativerklärung die zweite Form
von "Lösungen für eine gewerkschaftliche Garantie" [83] auf. Sie
betrifft Vereinbarungen von Tarifvertragsparteien über zusätzliche Leistungen für Organisierte auf dem Wege über die sog. gemeinsamen oder paritätischen Einrichtungen, welche den Unorganisierten vorenthalten bleiben. In den Niederlanden werden solche
Vorteilsregelungen für Gewerkschaftsmitglieder wohl nicht oft,
aber doch gelegentlich, in den Tarifverträgen vereinbart [84].
In Belgien nehmen arbeitnehmer- und arbeitgeberparitätische Fonds-
konstruktionen, die gewisse zusätzliche Sozialleistungen an die
Arbeitnehmer ausschütten und in diesem Zusammenhang den gewerkschaftlich Organisierten z. T. spezielle Sondervorteile zukommen
lassen, im Rahmen der Sozialen Programmierung breiteren Raum ein.
Ausgangspunkt war offenbar der Versuch der belgischen Arbeitgeber,
die Beschäftigten durch die Gewährung freiwilliger Leistungen von
der Gewerkschaft fernzuhalten [85]. Die Vielzahl der paritätischen
Kommissionen, deren Aufbau staatlich gefördert wurde und die u. a.
als Schlichtungsorgane fungieren, für die jeweiligen Berufs- oder
Wirtschaftszweige auf nationaler und regionaler Ebene in Belgien [8]
können aufgrund belgischen Gesetzes von 1958 sog. Fonds zur Existenzsicherung errichten, deren Inkrafttreten durch königlichen Erlaß geregelt wird. Die Fonds zur Existenzsicherung, die unter paritätischer Verwaltung aus Arbeitgeberzahlungen gespeist werden,
haben allgemein zum Auftrag: Finanzierung, Zuerkennung und Auszahlung von zusätzlichen Sozialleistungen an bestimmte Personen;
Finanzierung und Organisation von Fachausbildung; Finanzierung
und Versicherung der Gesundheit und Sicherheit der Arbeitnehmer.
Ende 1972 bestanden 53 solcher Fonds in Belgien [87].

Hauptsächlich sind in den diesbezüglich durch die paritätischen Kommissionen geschlossenen Kollektivverträgen folgende Sozialleistungen erwähnt:

1. Ergänzende soziale Zulage (Syndikatsprämie). Es werden an die Arbeitnehmer, die einer der auf nationaler Ebene organisierten Arbeitnehmerverbände angeschlossen sind, Jahresprämien ausgezahlt, deren Höhe und Bewilligungsmodalität von paritätischer Kommission zu paritätischer Kommission unterschiedlich sind. Solche Ausschließlichkeitsregelungen scheinen derzeit für gut eine Million gewerkschaftlich organisierter Arbeitnehmer zu gelten [88].

2. Ergänzendes Arbeitslosengeld. Pro Tag der Arbeitslosigkeit wird eine ergänzende Vergütung zugesprochen, die je nach Familienstand und Voll- bzw. Minderjährigkeit schwankt. Die Höchstzahl der jährlich zu vergütenden Arbeitslosigkeitstage ist in den einzelnen Verträgen unterschiedlich geregelt.

3. Zusätzliche Leistungen infolge Krankheit oder Unfall. Es werden absolute Beträge ausgezahlt ab 6o Tagen ununterbrochener Arbeitsunfähigkeit, modifiziert nach Voll- bzw. Minderjährigkeit und Familienstand, mit Steigerungsbeträgen nach 15o bzw. 24o Tagen fortwährender Arbeitsunfähigkeit bis zu einer festliegenden Maximalvergütungssumme pro Jahr. In Einzelfällen (z. B. bei den Fonds zur Existenzsicherung für das Polsterer- und Holzbearbeitungsgewerbe und für den Brennstoffhandel in Antwerpen) wird tägliche Vergütung ausgezahlt.

4. Zusätzliches Urlaubsgeld. Teilweise werden absolute Beträge ausgezahlt, teilweise werden die Leistungen nach Alter und geleisteten Jahresarbeitstagen der Arbeitnehmer gestaffelt, oder es werden zusätzliche Tage oder eine vierte Urlaubswoche zur ergänzenden Urlaubsgeldzahlung angerechnet. Unter bestimmten Bedingungen wird zusätzliches Urlaubsgeld teilweise auch an pensionierte Werktätige sowie an deren Witwen gewährt (z. B. Fonds zur Existenzsicherung des Baugewerbes).

5. Jahresabschluß-, Dienstalters-, Treueprämien, Abschiedsprämien an aus Altersgründen Ausscheidende. Die Höhe dieser
   Sozialleistungen hängt ab von der Jahreszahl der Betriebs-
   oder Wirtschaftszweigzugehörigkeit.

6. Eine Reihe von "Vorteilsregelungen" sind bedingt durch
   typische Umstände in bestimmten Gewerbezweigen. So etwa
   Frostvergütung, ergänzendes Urlaubsgeld, das durch Frost-
   eintritt vermindert war, und Ausgleich von witterungsbe-
   dingter Arbeitsverhinderung im Baugewerbe; oder einige
   dem Hafenbetrieb eigentümliche Sozialvorkehrungen, die
   die Kompensationsfonds für Existenzsicherung der Häfen
   Antwerpen, Ostende, Nieuwpoort und Zeebrugge regeln
   (z. B. Vergütung für Anwesenheit auf den Anwerbungsbüros).
   Ebenso wären hier die Fälle zu nennen, in denen Existenzsicherungsfonds die Stellung des Arbeitgebers einnehmen
   hinsichtlich der Verpflichtungen, die aus dem belgischen
   Gesetz über den Arbeitsvertrag von 1900 und aus dem Gesetz betreffend die Schadloßstellung von Arbeitnehmern,
   die infolge Betriebsstillegung entlassen werden, von
   1966 und 1967 entstehen.

Man sieht, daß das belgische System der von paritätischen Kommissionen vereinbarten Existenzsicherungsfonds nicht schlechthin auf die Vorteilsauskehrung an Gewerkschaftsmitglieder gerichtet ist. Jeweils etwa ein Drittel der bestehenden Fonds
sind reine Vorteilsfonds für Gewerkschaftsmitglieder oder sind
Sozialfonds, die neben einer Reihe anderer allgemeiner Sozialleistungen auch (am Rande) eine gewisse Prämie für Gewerkschaftszugehörigkeit ausschütten, bzw. sind Fonds, die überhaupt keine
Sonderregelungen für gewerkschaftlich organisierte Arbeitnehmer
enthalten.

Zur ersten Gruppe - den Fonds, die nur eine Syndikatsprämie,
Prämie für sozialen Frieden, ergänzende Sozialzulage, Treue-
prämie o. ä. zum Inhalt haben, d. h. nur Auszahlungen an Gewerkschaftsmitglieder bestimmen - gehören die Sozialfonds verschiedener Gruben- und Zementindustrien, des Bekleidungsgewer-
bes, des Wäscherei-, Färberei- und Entfettungsgewerbes, der
Ziegelbrennereien (wo z. T. auch zusätzliches Urlaubs- oder
Arbeitslosengeld bzw. Abschiedsprämien an Pensionäre nur für
Gewerkschaftsmitglieder bewilligt werden), der Chemischen Industrie, des Bäckergewerbes und Nahrungsmittelhandels, der
Flachsverarbeitung, der Lohgerberei, der Papier- und Pappe-
herstellung, der Tabakverarbeitenden Industrie, der Rhein-
und Binnenschiffahrt, der Personenbeförderungsunternehmen
(Motorfahrzeuge), der Seefischerei, der Großwarenhäuser.

Ohne jegliche besondere Vorteilsregelungen für Gewerkschaftsmitglieder sind z. B. die bereits erwähnten verschiedenen Existenzsicherungsfonds in der Bau- und Holzindustrie, die Kompensationsfonds im Polsterei- und Holzverarbeitungsgewerbe, im
Brennstoffhandel, ebenso die ergänzenden Sozialfonds in den
Reinemach- und Desinfektionsunternehmen, im Schuh- und Hand-
schuhmachergewerbe, die Pensionskasse im Druckerei- und Zeitungs-
gewerbe, die ebenfalls bereits erwähnten Ausgleichsfonds der
Hafenarbeiter, sowie der Sozialfonds für die Diamantarbeiter
und derjenige für die Arbeiter im Antwerpener Schiffsrepara-
turgewerbe.

Ein Drittel der bestehenden belgischen Existenzsicherungsfonds sind solche, die überwiegend allgemeine Sozialzuwen-
dungen an alle Arbeitnehmer der Branche für die unterschied-
lichsten Tatbestände gewähren und dabei im übrigen auch eine
finanzielle Zuwendung in zumeist verhältnismäßig kleinem Umfang speziell an Gewerkschaftsmitglieder zur Auszahlung kommen
lassen. Es sind dies z. B. die Sozialfonds der Kalksteingru-
ben und Kalköfen im Verwaltungsbezirk Doornik, des metallverarbeitenden Gewerbes, der Elektriker, der Wagenbauunternehmen,

der Edelmetallverarbeitung und der Handelsbetriebe einiger dieser Sektoren sowie die regionalen Sozialfonds der Ziegeleien und die Sozialfonds für verschiedene Bereiche des Gütertransports und der Lieferdienste, die neben zusätzlichem Arbeitslosengeld und/oder zusätzlichem Kranken- und Unfallgeld und/oder ergänzendem Urlaubsgeld an alle Arbeitnehmer der Branche auch kleinere ergänzende Sozialzuschläge für Gewerkschaftsmitglieder auszahlen. Neben Dienstaltersprämie, Jahresabschlußprämie, zusätzlichem Urlaubsgeld und Prämie zum Fest der Heiligen Katharina gewährt der Sozialfonds der Ziegelbrennereien im Gebiet von Hennuyères auch eine Syndikatsprämie, die an die Gewerkschaftsmitgliedschaft gebunden ist. Eine gleiche Regelung für die Auszahlung zusätzlichen Arbeitslosengeldes gilt für die Sozialfonds der Textilindustrie und des Strickwarengewerbes.

Nach zehnjährigem Bestehen ist die Soziale Programmierung in Belgien seit Beginn der siebziger Jahre überdies jedoch zunehmend heftiger Kritik ausgesetzt: "Es hat Streiks der Arbeiter dagegen gegeben. Der Begriff der 'sozialen Programmierung' wird zusehends weniger gebraucht. Nach Meinung einiger Beobachter führt die 'soziale Programmierung' zu einer wachsenden Kluft zwischen den Arbeitern und ihren Gewerkschaften. Sie zehrt die Tätigkeit der Gewerkschaften in den Betrieben aus mit der Folge, daß das komplizierte Verfahren der Verhandlungen zwischen den Spitzenorganisationen von den Arbeitern nicht immer verstanden wird. Spontane Streiks, die sich nicht an die Friedenspflicht hielten, sind seit Anfang der 7oer Jahre die Regel geworden. Einer der Gründe für die Ausbreitung wilder Streikaktionen ist in der Tatsache zu sehen, daß die Punkte, die in den Kollektivvereinbarungen geregelt wurden, d. h. die die Löhne und andere quantitativ erfaßbare Arbeitsbedingungen betreffen, nicht die Probleme lösen, denen sich die Arbeiter unmittelbar gegenübersehen: Für die Fragen etwa der Arbeitsorganisation, des Arbeitsrhythmus, der Hitze am Arbeitsplatz können die Gewerkschaften oft keine Lösungen bieten, so daß die Arbeiter dann dafür streiken" [89].

Das Harmoniemodell - einst Grundlage des belgischen Systems der
Beziehungen zwischen Gewerkschaften und Unternehmern - wird mehr
und mehr infrage gestellt zugunsten konfliktorientierter Ein-
stellungen [90].

V. Skandinavien

In den skandinavischen Staaten zeichnen sich die gewerkschaftlichen Organisationen durch einen hohen Koordinierungsgrad an
der Spitze und durch straffe Führung aus. Die Tarifverhandlungen werden stark zentralisiert geführt - die festgefügten,
autoritätsstarken Spitzenorganisationen der Arbeitnehmer -
und Arbeitgeberverbände schließen Rahmenabkommen auf nationaler
Ebene mit Laufzeiten von zumeist zwei und mehr Jahren. "Die
Demokratie innerhalb der Organisationen wird dadurch gewahrt,
daß das Ergebnis der Verhandlungen durch gewählte Körperschaften
der Gewerkschaften bestätigt werden muß, um gültig zu werden"[91].
In Norwegen wird jeder Tarifvertrag zur Urabstimmung vorgelegt[92].

Das nordische Arbeitsrecht ist weniger von staatlicher Gesetzgebung als von den kollektiven Übereinkommen zwischen Bundesorgani-
sationen der Arbeitsmarktparteien geprägt. In Dänemark gibt es
ein grundlegendes Abkommen zwischen dem gewerkschaftlichen Zentralverband (LO) und der dänischen Arbeitgebervereinigung über
die beiderseitigen Rechte auf dem Arbeitsmarkt - vor allem das
Recht der beiden Spitzenorganisationen, für alle Mitglieder bindende Tarifverträge abzuschließen - schon seit 1899 [93]. Insbesondere in Schweden lehnen die Sozialparteien, die politischen
Parteien und die Regierung übereinstimmend aus politischen Gründen eine staatliche Einmischung in die Tarifverhandlungen ab;
die Tarifautonomie ist ein Grundsatz nahezu axiomatischer Art,
ein wesentlicher Bestandteil der schwedischen sozialen und wirtschaftlichen Struktur[94]. Abgelehnt werden dort "staatliche Ein-
griffe aller Art, auch in Form von Minimallöhnen und Zwangsschlichtung, Einrichtungen, die in vielen Ländern (z.B. bei den

nordischen Nachbarn Schwedens) von den Gewerkschaften toleriert werden"[95]. Die Intensität dieses schwedischen Autonomiegrundsatzes wird an zwei Beispielen deutlich:

"Als in den 20er Jahren die Regierung im Parlament eine Gesetzesvorlage über die Einrichtung eines Arbeitsgerichts einbrachte, kam es zu umfassenden Protesten und Straßendemonstrationen, obwohl das Arbeitsgericht nicht die Tarifautonomie beeinträchtigte, sondern eher den Rechtsgrund der Tarifverträge verstärkte. Und als 30 Jahre später eine Konvention des Internationalen Arbeitsamtes über 'gleichen Arbeitslohn für Frauen und Männer' im schwedischen Parlament zur Abstimmung kam, fand man die Gewerkschaftsvertreter unter den Gegnern der Vorlage - natürlich nicht, weil man sich dem Prinzip des gleichen Lohns widersetzte, sondern weil man mit starrer Konsequenz das Prinzip der Tarifautonomie wahren wollte"[96].

Das Selbstverständnis der schwedischen Gewerkschaften geht über das eines Interessenverbandes zur Wahrung der Berufsinteressen der Mitglieder hinaus; "die Gewerkschaftsbewegung ist eine 'Volksbewegung' mit tiefer Verankerung im Staats- und Gesellschaftsleben, mit nicht nur lohnpolitischen, sondern auch sozialpolitischen Aufgaben. Durch ihren weitgestreckten Aufgabenkreis, ihren politischen Reformismus und die jahrzehntelange enge Zusammenarbeit mit der Sozialdemokratie in Regierungsstellen sind die Gewerkschaften nicht nur 'staatsbejahend', sondern Träger gesellschaftlicher Aufgaben, ohne daß jedoch die schwedische Gesellschaftsordnung korporativistische Züge aufweist. Die Sozialpartner und ihre Organisationen sind unveräußerliche Elemente der schwedischen Demokratie. Die Tarifautonomie ist der Kern, um den herum sich die übrigen Aufgaben kristallisieren. Staatseinmischung in die Lohnbildung würde die Sozialpartner in diesem Kern treffen und damit ihre Stellung im Wirtschafts- und Gesellschaftsleben erschüttern, wenn nicht völlig untergraben"[97].

Vertragliche Grundlage für diese lange Zeit hindurch hervor-
gehobenen ausserordentlich guten, in einem Minimum an Arbeits-
konflikten sich ausdrückenden industrial relations [98)] ist das
Hauptabkommen zwischen dem schwedischen Gewerkschaftsbund (LO)
und der schwedischen Arbeitgebervereinigung SAF von 1938 (Abkommen von Saltsjöbaden). Es regelt Fragen und Voraussetzungen
einer Zusammenarbeit, es verpflichtet zur friedlichen Konflikt-
lösung (Verhandlungspflicht, umfassende - im Gegensatz z. B.
zu Dänemark [99)] nichtstaatliche - Schlichtungs- und Schiedsverfahren). Der Anstoß zu diesem Abkommen ergab sich aus verschiedenen Gesetzesentwürfen, die schließlich im Hinblick auf die zu
erwartende freie zweiseitige Vereinbarung der Arbeitgeber und
Arbeitnehmer fallengelassen bzw. abgekürzt werden konnten [loo)].

Das Übereinkommen von Saltsjöbaden bestimmt auch die Bildung von
sog. Betriebsausschüssen [lol)], die sich aus Vertretern der Gewerkschaften und der Betriebsleitung zusammensetzen. Sie haben
nur beratende und informative Aufgaben, gesetzliche institutio-
nelle Rechte wie den deutschen Betriebsräten sind ihnen nicht
gegeben. Nur wenn die Unternehmensleitung positiv mitwirkt, können die Betriebsausschüsse Einfluß ausüben. Ihr Aufgabenrahmen
ist im einzelnen, "die kontinuierliche Zusammenarbeit zwischen
dem Arbeitgeber und den Arbeitnehmern zum Zwecke der Erzielung
bestmöglicher Produktion aufrechtzuerhalten; den Arbeitnehmern
Einblick in die wirtschaftlichen und technischen Bedingungen
des Betriebes und in die Ergebnisse des Unternehmens zu gewähren;
auf Sicherheit des Dienstverhältnisses und auf Unfallverhütung
sowie Gesundheitsfürsorge im Betrieb und auf Arbeitsfreudigkeit
hinzuwirken; die Berufsausbildung innerhalb des Unternehmens zu
fördern; sowie im übrigen auf gute Produktions- und Arbeitsverhältnisse im Betrieb hinzuarbeiten" [lo2)].

Die Betriebsausschüsse dürfen sich nicht mit Fragen befassen,
die durch Verhandlungen zwischen den Tarifparteien geregelt
werden können - also insbesondere nicht mit Lohnfragen. Trotz-

dem und trotz der starken organisatorischen Stellung und zen-
tralisierten Straffheit der schwedischen Gewerkschaften und ihrer
hohen gesellschaftlichen Einbindung in den Staat machen die zentral ausgehandelten Tariflohnsteigerungen nur etwa die Hälfte
der gesamten Lohnerhöhungen aus. "Die andere Hälfte liegt außerhalb des Machtbereichs der zentralen Organisationen und entwickelt
sich gemäß den Marktverhältnissen" [103], jedoch offensichtlich
nicht über das Betriebsausschußsystem.

Die "öffentlich-rechtliche" Stellung der nordischen Gewerkschaften und die Partnerschaftlichkeit der Arbeitgeber- und
Arbeitnehmerbünde zeigen sich z. B. auch darin, daß die Gewerkschaften Skandinaviens - ähnlich wie in Belgien - die vom
Staat anerkannten und bezuschußten Arbeitslosenkassen verwal-
ten, also die Arbeitslosenversicherung abwickeln. In Dänemark
erhält darüber hinaus die gewerkschaftseigene Volksferien-Ak-
tion Zuschüsse vom Arbeitgeberverband und aus öffentlichen
Mitteln [104]. Auf der Basis der Übereinkunft von Saltsjöbaden
wurden in Schweden eine Reihe von Verträgen über die Arbeit-
geber-Arbeitnehmer-Zusammenarbeit geschlossen, um staatliches
Eingreifen zu verhindern. Einer dieser Verträge (1966) betrifft den sog. Entwicklungsrat für Fragen der Zusammenarbeit.
Dieser Rat ist ein ständiges gemeinsames Organ aus Vertretern
der schwedischen LO, des Arbeitgeberverbandes SAF und der Zentralorganisation der (privaten und öffentlichen) Angestellten-
und Beamtenverbände (TCO). "Seine Hauptaufgaben sind Information, Beratung und Förderung der Betriebsausschüsse und Förderung der wissenschaftlichen Forschung in Zusammenarbeitsfragen.
Sondergruppen arbeiten Kurse und Studienmaterial zu einschlä-
gigen Fragen aus, um dem einzelnen Betriebsangestellten das
Rüstzeug für zukünftige Mitsprachemöglichkeit bei der Ausfor-
mung seines Arbeitsmilieus zu vermitteln" [105].

Auf die Verwaltung der Arbeitslosenversicherung wird z. T. der
relativ hohe gewerkschaftliche Organisationsgrad in Skandinavien
zurückgeführt. Er beträgt in Dänemark rund zwei Drittel der abhängig Beschäftigten [106]. Neben dem Zentralverband der dänischen
Gewerkschaften (LO), dem die meisten Einzelgewerkschaften (In-
dustrieverbände) mit insgesamt über 93o ooo Organisierten angehören, gibt es hauptsächlich noch den Zentralrat der Dänischen
Beamten- und Angestelltenorganisationen (FTF) mit ca. 175 ooo
Mitgliedern, die Zentralorganisation der Staatsbeamten mit
4o ooo Mitgliedern und die Zentralvertretung Dänischer Arbeits-
leiter- und Technischer Angestellten-Vereinigungen mit einer
Organisationsstärke von 35 ooo Personen. Zwischen LO-Dänemark
und der dänischen sozialistischen Partei bestehen enge Beziehungen; beide Organisationen haben gegenseitige Vertretungen
in ihren Exekutivkomitees. LO-Norwegen repräsentiert 58o ooo
Mitglieder, der nationale norwegische Organisationsgrad wird
mit 55 v. H. angegeben [107]. Die LO-Norwegen "hat auf dem Arbeitsmarkt keinen ernsthaften Konkurrenten. Die überwiegend nach
dem Industrieprinzip gebildeten Fachverbände haben der LO große
Vollmachten gegeben: Jeder Kollektivvertrag von mehr als rein
lokaler Bedeutung bedarf der Gegenzeichnung des Sekretariats
der LO. Die Zusammenarbeit mit der sozialistischen Partei ist
ähnlich wie in Dänemark organisiert. Viele lokale Gewerkschaftsorganisationen sind korporativ Mitglied der sozialistischen
Partei" [108].

Der schwedische Organisationsgrad liegt noch höher: "1972 waren
fast 8o v. H. der Arbeiter gewerkschaftlich organisiert, von
den Industriearbeitern sogar mehr als 9o v. H. Bei den Beamten
beträgt der Organisationsgrad gut 8o v. H., bei den Angestellten
in der Privatwirtschaft 6o v. H." [109]. Die schwedische LO als
Dachorganisation von 25 überwiegend nach dem Industrieverbands-
prinzip aufgebauten Einzelgewerkschaften repräsentiert mit 1,8
Millionen Organisierten 5o v. H. der abhängig Beschäftigten.
Die bereits erwähnte TCO vertritt 83o ooo Mitglieder; der Zentralorganisation Schwedischer Akademiker (SACO) gehören 12o ooo Personen an, 2o ooo Offiziere sowie gehobene Post- und Eisenbahn-

beamte lassen sich durch den Reichsverband der Staatsbediensteten (SR) vertreten [110].

"Von dominierender Bedeutung sind die Verhandlungen zwischen LO und SAF über die Löhne von rund 780 000 Arbeitern. Dieser Abschluß wirkt sich nicht nur auf die Lohnentwicklung außerhalb des gemeinsamen Organisationsbereichs von LO und SAF aus, auch die Entwicklung der Gehälter wird davon meist maßgeblich beeinflußt. Die wichtigsten Verhandlungen für die Angestellten in der Privatwirtschaft finden zwischen SAF einerseits und TCO und SACO andererseits statt" [111].

Die Tarifabschlüsse der staatlichen Tarifvertragsbehörde mit den LO-Unterorganisationen für den öffentlichen Dienst, mit TCO, SACO und SR wirken sich über den Bereich der 475 000 Staatsbediensteten hinaus entscheidend auf die Gehaltsentwicklung der rund 500 000 Beschäftigten im kommunalen Bereich aus.

Bei einem Vergleich mit dem insgesamten gewerkschaftlichen Organisationsgrad in anderen Ländern (USA: ein Viertel, Schweiz: ein Drittel, Bundesrepublik und Niederlande: ein gutes Drittel, Großbritannien: knapp die Hälfte, Norwegen: gut die Hälfte, Dänemark und Belgien: zwei Drittel der Arbeitnehmer) [112] fällt also die organisatorische Stärke der schwedischen Gewerkschaften auf. Trotz der weitgehenden Befriedung und der Verbreitung des Sozialpartnerschaftsgedankens sowie der Ausübung einer Fülle quasistaatlicher Hoheitsfunktionen seitens der organisierten Arbeitnehmerschaft in Schweden, trotz einer seit nahezu zwanzig Jahren praktizierten "solidarischen Lohnpolitik" [113] - deren Grundgedanken darin besteht, die gesamtwirtschaftliche Lohnerhöhungssumme zentral auszuhandeln und dann auf die einzelnen Branchen und Berufe nach dem Egalitätsprinzip aufzuteilen - sind in den letzten Jahren schwere Arbeitskonflikte wiederaufgebrochen. Teilweise sind sie in der vertikalen Organisationssplitterung, d. h. den getrennten Verbänden für Arbeiter, Angestellte und akademisch ausgebildete Gruppen im öffentlichen und privaten Dienst [114] begründet.

"Schweden galt seit Jahrzehnten als Musterland sachlicher Beziehungen zwischen den Tarifpartnern. Bis vor kurzem konnte es
mit Stolz darauf hinweisen, daß es nur ein Minimum an Arbeits-
tagen durch Streiks verlor (16 Streiktage auf 100 Arbeiter und
Jahr in den 6oer Jahren. Zum Vergleich England 139). Die Situation änderte sich gegen Ende des Jahres 1969" [115]. Im November
1969 kam es zum Streik der Göteborger Hafenarbeiter, und im Dezember 1969 legten die Arbeiter der staatlichen Eisengruben von
Kiruna die Arbeit nieder - was sich zu einem 56-tägigen totalen
Streik der gesamten Belegschaft (mehr als 4 000 Personen) bis
zum Februar 1970 ausweitete [116].

Beide Aktionen standen im Widerspruch zu der tariflichen Friedenspflicht, waren also wilde Streiks, die von den Gewerkschaften nicht sanktioniert werden konnten, so daß die Streikenden
keine gewerkschaftliche Unterstützung erhalten konnten und stets
eine Schadensersatzklage zu gewärtigen hatten. Weder die Hafen-
noch die Grubenarbeiter gehören den schlechtbezahlten Lohngrup-
pen an, ihr Streik war gleichwohl Ausdruch einer "lange gärenden
Unzufriedenheit mit bestimmten, meist lokal bedingten Arbeits-
und Lohnverhältnissen" [117]. Der Bergarbeiterstreik wurde in
weiten Kreisen Schwedens, auch seitens der LO-Gewerkschaften,
als berechtigt angesehen. Die Streikbewegung griff auch auf
andere Industriezweige mit ähnlichen "wilden" Aktionen über
(so z. B. Volvo-Streik in Torslanda) [118]. Der Vorsitzende des
Metallarbeiterverbandes, Nilsson, sah deshalb "Anlaß zu gewerkschaftlicher Selbstkritik und zur Überprüfung allzu eingewurzel-
ter Methoden gewerkschaftlicher Aktivität und Information" [119].

Interessant ist die Darstellung Pöppels, daß die schwedischen
Gewerkschaften selber aus der Phase dieser wilden Streiks dennoch eher gestärkt als geschwächt hervorgegangen seien, obwohl
die Streikaktionen gegen die gewerkschaftliche Tarifpolitik gerichtet waren. "Zum Schluß waren es immer wieder die Gewerkschaften, welche die oft hoffnungslose Lage dieser wilden Streiks zu
einer Lösung und meist zu einem Erfolg führen konnten" [120].

Die Reaktion waren sogar weitere Zentralisierungstendenzen (Bestrebungen, die verhältnismäßig kleine Bergarbeitergewerkschaft dem Metallarbeiterverband anzuschließen, sowie Fusionen verschiedener anderer kleinerer Gewerkschaften).

Im Februar des Jahres 1971 kam es dann zum schwersten Tarifkonflikt in Schweden seit Ende der dreißiger Jahre [121]. Die bisherigen Ansätze zu einer solidarischen Lohnpolitik wurden durch die Berufsstandesorganisationen SACO und SR zunichte gemacht. Auf dem Höhepunkt des Streiks Anfang März 1971, vier Wochen nach dessen Beginn, befanden sich 47 ooo Personen im Konflikt mit den staatlichen Arbeitgebern. Und zwar befanden sich 12 ooo höhere Kommunal- und Staatsbeamte, Eisenbahnverkehrsleiter, Ärzte und Lehrer im Streik, 35 ooo Lehrer und Kommunalbeamte, Mitglieder von SACO und SR, waren ausgesperrt. Die Aussperrung von 3ooo der insgesamt 5ooo schwedischen Offiziere wurde ebenfalls angekündigt. Seit 1965 besitzen alle Beamten (einschließlich der Offiziere) in Schweden das Streikrecht; sie können seitdem umgekehrt aber auch durch Aussperrung betroffen werden.

Der Streik war auf eine Umkehrung der solidarischen Lohnpolitik gerichtet, d. h. auf eine stärkere Differenzierung der gesamtwirtschaftlichen Gehaltsstruktur zugunsten der von SACO und SR vertretenen hohen Gehaltsgruppen und privilegierten Berufsschichten. Die LO-Gewerkschaften betrachteten den mehrwöchigen Streik als einen ausgesprochenen Luxusstreik zugunsten der sowieso schon Bestbezahlten. Auch in der breiten Masse der Bevölkerung fand der "Akademikerstreik" keine Sympathien; er wurde als politischer Streik betrachtet, der sich sowohl gegen die Lohnpolitik der "traditionellen" Gewerkschaften als auch gegen die Sozial- und Steuerpolitik der Regierung richtete. Eine staatliche Zwangsschlichtung wird seitdem auch in Schweden diskutiert. Fünf Wochen nach Streikbeginn verordnete die Regierung eine öffentliche Dienstpflicht; der schwedische Reichstag verabschiedete für diesen konkreten Fall ein Friedenspflicht-Gesetz.

Der monatelange Konflikt führte nicht zu einer Annäherung der
Standpunkte zwischen Akademikergewerkschaft einerseits und
öffentlichem Arbeitgeber und Arbeitergewerkschaft andererseits.
Die von den öffentlichen Stellen und den zuständigen LO-Organi-
sationen ausgehandelte und von Regierung und Reichstag für all-
gemeingültig erklärte neue Besoldungsstruktur im öffentlichen
Sektor wurde von SACO und SR nicht anerkannt. Für beide Gewerkschaften besteht seither ein tarifloser Zustand[122].

Nach einer Beruhigung in den Jahren 1972 und 1973 führte das
Jahr 1974 wiederum zu einem merklichen Anstieg der Arbeitskonflikte, die sich im 1. Halbjahr 1975 zu einer Welle wilder Streiks
in dem Moment steigerte, wo die zentralen Verhandlungen der Tarifvertragsparteien in das entscheidende Stadium traten[123].
Der eklatanteste Arbeitskonflikt, ein Streik von Flugtechnikern
und Stewardessen, hatte gar einen Zwist zwischen zwei Berufs-
standsorganisationen zur Ursache. Die rivalisierenden Gruppen
HTF (Verband der Handelsbeamten) und die inzwischen zusammenge-
schlossene SACO/SR nahmen jede für sich das alleinige Recht zu
Lohnverhandlungen mit einer schwedischen Inlandsfluggesellschaft
in Anspruch[124].

VI. Zur Übertragung ausländischer Erfahrungen mit Vorteils-
    regelungen und mit Vorkehrungen zur gewerkschaftlichen
    Existenzsicherung auf die Bundesrepublik Deutschland

In den vorangegangenen Abschnitten wurden die Erfahrungen in einigen
westlichen Industriestaaten, deren allgemeiner Entwicklungsstand
mit demjenigen der Bundesrepublik Deutschland in etwa vergleichbar ist, mit diversen Formen von Vorteilsregelungen für Gewerkschaftsmitglieder gegenüber nicht- bzw. andersorganisierten
Arbeitnehmern und von Vereinbarungen zur grundsätzlichen (Existenz-)
Sicherung der gewerkschaftlichen Organisation wiedergegeben. Nun
wird in der Bundesrepublik Deutschland bei der Diskussion um den
Gesamtkomplex "Vorteilsregelungen" gerne auf diese ausländischen
Beispiele verwiesen. Der vorstehende Erfahrungsbericht dürfte

jedoch verdeutlicht haben, daß die Argumentation mit Hilfe eines
solchen Rückgriffs problematisch ist, ja, in mancherlei Hinsicht
sogar als unzulässig erscheinen muß. Analogieschlüsse vergleichen
hier in unserem Zusammenhang nämlich in der Regel Ungleiches mit
Ungleichem.

Man muß sich nämlich vor Augen halten, daß die Ausgangslage und
die historische Entwicklung im allgemeinen wie auch die spezielle
Beschaffenheit des Arbeitsrechts und der Gewerkschaftsszene in
den betreffenden ausländischen Staaten trotz vergleichbaren industriellen Standes zum Teil erheblich von den Gegebenheiten in der
Bundesrepublik Deutschland abweichen. Andersartige äußerlich-
organisatorische wie innerlich-inhaltliche Strukturen und ein anders
gearteter sozialer und gesellschaftspolitischer Hintergrund der
Gewerkschaften, unterschiedliche gewerkschaftliche Konkurrenzbedin-
gungen, ein abweichender sozialer "Umweltrahmen", differierende
nationale Rechtsauffassungen und vieles ähnliche mehr lassen es
insbesondere nicht zu, die derartigen Regelungen auf die Verhältnisse in der Bundesrepublik Deutschland sozusagen in einer parallele
Schlußfolgerung zu übertragen und von daher die konkreten Umstände
und politischen Situationen, die eben zu jeweils ganz spezifischen
gesellschaftlichen Ausprägungen im Ausland geführt haben, unberück-
sichtigt zu lassen.

Teilweise müßten die erwähnten Praktiken gewerkschaftlicher Vorteils
regelungen und Existenzsicherungsvorkehrungen des Auslands vom bunde
republikanischen Horizont und von unserer inländischen "Gewerkschaft
ethik" her für bedenklich, ja bisweilen für verwerflich gehalten
werden. Teilweise muß man überdies bedenken, in welchen Größenord-
nungen, für die Bundesrepublik eventuell bedeutungslosen Wertkate-
gorien und auch gewerkschaftsbewegungsfremden Dimensionen und
Bezugsfeldern sich solche Einrichtungen im Ausland manchmal tatsächlich bewegen. Und verschiedentlich waren die von den entsprechenden ausländischen Gewerkschaftsbewegungen mit der Errichtung
von Vorteils- und Existenzsicherungskonstruktionen angestrebten
Wirkungen zwar wohl auch eine Zeitlang vorhanden, sind dann jedoch
im Laufe der letzten Jahre wieder hinfällig bzw. in ihr Gegenteil

verkehrt worden, indem die dort zum Teil zugrundeliegenden Harmonie-
vorstellungen und allumgreifenden Partnerschaftsmodelle in der
"rauhen" Wirklichkeit wieder mehr und mehr auseinandergebröckelt
sind.

Auch von daher mag es unnötig erscheinen, diese neueren negativen
Erfahrungen nunmehr in der Bundesrepublik gleichsam in der Praxis
nachvollziehen zu lassen.

Anmerkungen zum Ersten Teil:

1) Vgl. Antrag E 15 des 5. Ordentlichen Gewerkschaftstages der
   IG BSE, Hannover 1960.

2) Vgl. Gamillscheg, Die Differenzierung nach der Gewerkschaftszugehörigkeit, S. 11 m.w.N. (zit. Gamillscheg, Differenzierung).

3) Vgl. Anhang I bei Gamillscheg, a.a.O., S. 111 f.

4) BAG vom 29.11.1967, AP Nr. 13 zu Art. 9 Abs. 3 GG =
   ArbuR 1968, 25 ff = JZ 1969, 105 ff.

5) Vgl. z.B. Antrag 162 an den 10. Ordentlichen DGB-Kongreß,
   Hamburg 1975 (s. Fünfter Teil).

6) Der Beitrag beträgt laut Satzung z. Zt. fast 2 % und mehr
   des Bruttoeinkommens.

7) Vgl. die Anträge zu Vorteilsregelungen für Gewerkschaftsmitglieder bzw. Änderungen des TVG auf dem 8. (Nr. 305-309) und
   9. (Nr. 219-221) Ordentlichen Gewerkschaftstag der IG CPK
   1969 bzw. 1972.

8) Spanne von ca. 30 %; Firma Bayer z.B. zahlt neben dem 13.
   Monatsgehalt eine zusätzliche Dividende und Schering 14 1/2
   Monatsgehälter aufgrund einer Betriebsvereinbarung.

9) Vgl. Antrag 312 (313 ff) an den 10. Ordentlichen Gewerkschaftstag der IG Druck und Papier, Hamburg 1974 (s. Fünfter Teil).

10) Vgl. Antrag Nr. 204 an den GdED-Gewerkschaftstag in Nürnberg
    1972.

11) Der "Brief an die Eltern der neu einzustellenden Nachwuchs-
    kräfte" wird auch an die Jugendlichen gerichtet.

12) Der Beitrag beträgt laut Satzung z.Zt. 0,50 DM für Auszu-
    bildende und ansonsten ca. 1 % des Bruttoeinkommens bis
    600,-- DM, darüber hinaus weniger als 1 % des Bruttoein-
    kommens.

13) Vgl. Anträge Nr. 250, 251, 254 und Initiativantrag Nr. 22
    an den Gewerkschaftstag der Gew. HBV von 1972.

14) Vgl. § 21 Abs. 1 des Manteltarifvertrages vom 30.11.1973:
    Mitarbeiter, die einer der tarifvertragsschließenden Gewerk-
    schaften angehören und mindestens 1 Jahr im Unternehmen tätig
    sind, erhalten ein 13. Monatsgehalt bzw. einen 13. Monatslohn

15) A.A. LAG Düsseldorf vom 2.4.1974 - 8 Sa 482/73 -.

16) Der Beschluß des Großen Senats des BAG vom 29.11.1967 betrifft die "qualifizierten" Differenzierungsklauseln, AP Nr. 13 zu Art. 9 GG.

17) Vgl. z.B. MTV für das private Bankgewerbe vom 22.6.1961 und das zur Freistellung von gewerkschaftlichen Funktionsträgern ergangene unveröffentlichte Urteil des Arbeitsgerichts Heilbronn vom 1.4.1975 (2 Ca 395/74).

18) Vgl. Antrag Nr. A 3 mit der Forderung nach gesetzlicher Absicherung, daß Tarifvertragsleistungen nur für Mitglieder tarifschließender Parteien wirksam werden, an den 9. Ordentlichen Gewerkschaftstag der GHK, Freiburg 1973; insgesamt 12 Anträge zu Vorteilsregelungen für Gewerkschaftsmitglieder.

19) Antrag Nr. A 9 (Bezirksstellentag Berlin) an den 9. Ordentlichen Gewerkschaftstag der GHK, Freiburg 1973. - Vgl. außerdem Antrag Nr. 164 (GHK) an den 10. Ordentlichen DGB-Kongreß, Hamburg 1975.

20) Vgl. "Ein Schritt voran", Die Vorsorgekasse des deutschen Holzgewerbes, hrsg. vom Hauptvorstand der GHK, Düsseldorf 1965.

21) Vgl. Antrag Nr. 340 an den Gewerkschaftstag der IGM 1971.

22) Vgl. Antrag Nr. 189 an den Gewerkschaftstag der IGM 1974.

23) Vgl. Gamillscheg, Differenzierung, S. 30 ff.

24) Vgl. Anträge Nr. 21-24 an den Gewerkschaftstag der NGG 1966 in Bremen. - Anträge Nr. 142/143 an den Gewerkschaftstag der NGG 1970 in Berlin. - Anträge Nr. 107-114 an den Gewerkschaftstag der NGG 1974 in Wolfsburg.

25) Antrag Nr. 161 an den 10. Ordentlichen DGB-Kongreß 1975 in Hamburg (s. Fünfter Teil).

26) Z.Zt. enthalten mehr als 100 Tarifverträge der verschiedensten Branchen derartige Regelungen; vgl. z.B. § 9 des Manteltarifvertrages für die Arbeitnehmer der Schälmühlenindustrie in Hamburg vom 11.12.1973.

27) Z.B. TV mit der Bremer Brauer-Societät, Bremen, gültig bis Dezember 1975. - Vgl. auch die WSI-Untersuchung (WSI-Tarifarchiv) über den Bildungsurlaub.

28) Vgl. § 3 der Satzung "Zusatzversorgungskasse für die Beschäftigten des Dt. Bäckerhandwerks VVaG" (S. 5 der Satzungen, Tarifverträge über die Zusatzversorgungskasse und das Förderungswerk für die Beschäftigten des Deutschen Bäckerhandwerks) und § 3 des TV über die Errichtung einer "Zusatzversorgungskasse für das Bäckerhandwerk" vom 20.2.1970 (S. 13)

sowie § 6 der Satzung der Zusatzversorgungskasse (S. 6)
und § 4 des TV vom 20.2.1970 (S. 13) (s. Fünfter Teil,
Ausgewählte Texte).

29) § 3 des TV vom 20.2.1970 über die Errichtung eines "Förderungswerks für die Beschäftigten im Bäckerhandwerk" und
§ 2 der Satzung des Vereins "Förderungswerk".

30) § 4 des TV vom 20.2.1970 über die Errichtung eines "Förderungswerks für die Beschäftigten im Bäckerhandwerk".

31) Vgl. Antrag Nr. 119 an den 7. Ordentlichen Gewerkschaftstag der ÖTV, 1972.

32) Antrag Nr. 167 an den DGB-Kongreß 1975 in Hamburg.

33) Vgl. z. B. §§ 5 und 6 der VO über Sonderurlaub (SUrlVO) NRW:
Nach § 6 der SUrlVO NRW kann Beamten für die Teilnahme an
Arbeitstagungen auf überörtlicher Ebene, die auf Veranlassung
einer Spitzenorganisation der zuständigen Gewerkschaften und
Berufsverbände im Lande im Rahmen ihrer Aufgaben nach § 106
des Landesbeamtengesetzes durchgeführt werden, auf Auffor-
derung der Spitzenorganisationen Urlaub bis zu 12 Werktagen
im Urlaubsjahr gewährt werden, wenn dienstliche Gründe nicht
entgegenstehen.

34) Vgl. Antrag Nr. 54 an den Gewerkschaftstag der GTB 1959;
Anträge Nr. 86 - 94 an den Gewerkschaftstag der GTB 1961
und Antrag Nr. 167 an den DGB-Kongreß 1975. - Außerdem die
Dokumentation der GTB: "Freiheit und Verantwortung". Gedanken
und Argumente zur Lösung einer gesellschaftspolitisch bedeutsamen Frage.

35) AP Nr. 13 zu Art. 9 GG.

36) Vgl. TV vom 27.6.1963 zwischen der Arbeitsgemeinschaft der
Miederindustrie e.V. und der GTB.

37) Vgl. Leistungsausweis 1975 des Vereins Berufs- und Lebenshilfe für die Arbeitnehmer der Miederindustrie e.V.
(s. Fünfter Teil, II, Ausgewählte Texte).

38) Vgl. Tarifvereinbarung über die Errichtung eines Vereins
und einer Stiftung für die Arbeitnehmer der Miederindustrie
vom 25.3.1974, in: Grundsätze, Informationen, Ausblicke,
hrsg. von der Stiftung zur Förderung von Bildung und Erholung der Arbeitnehmer der Miederindustrie, 2. Aufl.,
Düsseldorf 1974, S. 20 (zit. Grundsätze, Informationen,
Ausblicke).

39) Vgl. § 2 der Satzung der "Stiftung zur Förderung von Bildung
und Erholung der Arbeitnehmer der Miederindustrie", in:
Grundsätze, Informationen, Ausblicke, S. 21.

40) Grundsätze, Informationen, Ausblicke, S. 15.

41) Ebenda, S. 14.

42) Ebenda, S. 11 ff.

43) Vgl. den gesonderten TV über die Schlichtung von Streitigkeiten aus dem BetrVG in der Miederindustrie, die Vereinbarung vom 27.6.1963 zwischen der AG der Miederindustrie e.V.
und der GTB. Im MTV für die Miederindustrie vom 30.4.1975
wird in § 22 -Schlichtung- darauf Bezug genommen.

44) Vgl. z.B. TV über den Beitragsabzug durch die Lohnbüros
für die Miederindustrie, Vereinbarung vom 27.6.1963 zwischen
der AG der Miederindustrie e.V. und der GTB.

Anmerkungen zum Zweiten Teil:

1) Dazu Dritter Teil: Vorteilsregelungen und Gewerkschaften im Ausland.

2) Einzelheiten vorne, S. 3 ff.

3) Mißverständlich und irreführend wäre in diesem Zusammenhang der Begriff "Nachteilsausgleichsregelung", da der Beitritt in die Gewerkschaft keinen Nachteil darstellt.

4) Zur Theorie und Praxis der Gemeinwirtschaft vor allem: GMH 3, 1972, mit Beiträgen verschiedener Autoren.

5) Berichte aus der Praxis, Unternehmensgruppe Neue Heimat, GMH 1972, S. 169.

6) Van de Vall, Die Gewerkschaften im Wohlfahrtsstaat, S. 125. - Schellhoss, Apathie und Legitimität, S. 174 f.

7) Sehr klar: Rolle und Aufgaben der Gewerkschaften im letzten Viertel des 20. Jahrhunderts, hrsg. vom Hauptvorstand der IG Druck und Papier 1974, S. 54 ff.

8) Um nur ein positives Beispiel zu nennen: Werbung der IG CPK im "Vorwärts" vom 9.3.1975: Unsere Mitgliederzahlen steigen von Jahr zu Jahr an. Männer, Frauen und Jugendliche! Gibt es einen besseren Beweis für unsere Attraktivität? Moderne Tarifpolitik, fortschrittliche Sozialpolitik, gesellschaftspolitische Ideen für morgen sind wichtige Faktoren unserer Anziehungskraft. Denn wir arbeiten für eine menschengerechte Zukunft der Arbeitnehmer! Unsere Mitglieder wissen das. Und die Arbeiter und Angestellten, die täglich neu zu uns stoßen.

9) Vgl. Erster Teil, S. 16, 21.

10) Mitgeteilt von Gumpert, Tarifaußenseiter und Tarifausschlußklauseln, DB 1960, 100,102; diese Formulierungen werden auch gegenwärtig noch verwandt.

11) Statt aller: Hueck-Nipperdey, Lehrbuch des Arbeitsrechts, Bd. 2, 1. Halbband, S. 165, Anm. 27.

12) Dazu neuestens: BAG vom 11.6.1975, 5 AZR 206/74.

13) Vgl. Kurzprotokoll der gemeinsamen Sitzung der Unterausschüsse "Einzelarbeitsvertragsrecht und kollektives Arbeitsrecht" im sozialpolitischen Ausschuß des DGB mit Vertretern der tarifpolitischen Abteilungen der Gewerkschaften vom 28.10.1959, S. 2 (unveröffentlicht).

14) Urteil vom 29.1.1974, 8 Sa 482/73, unveröffentlicht; das BAG
    hat in dieser Angelegenheit zur Frage der Differenzierung nicht
    Stellung genommen: BAG vom 11.6.1975, 5 AZR 206/74.

15) Durch Tarifausschlußklauseln verpflichtet sich der Arbeitgeber
    im schuldrechtlichen Teil des Tarifvertrages, Außenseitern
    keine nach Art und Höhe vergleichbaren Vergünstigungen zu ge-
    währen, die er organisierten Arbeitnehmern zukommen läßt;
    zu den Einzelheiten der Definition später unter E I.

16) BAG Gr. Sen., 29.11.1967, AP Nr. 13 zu Art. 9 GG.

17) Urteil vom 6.2.1975, 4 Ca 15/75.

18) Die Welt vom 7.9.1974: Wie die Coop für die Gewerkschaften
    Mitglieder wirbt.

19) Urteil vom 6.2.1975, 4 Ca 15/75.

20) Eickhof, Eine Theorie der Gewerkschaftsentwicklung, in:
    Schriften zur Kooperationsforschung, S. 37 ff.

21) Van de Vall, Die Gewerkschaften im Wohlfahrtsstaat, S. 125 ff. -
    Nickel, Zum Verhältnis von Arbeiterschaft und Gewerkschaft,
    S. 166 ff.

22) Eickhof, a.a.O..

23) Insoweit zutreffend: Hueck-Nipperdey, Lehrbuch des Arbeits-
    rechts, Bd. 2, 1. Halbband, S. 168, Anm. 34: Ohne die Klausel
    (gemeint ist eine Tarifausschlußklausel) können und dürfen der
    tarifgebundene Arbeitgeber und der Außenseiter die Tarifbe-
    dingungen für ihr Arbeitsverhältnis frei vereinbaren, wie es
    in Millionen von Fällen geschieht.

24) Einen umfassenderen Überblick gibt Kettner, Die gemeinsamen
    Einrichtungen der Tarifvertragsparteien aus der Sicht der Ar-
    beitgeberseite, in: Das Arbeitsrecht der Gegenwart, hrsg. von
    Gerhard Müller, Bd. 9/1972, S. 85 ff.

25) Farthmann/Hensche, Die gemeinsamen Einrichtungen der Tarifver-
    tragsaprteien aus der Sicht der Arbeitnehmerseite, in: Das
    Arbeitsrecht der Gegenwart, a.a.O., S. 95.

26) Farthmann/Hensche, a.a.O., S. 97.

27) Etwa der Verein Berufs- und Lebenshilfe für die Arbeitnehmer
    der Miederindustrie.

28) Zu den Grenzen genauer: Farthmann/Hensche, a.a.O., S. 97.

29) Kettner beziffert sie für gemeinsame Einrichtungen der Bau-
    wirtschaft im Jahre 1972 auf rd. 2 Milliarden DM, a.a.O., S. 86.

30) Farthmann/Hensche, a.a.O., S. 102.

31) Jedem Versuch der rechtlichen Einschränkung der Regelungs-
gegenstände gemeinsamer Einrichtungen ist entschieden zu
widersprechen: Farthmann/Hensche, a.a.O., S. 101.

32) AP Nr. 13 zu Art. 9 GG.

33) Hanau, Gemeinsame Einrichtungen von Tarifvertragsparteien
als Instrument der Verbandspolitik, RdA 1970, S. 161, 162.

34) Hanau, a.a.O., S. 161 ff.

35) AP Nr. 13 zu Art. 9 GG.

36) BAG, a.a.O., S. 10 R.

37) Zum Tarifvertrag im einzelnen s. Erster Teil, S. 28 ff.

38) Dazu III, 1. dieses Teils.

39) Zum Tarifvertrag im einzelnen s. Erster Teil, S. 28 ff.

40) Hanau, a.a.O., S. 161, 163 f.

41) U.a. Hueck-Nipperdey, Lehrbuch des Arbeitsrechts, a.a.O.,
S. 479.

42) So zutreffend: Farthmann/Hensche, Die gemeinsamen Einrichtungen der Tarifvertragsparteien, a.a.O., S. 95, 96, Anm. 5.

43) AP Nr. 13 zu Art. 9 GG.

44) BAG, 29.11.1967, a.a.O., S. 11 R.

45) Anderer Ansicht: Hanau, a.a.O., S. 164, von seinem unzu-
treffenden Ausgangspunkt aus.

46) Grundsätzlich vor allem: Bötticher, Die gemeinsamen Einrichtungen der Tarifvertragsparteien, S. 105 ff.

47) Bötticher, a.a.O., S. 113, 117. Allerdings dürften sich die
Ausführungen Böttichers vor allem auf eine Differenzierung
im engeren Sinne, also besonders Differenzierung einschließlich
Spannen- oder Tarifausschlußklauseln, beziehen.

48) Dagegen u.a. zutreffend: Farthmann, Tarifliche Sonderleistungen für Gewerkschaftsmitglieder zulässig?, in: Gewerkschaftliche Umschau, Zeitschrift der IG CPK, Nr. 12/1965, S. 217,218.

49) Einen Überblick zur Entwicklung der gemeinsamen Einrichtungen
gibt Gamillscheg, Die Differenzierung nach der Gewerkschaftszugehörigkeit, S. 12 f.

50) Vgl. die unveröffentlichte Studie des Hauptvorstandes der
IG Druck und Papier über Besserstellung von Gewerkschaftsmitgliedern gegenüber Außenseitern vom 5.9.1966, S. 3.

51) Erster Teil, S. 28 ff und 20 ff.

52) AP Nr. 13 zu Art. 9 GG.

53) Görs, Bildungsurlaub als Teilelement der Bildungsreform, in:
WSI-Mitteilungen 1974, S. 167 ff.

54) So generell bei der Miederstiftung und für den Bereich der
staatsbürgerlichen Bildung beim Förderungswerk des Deutschen
Bäckerhandwerks.

55) Soweit richtig: Kettner, Die gemeinsamen Einrichtungen der
Tarifvertragsparteien ..., a.a.O., S. 88; auch ein Streik um
derartige "Gemeinsame Bildungseinrichtungen" wird faktisch
kaum durchführbar sein.

56) Görs, Bildungsurlaub als Teilelement der Bildungsreform, in:
WSI-Mitteilungen 1974, S. 167, 168.

57) Die Zielsetzungen der Bildungsinhalte der Miederstiftung und
auch der geplanten Kritischen Akademie sind demgegenüber sehr
viel allgemeiner. Dazu: Stiftung zur Förderung von Bildung
und Erholung der Arbeitnehmer der Miederindustrie..., Grundsätze, Informationen, Ausblicke, S. 5; Denkschrift "Die
Kritische Akademie - Ein Modell", S. 23.

58) Kölner Stadtanzeiger vom 25.6.1975: Arbeitgeber befürchten
Aushöhlung.

59) Handelsblatt vom 2.7.1975: Die Postgewerkschaft darf mit-
bestimmen, sowie Handelsblatt vom 4./5.7.1975: Kein Verfassungs-
verstoß bei der Bundespost.

60) Dazu Witt, Wird die Uhr demonstrativ zurückgestellt?, in:
Vorwärts vom 3.7.1975.

61) Bedenken gegen die Zulässigkeit der in Frage stehenden Tarifverträge äußerte jüngst: W. Bulla, Die rechtliche Zulässigkeit
von Tarifverträgen über die Begünstigung von gewerkschaftlichen Vertrauensleuten, BB 1975, S. 889.

62) BAG, 14.2.1967, AP Nr. 10 zu Art. 9 GG.

63) Dietz-Richardi, Betriebsverfassungsgesetz, § 2 Rn. 63 m.w.N..

64) A. Arndt, Thesen zu Art. 9 Abs. 3 GG, in: Recht und Rechtsleben in der sozialen Demokratie, Festgabe für O. Kunze, S. 267.

65) U.a.: Die Arbeit der Vertrauensleute, Schriftenreihe der IGM
    Nr. 41, 1972, bes. S. 25 ff. - Die Arbeit der Vertrauensleute,
    IG CPK, 2. Aufl., bes. S. 32 ff. - Die Arbeit der HBV-Ver-
    trauensleute,1971, bes. S. 23 ff.

66) S. vorige Anmerkung.

67) Die Einstellung der Arbeitgeberseite zum IG-Chemie-Vorschlag
    einer Regelung für gewerkschaftliche Vertrauensleute - Grenzen
    und Möglichkeiten, Wiesbaden, 2.10.1974. - Ebenso die Argumen-
    tation von Gesamtmetall: Witt, Wird die Uhr demonstrativ zu-
    rückgestellt?, in: Vorwärts vom 3.7.1975.

68) Vgl. hierzu Däubler, Das Grundrecht auf Mitbestimmung, S. 414.

69) Der Gewerkschafter Nr. 7/1975, S. 44 f. - FAZ vom 2.7.1975:
    Das Ergebnis diskutieren, Vertrauensleute haben es schwer.

70) So aber die in Anmerkung 67) zitierten Arbeitgeberverbände.

71) Ausführlich zum insofern vergleichbaren Problem der Differen-
    zierungsklauseln: Leventis, Tarifliche Differenzierungsklauseln
    nach dem Grundgesetz und dem Tarifvertragsgesetz, S. 94 ff.

72) WSI-Tarifarchiv, Tarifliche Vereinbarungen über Bildungsurlaub,
    Gesamtübersicht, Stand: 31.12.1973; als Manuskript veröffent-
    licht: Johanna Höhnen, Bildungsurlaub in Tarifverträgen, in:
    WSI-Mitteilungen 1974, S. 333.

73) Hueck-Nipperdey, Lehrbuch des Arbeitsrechts, Bd. 2, 1. Halbband
    S. 255, 274.

74) Ausführlich zu dieser Problematik: Georgi, Die Zulässigkeit
    von Differenzierungs- und Tarifausschlußklauseln in Tarifver-
    trägen, Dissertation Köln 1971, S. 50 ff m.w.N..

75) Fitting-Auffarth-Kaiser, Betriebsverfassungsgesetz, § 75, Rn.18

76) Aus den gleichen Überlegungen verstößt auch das Mitsprache-
    recht der DPG vor Versetzungen gewerkschaftlicher Funktions-
    träger nicht gegen den Gleichheitsgrundsatz des Art. 3 GG.

77) Vgl. Ausführungen von Heinz, Betriebsrat und Vertrauensleute
    im Betrieb, Arbeitsheft 007 der IG Metall, 1973, S. 77 ff.

78) BAG, Gr. Sen., 29.11.1967, AP Nr. 13 zu Art. 9 GG.

79) BAG, a.a.O., S. 12 R.

80) Einen Überblick über die verschiedenen Formen der Differen-
    zierung gibt vor allem Gamillscheg, Die Differenzierung nach
    der Gewerkschaftszugehörigkeit, S. 9 ff. - Ferner auch:
    Hueck, Tarifausschlußklauseln und verwandte Klauseln im Tarif-
    vertragsrecht, S. 13 ff.

81) Leber, Auswirkungen der Rechtsentwicklung contra Gewerkschaften,
in: Der Grundstein Nr. 24 vom 29.11.1959. - Derselbe, Wer
nicht sät, soll nicht ernten!, in: Welt der Arbeit Nr. 1 vom
1.1.1960.

82) Solidaritätsbeitrag - Gewerkschaftsbeihilfe und Differenzierungsklauseln, Untersuchung der IG BSE, Manuskript, o.J. -
Heußner, Die Sicherung der Koalition durch sog. Solidaritätsbeiträge der Nichtorganisierten, in: RdA 1960, S. 295 ff. -
Zanetti, Gewerkschaftsfreiheit und obligatorische Beiträge der
nichtorganisierten Arbeitnehmer, in: ArbuR 1973, S. 77.

83) BAG, 29.11.1967, AP Nr. 13 zu Art. 9 GG, S. 21.

84) U.a. Hessel, Die rechtliche Zulässigkeit von Tarifausschluß-
klauseln, DB 1960, S. 208. - Zöllner, Arbeitsrecht und Politik,
DB 1970, S. 54. - Steinberg, Koalitionsfreiheit und tarifliche
Differenzierungsklauseln, in: RdA 1975, S. 99, 103.

85) Aus der älteren Literatur vor allem: Bötticher, Die gemein-
samen Einrichtungen der Tarifvertragsaprteien. - Fechner,
Rechtsgutachten zur Vorsorgekasse des Deutschen Holzgewerbes. -
Gamillscheg, Die Differenzierung nach der Gewerkschaftszuge-
hörigkeit. - Hueck, Tarifausschlußklauseln und verwandte
Klauseln im Tarifvertragsrecht. - Zöllner, Tarifvertragliche
Differenzierungsklauseln.

86) Verhandlungen des 46. Deutschen Juristentages, Bd. I (Gutach-
ten), Teil 1: Sinn und Grenzen der Vereinbarungsbefugnis der
Tarifvertragsparteien; ferner Bd. II (Sitzungsbericht der
arbeitsrechtlichen Abteilung); einen Bericht hierüber gibt
Adomeit, in: RdA 1966, S. 376 ff.

87) AP Nr. 13 zu Art. 9 GG.

88) BAG, 29.11.1967, a.a.O., S. 16 R.

89) So von den in Anmerkung 83) Genannten vor allem: Fechner
und Gamillscheg.

90) So von den in Anmerkung 83) Genannten vor allem: Hueck und
Zöllner.

91) Aus jüngerer Zeit vor allem: Däubler/Mayer-Maly, Negative
Koalitionsfreiheit?. - Leventis, Tarifliche Differenzierungsklauseln nach dem Grundgesetz und dem Tarifvertragsgesetz.

92) BAG, a.a.O., S. 21 ff.

93) BAG, a.a.O., S. 24 ff.

94) BVerfG, Beschluß vom 4.5.1971, NJW 1971, S. 1212.

95) Esser, Vorverständnis und Methodenwahl in der Rechtsfindung,
S. 199 ff.

96) Ritter, Urteilsanmerkung, in: JZ 1969, S. 111, 112. - Reuß, Der Streit um Differenzierungsklauseln, in: ArbuR 1969, S. 33, 34.

97) Ritter, a.a.O., S. 113.

98) Reuß, a.a.O., S. 34. - BVerfG 19.10.1966, BVerfGE 20, S. 312, 318 f.

99) So richtig: Farthmann/Hensche, Die gemeinsamen Einrichtungen de Tarifvertragsparteien..., a.a.O., S. 95, 100 f.

100) Zur Kritik des Grundsatzes der Sozialadäquanz etwa: Deutsch, Fahrlässigkeit und erforderliche Sorgfalt, S. 239 ff.

101) BVerfGE 20, S. 312, 318 f.

102) Die Differenzierung nach der Gewerkschaftszugehörigkeit, S. 74.

103) Leventis, Tarifliche Differenzierungsklauseln nach dem Grundgesetz und dem Tarifvertragsgesetz, S. 93 ff.

104) Radke, Das Bundesarbeitsgericht und die Differenzierungsklausel, in: ArbuR 1971, S. 4, 12.

105) Anderer Ansicht zu Unrecht: Hueck-Nipperdey, Lehrbuch des Arbeitsrechts, a.a.O., S. 167, Anm. 33, S. 168, Anm. 34.

106) Däubler, Das Grundrecht auf Mitbestimmung, S. 299 m.w.N.

107) Seit dem Elfes-Urteil BVerfG 16.1.1957, BVerfGE 6, S. 32.

108) Ritter, Urteilsanmerkung in JZ 1969, S. 112, 113.

109) Radke, Das Bundesarbeitsgericht und die Differenzierungsklausel in: ArbuR 1971, S. 4, 10 mit ausführlichen Hinweisen zur historischen Entwicklung des Koalitionsrechts.

110) Steinberg, Koalitionsfreiheit und tarifliche Differenzierungsklauseln, in: RdA 1975, S. 99.

111) BAG 1.3.1956, AP Nr. 1 zu § 4 TVG, Effektivklauseln.

112) BAG 14.2.1968, AP Nr. 7 zu § 4 TVG, Effektivklauseln.

113) Hanau/Adomeit, Arbeitsrecht, S. 61.

114) Zu den Einzelheiten s. Däubler, Das soziale Ideal des Bundesarbeitsgerichts, in: Streik und Aussperrung, S. 411, 432 ff.

115) BAG, Gr. Sen., 21.4.1971, AP Nr. 43 zu Art. 9 GG, Arbeitskampf.

116) BAG 4.5.1955, AP Nr. 2 zu Art. 9 GG, Arbeitskampf.

117) BAG, Gr. Sen., 21.4.1971, AP Nr. 43 zu Art. 9 GG.

118) Larenz, Methodenlehre der Rechtswissenschaft, S. 298 ff.

119) Bd. II, 1. Halbband, S. 125.

120) Bd. II, 1. Halbband, S. 480 f.

121) Steindorff, Wirtschaftliche Maßstäbe im Arbeitsrecht, in:
RdA 1965, S. 253, 256 ff. - Kittner, Parität im Arbeitskampf?,
in: GMH 1973, S. 91 ff. - Derselbe, Ökonomische, rechtliche
und strategische Aspekte gewerkschaftlicher Lohnpolitik, in:
GMH 1973, S. 400 ff. - Weiss, Arbeitskampfbedingte Störungen
in Drittbetrieben und Lohnanspruch der Arbeitnehmer, in:
ArbuR 1974, S. 37, 45 ff.

122) Esser, Vorverständnis und Methodenwahl in der Rechtsfindung,
S. 12, 199 f.

123) § 2, 1 c der DGB-Satzung von 1971; Präambel des Düsseldorfer
Grundsatzprogramms des DGB von 1963.

124) AP Nr. 1 zu Art. 9 GG, Arbeitskampf.

125) AP Nr. 32, Art. 9 GG, Arbeitskampf.

126) BAG, AP Nr. 13 zu Art. 9 GG.

127) Kittner, Ökonomische, rechtliche und strategische Aspekte
gewerkschaftlicher Lohnpolitik, in: GMH 1973, S. 400, 410.

128) U.a. Protokoll des 8. Ordentlichen Bundeskongresses des DGB
1969, Anträge 151 ff, S. 152. - Protokoll des 9. Ordentlichen
DGB-Kongresses 1972, Anträge 180 und 184 ff, S. 152 ff.

129) Protokoll des 8. Ordentlichen DGB-Kongresses, Antrag 154.

130) U.a. 8. Ordentlicher Bundeskongreß des DGB 1969, Antrag 151. -
9. Ordentlicher Bundeskongreß des DGB 1972, Antrag 180.

131) 10. Ordentlicher Bundeskongreß des DGB 1975, Anträge 160 ff,
S. 127 ff.

132) Zur Höhe der sog. Lohndrift in den verschiedenen Branchen:
u.a. Bergmann/Jacobi/Müller-Jentsch, Gewerkschaften in der
Bundesrepublik, S. 181 m.w.N..

133) S. § 1 des DGB-Entwurfs zur Änderung des Tarifvertragsgesetzes,
Dezember 1973.

134) BAG 26.5.1955, AP Nr. 6 zu § 3 TOA.

135) Farthmann, Tarifliche Sonderleistungen für Gewerkschaftsmit-
     glieder zulässig?, in: Gewerkschaftliche Umschau 1965, S. 217,
     218. - Vgl. auch BAG 20.7.1960, DB 1960, S. 1059: Kein Tarif-
     vertragslohn für Außenseiter.

136) Zöllner-Seiter, Paritätische Mitbestimmung und Art. 9 Abs. 3 G(
     in: ZfA 1970, S. 97, 122 ff. - Dagegen zutreffend: Raisch, Die
     Vereinbarkeit der paritätischen Mitbestimmung mit der in Art.
     Abs. 3 GG garantierten Koalitionsfreiheit, Rechtsgutachten
     1975, S. 68 ff.

137) Däubler, Das Grundrecht auf Mitbestimmung, S. 412.

138) Däubler, a.a.O., S. 414.

139) Zum Einzug von Gewerkschaftsbeiträgen durch den Arbeitgeber
     u.a. Farthmann, Rechtsprobleme zur Einziehung des Gewerk-
     schaftsbeitrags durch den Arbeitgeber, in: ArbuR 1963, S. 353,
     359 f.

140) Hanau/Adomeit, Arbeitsrecht, S. 51. - Däubler, a.a.O., S. 412.

141) Wolff, Verwaltungsrecht, Bd. 2, S. 393, 448.

142) Maunz/Düring/Herzog, Grundgesetz Art. 33, Rn. 69. - Hamann/
     Lenz, Kommentar zum Grundgesetz Art. 33, Anm. 7 b cc.

143) BVerfG 11.6.1958, BVerfGE 8, S. 37.

144) Z.B. Eine Differenzierung bei der Dienstpostenbewertung:
     BayVerfGH 14.4.1961, NJW 1961, S. 1203.

145) Hamann/Lenz, Kommentar zum Grundgesetz Art. 33 GG, Anm. 6.

146) BVerfG 11.6.1958, BVerfGE 8, S. 1, 16.

147) BVerfG 14.6.1960, BVerfGE 11, S. 215.

148) BVerfG 9.5.1961, BVerfGE 12, S. 326, 334.

149) Vgl. angenommener Antrag 232 an den 10. Ordentlichen DGB-
     Bundeskongreß, Hamburg 1975.

150) Zöllner, Tarifvertragliche Differenzierungsklauseln, S. 20.

151) Kritisch zu Recht: Weller, Zur Frage der Differenzierungs-
     klausel, in: ArbuR 1970, S. 161, 164.

152) Z.B. jüngstens wieder extrem restriktiv: Zöllner, Aussperrung
     und arbeitskampfrechtliche Parität, S. 30,31.

153) Vgl. u.a. Diskussionsbeitrag Farthmann, Verhandlungen des
     46. Deutschen Juristentages 1966, Bd. II, Sitzungsberichte,
     D 140.

154) Hueck/Nipperdey, Lehrbuch des Arbeitsrechts, a.a.O., S. 168 Anm. 34.

155) So aber Leber, Auswirkungen der Rechtsentwicklung contra Gewerkschaften, in: Der Grundstein Nr. 24 vom 29.11.1959.

156) Görs, Politische und didaktische Aspekte einer interessenbezogenen "Arbeitslehre/Polytechnik", in: WSI-Mitteilungen 1975, S. 294, 301.

157) BAG 29.11.1967, AP Nr. 13 zu Art. 9 GG, S. 20 R.

158) Zum Wertsystem: Jaeggi, Kapital und Arbeit in der Bundesrepublik, S. 207 ff.

159) S. Erster Teil, S. 28 ff.

160) Vgl. etwa die Situation bei der IG Bergbau und Energie, Erster Teil, S. 6 f.

161) Mitgeteilt von Nickel, Zum Verhältnis von Arbeiterschaft und Gewerkschaft, S. 122 f.

162) Auf die unterschiedlichen Gründe stellt auch ab: Willey, Die Wirkungen wirtschaftlichen Wandels auf den Organisationsgrad der DGB-Gewerkschaften, in: GMH 1971, S. 83 ff.

163) Handelsblatt vom 7.4.1975: Zu fremd - zu abstrakt.

164) Vgl. Schellhoss, Apathie und Legitimität, S. 11 f.

165) 42 % der jugendlichen Arbeitnehmer wußten mit der Gewerkschaft nichts anzufangen: Schellhoss, Apathie und Legitimität, S. 123. - Ferner Görs, Politische und didaktische Aspekte einer interessenbezogenen "Arbeitslehre/Polytechnik", in: WSI-Mitteilungen 1975, S. 294, 301.

166) S. Erster Teil, S. 17 ff.

167) So Külp, Streik und Streikdrohung, S. 54.

168) U.a. Wiedemann, Streik und Streikdrohung, S. 39.

169) Nickel, Zum Verhältnis von Arbeiterschaft und Gewerkschaft, S. 137.

170) Insofern richtig: Mückenberger/Welteke, Krisenzyklen, Einkommenspolitik und Arbeitsrechtsentwicklung in der BRD, in: KJ 1975, S. 1, 19 Anm. 46.

171) Die Quelle vom 4.4.1975, S. 181: Über 7,4 Millionen Mitglieder in DGB-Gewerkschaften.

172) BAG 29.11.1967, AP Nr. 13 zu Art. 9 GG.

173) Nickel, Zum Verhältnis von Arbeiterschaft und Gewerkschaft, S. 439.

174) Nochmals: Zur Differenzierung nach der Gewerkschaftszugehörigkeit, BB 1967, S. 45, S. 53.

175) Eickhof, Eine Theorie der Gewerkschaftsentwicklung, S. 37 ff.

176) Nickel, Zum Verhältnis von Arbeiterschaft und Gewerkschaft, S. 166 ff.

177) Van de Vall, Die Gewerkschaften im Wohlfahrtsstaat, S. 126 f.
Conert, Gewerkschaften heute - Ordnungsfaktor oder Gegenmacht?
S. 10.

178) Schellhoss, Apathie und Legitimität, S. 128. - Van de Vall, Die Gewerkschaften im Wohlfahrtsstaat, S. 127.

179) Eine Studie über das Angestelltenbewußtsein, in: Die Quelle 1975, S. 59, 61. - Schellhoss, Apathie und Legitimität, S. 174

180) Hierzu Schellhoss, Apathie und Legitimität, S. 174.

181) Die Differenzierung nach der Gewerkschaftszugehörigkeit, S. 35

182) Nickel, Zum Verhältnis von Arbeiterschaft und Gewerkschaft, S. 432.

183) Vgl. Hueck, Tarifausschlußklausel und verwandte Klauseln im Tarifvertragsrecht, S. 43.

184) U.a. Kluncker, Diskussionsbeitrag auf dem 10. Ordentlichen DGB-Bundeskongreß 1975 in Hamburg, s. Fünfter Teil.

185) Vgl. Kunze, Koalitionsfreiheit und Tarifautonomie aus der Sicht der Gewerkschaften, in: Duvernell (Hrsg.), Koalitionsfreiheit und Tarifautonomie als Problem der modernen Demokratie, Berlin 1968, S. 101, 109 f.

186) BVerfG 18.12.1974, 1 BvR 430/65, 1 BvR 259/66.

187) Interview im Handelsblatt vom 2.6.1972.

188) Die Differenzierung nach der Gewerkschaftszugehörigkeit, S. 62

189) U.a. Jaeggi, Kapital und Arbeit in der Bundesrepublik, S. 297 ff, 311.

190) Vgl. Van de Vall, Die Gewerkschaften im Wohlfahrtsstaat, S. 96

191) Letztlich Lappas, Es gibt kein Geheimnis um die Finanzen des DGB, in: Die Quelle 1975, S. 291.

192) Vetter, DGB und politische Parteien, in: GMH 1974, S. 201, 203

193) Die Differenzierung nach der Gewerkschaftszugehörigkeit, S. 29

194) A.a.O., S. 45.

195) Leventis, Tarifliche Differenzierungsklauseln nach dem Grundgesetz und dem Tarifvertragsgesetz, S. 109 f.

196) U.a.: Die Polemik der Arbeitgeberverbände: Auf dem Weg in den Gewerkschaftsstaat?, S. 13 ff.

197) Koubek, in: Quantitative und qualitative Aspekte der ökonomischen Konzentration und gesellschaftlichen Machtverteilung in der Bundesrepublik Deutschland, Sonderdruck der WWI-Mitteilungen und Gewerkschaftlichen Monatshefte, S. 272 m.w.N..

198) U.a. Hanau, Gemeinsame Einrichtungen von Tarifvertragsparteien als Instrument der Verbandspolitik, in: RdA 1970, S. 161.

199) Vgl. Gamillscheg, Die Differenzierung nach der Gewerkschaftszugehörigkeit, S. 100.

200) S. Erster Teil, S. 3 ff, 16 ff, 20 ff, 28 ff.

201) Gamillscheg, Die Differenzierung nach der Gewerkschaftszugehörigkeit, S. 101.

202) Unter 3 C k dieses Abschnitts.

203) Unter V 4 B c.

204) U.a. Mayer-Maly, Grundsatzfragen zum Berufsverbandsrecht, DB 1966, S. 821, 822.

205) S. Erster Teil, S. 28 ff.

206) BVerfG 18.12.1974, 1 BvR 430/65, 1 BvR 259/66.

207) Unter V 1 D.

208) Richtig: Gamillscheg, Die Differenzierung nach der Gewerkschaftszugehörigkeit, S. 12.

209) Merker, Einführung eines Solidaritätsbeitrags der Außenseiter?, DB 1960, S. 1127, 1128.

210) Insofern richtig: Merker, Nochmals Solidaritätsbeitrag, DB 1961, S. 202, 203. - Kritisch auch: Gefeller, Solidaritätsbeitrag ist nicht die Lösung, in: Gewerkschaftspost 1961, S. 3.

211) Hierzu genauer: Hessel, Die rechtliche Zulässigkeit von Tarifausschlußklauseln, DB 1960, S. 208.

Anmerkungen zum Dritten Teil:

1) Neben den weiter unten erwähnten Verbänden SGB, VSA, CNG und
   SVEA sind dies insbesondere der liberale Landesverband Freier
   Schweizer Arbeiter (LFSA, 18.ooo Mitglieder), der Föderativ-
   verband des Personals öffentlicher Verwaltungen und Betriebe,
   von dessen 10 Unterverbänden mit rd. 150.ooo Mitgliedern 7 Unter
   verbände dem SGB angehören, sowie eine Fülle von Kleinorgani-
   sationen. Vgl. Hardmeier, Die Gewerkschaften in der Schweiz:
   Entwicklung, Struktur, Aufgaben, Probleme, S. 472. - Vgl. außerdem Wagenführ/vom Hoff, Gewerkschaften (II), Einzelne Länder,
   S. 567 f.

2) Vgl. Hardmeier, a.a.O., S. 473. - Derselbe, Die schweizerischen
   Gewerkschaften, S. 3.

3) Kreis, Der Anschluß eines Außenseiters an den Gesamtarbeitsvertrag, S. 39 ff.

4) Ebenda, S. 37.

5) Hug, Koalitionsfreiheit und Tarifautonomie als Probleme der
   modernen schweizerischen Demokratie, S. 178. - Zanetti, Gewerkschaftsfreiheit und obligatorische Beiträge der nicht-organisier
   ten Arbeitnehmer, S. 200, definiert es für die Schweiz bereits
   als "Geist der Intoleranz" gegen den sozialpartnerschaftlichen
   Gewerkschaftspluralismus, daß bzw. wenn die Absicht der nume-
   risch stärkeren Gewerkschaften (also wohl insbesondere der
   SGB-Verbände) gegenüber den Minderheitsgewerkschaften (die vielfach ja regelrechte Splitterverbände sind und nicht im eigentlichen Sinne als Gewerkschaften zu bezeichnen sein dürften)
   dahin gehe, sich in den Betrieben und im Berufszweig eine Mono-
   polstellung zu verschaffen in der Hoffnung, vielleicht einmal
   zur Einheitsgewerkschaft zu gelangen.

6) Hardmeier, Die schweizerischen Gewerkschaften, S. 4.

7) Ebenda, S. 15. - Derselbe, Die Gewerkschaften in der Schweiz...,
   S. 472 f.

8) Vgl. zum folgenden Hug, a.a.O., S. 177 ff und Zanetti, a.a.O.,
   S. 201 ff.

9) Hug, a.a.O., S. 195. - Gleichwohl läßt sich aus der Schweizer
   Verfassung kein dem Gesamtarbeitsvertrag vorbehaltener Ordnungs-
   bereich, auch kein sog. Kernbereich der Tarifautonomie, ableiten
   Ebenfalls ist durch die "befriedete" Form der partnerschaftlich-
   pluralistischen Zusammenarbeit der Tarifvertragsparteien und
   deren gesetzliche Anerkennung der faktische Bereich der Tarifautonomie nicht erweitert worden, vgl. ebenda, S. 189 ff.

10) Zanetti, a.a.O., S. 215 f.

11) Hug, a.a.O., S. 192.

12) Während ein von den Gewerkschaften ausgeübter Organisations-
    zwang ausdrücklich als unzulässig erklärt ist, verbietet das
    schweizerische Recht dem Arbeitgeber nicht, die Einstellung
    eines Arbeitnehmers wegen Zugehörigkeit zu einer bestimmten
    Gewerkschaft abzulehnen oder ihm deswegen zu kündigen.
    Hier handelt es sich um einen offensichtlichen Mißbrauch des
    Kündigungsrechts, dem Rechtsprechung und Gesetzgebung in der
    Schweiz bislang nicht abgeholfen haben. Vgl. Hug, a.a.O.,
    S. 185 und Zanetti, a.a.O., S. 205.

13) Kreis, a.a.O., S. 155.

14) Ebenda, S. 64.

15) Ebenda, S. 171.

16) Ebenda, S. 182 ff. - Zanetti, a.a.O., S. 209 f.

17) Zanetti, a.a.O., S. 210.

18) Kreis, a.a.O., S. 202 ff. - Bielfeldt, Der Schweizer Solidari-
    tätsbeitrag, S. 273 f. - Bigler, Die schweizerischen Regelungen
    über die Solidaritätsbeiträge, S. 203 f.

19) Kreis, a.a.O., S. 205.

20) Ebenda, S. 197 f. - Bigler, a.a.O., S. 204 f.

21) Kreis, a.a.O., S. 198 ff.

22) Bielfeldt, a.a.O., S. 274.

23) Ebenda, S. 274.

24) Vgl. die Beschreibung der historischen Entwicklung der britischen
    und amerikanischen Gewerkschaftsbewegungen sowie die historische
    Schilderung von "positiven wirtschaftlichen Anreizen" zum Ge-
    werkschaftsbeitritt (ebenso wie die schweizerischen Gewerkschaf-
    ten sind auch die britischen und amerikanischen aus Selbsthilfe-
    und Sozialeinrichtungen der Arbeiter entstanden) und von "nega-
    tiven wirtschaftlichen Anreizen" zum Erwerb der Organisations-
    mitgliedschaft (verschiedene Arten des "Organisationszwangs")
    in den USA und Großbritannien bei Eickhof, Eine Theorie der Ge-
    werkschaftsentwicklung, S.121 ff und 170 ff.

25) Kahn-Freund, Koalitionsfreiheit und Tarifautonomie in Groß-
    britannien, S. 81.

26) Ebenda, S. 83.

27) Ebenda, S. 85. - Andererseits kann in Großbritannien unter gewissen Voraussetzungen ein einzelner (außenseiterischer) Arbeitgeber durch ein Schiedsverfahren, auf das dieser sich einlassen muß, zur Anwendung sonst allgemein anerkannter Bedingungen eines Kollektivabkommens gezwungen werden. Vgl. Dörr, Die Rechtsstellung der Gewerkschaften in verschiedenen nationalen Rechtsordnungen, S. 41.

28) Waschke, Das Tarifvertragswesen in Großbritannien, Irland und Dänemark, S. 95.

29) Ebenda, S. 95 f. - Vgl. auch Wagenführ/vom Hoff, a.a.O., S. 572

30) Waschke, a.a.O., S. 97.

31) Vgl. Feldengut, Die europäische Gewerkschaftsbewegung und die Europäische Gemeinschaft, S. 497.

32) Kahn-Freund, a.a.O., S. 83.

33) Vgl. auch Schacht/Unterseher, Das Tarifverhandlungssystem der Bundesrepublik, S. 81 f.

34) Kahn-Freund, a.a.O., S. 84.

35) Waschke, a.a.O., S. 96.

36) Roberts, Die Beziehungen zwischen Gewerkschaften und Regierung in Großbritannien, S. 480 f, 485.

37) Kahn-Freund, a.a.O., S. 88.

38) Dörr, a.a.O., S. 25.

39) Kahn-Freund, a.a.O., S. 88.

40) Ebenda, S. 91.

41) Vgl. Morstein Marx, Sozialpartnerschaft und politische Repräsentation in den Vereinigten Staaten, S. 59 ff. - Schacht/Unterseher, a.a.O., S. 83. - Ausführlicher Shell, Amerikanische Gewerkschaften als fortschrittliche Kraft?, S. 407 ff. - Eckstein, Amerikanische Gewerkschaften - Trends und Probleme, S. 367 ff. - Derselbe, Probleme der amerikanischen Gewerkschaftspolitik, S. 682 ff. - Vgl. relativierend Voss, Zur Situation der AFL/CIO, S. 670 ff. - Barnouin, Die Rolle der Gewerkschaften in der US-Politik und -Gesetzgebung, S. 503 ff. - Zuletzt jedoch beispielsweise aktuell: Hodos, Warum ein Stamm seine Stimme verkauft, in: Süddeutsche Zeitung vom 20.8.1975. - Metzner, Amerikas Teamsters: Tummelplatz für Verbrecher, in: Frankfurter Rundschau vom 29.8.1975. - Imhof, Kommt Licht in den mysteriösen Fall Hoffa?, in: Handelsblatt vom 10.9.1975.

42) Shell, a.a.O., S. 414 f.

43) Eckstein, a.a.O., S. 372.

44) Shell, a.a.O., S. 408.

45) Eckstein, a.a.O., S. 372; auch die große Bergarbeitergewerkschaft UMW befindet sich außerhalb des Dachverbandes. - Vgl. Barnouin, a.a.O., S. 504. - Vgl. auch Wagenführ/vom Hoff, a.a.O., S. 573 f.

46) Eckstein, a.a.O., S. 372.

47) Adam, Right to Work-Gesetze und Union Shop in den USA, S. 65.

48) Vgl. hierzu und zum folgenden ebenda, S. 65 ff. - Gewerkschaft Textil-Bekleidung (Hrsg.), Freiheit und Verantwortung, S. 80 ff. - Morstein Marx, a.a.O., S. 70 ff.

49) Adam, Right to Work-Gesetze ..., a.a.O., S. 65 f. - Derselbe, Gewerkschaftsbeiträge von Nichtmitgliedern in den USA zulässig, S. 52. - Vgl. zur amerikanischen union security mit ihren Konstruktionen des closed, union und agency shop des weiteren: Eickhof, a.a.O., S. 47 ff.

50) Morstein Marx, a.a.O., S. 72.

51) Brandwein, Die Unorganisierten und die Frage der "gewerkschaftlichen Sicherheit" in Amerika, S. 87.

52) Ebenda, S. 87.

53) Gewerkschaft Textil-Bekleidung (Hrsg.), a.a.O., S. 81. - Adam Right to Work-Gesetze, a.a.O., S. 66. - Derselbe, Gewerkschaftsbeiträge von Nichtmitgliedern, a.a.O., S. 52.

54) Derselbe, Right to Work-Gesetze, a.a.O., S. 66. - Brandwein, a.a.O., S. 87.

55) Gewerkschaft Textil-Bekleidung (Hrsg.), a.a.O., S. 87. - Ähnlich Brandwein, a.a.O., S. 87.

56) Gewerkschaft Textil-Bekleidung (Hrsg.), a.a.O., S. 87 ff. - Dörr, a.a.O., S. 36.

57) Brandwein, a.a.O., S. 87.

58) Adam, Gewerkschaftsbeiträge von Nichtmitgliedern, a.a.O., S. 53.

59) Eickhof, a.a.O., S. 48.

60) Dudra, Der Solidaritätsbeitrag der Außenseiter, S. 351.

61) Eickhof, a.a.O., S. 49.

62) Adam, Gewerkschaftsbeiträge von Nichtmitgliedern, a.a.O., S. 52.

63) Gewerkschaft Textil-Bekleidung (Hrsg.), a.a.O., S. 82.

64) Brandwein, a.a.O., S. 87.

65) Ebenda, S. 87.

66) Adam, Gewerkschaftsbeiträge für Nichtmitglieder, a.a.O., S. 53.
Ähnlich Brandwein, a.a.O., S. 87.

67) Ebenda, S. 87.

68) Eckstein, a.a.O., S. 372.

69) Dörr, a.a.O., S. 34 f.

70) de Gaay Fortman, Koalitionsfreiheit und Tarifautonomie als Probleme der modernen niederländischen Demokratie, S. 122.

71) Vgl. zum folgenden ebenda, S. 122.

72) Vgl. ebenda, S. 119.

73) Ebenda, S. 123. - Interessanterweise ist es in den Niederlanden auch möglich, einen Tarifvertrag für unverbindlich zu erklären, falls dies im öffentlichen Interesse liegt (vgl. ebenda, S. 123 Das Kollegium der Reichsschlichter, dem die Genehmigung jedes einzelnen Tarifvertrages obliegt, hat auch die Befugnis der Allg meinverbindlicherklärung und der Unverbindlicherklärung. Die Ver weigerung der Genehmigung eines Tarifvertrages durch das Reichs- schlichterkollegium ist, obwohl der entsprechende Tarifvertrag nicht in Kraft treten kann, noch keine eigentliche Unverbindlich erklärung. Ausdrücklich erfolgt letztere dann, wenn die Tarifpar teien einen nicht genehmigten Vertrag nicht mit den Abänderungen zu versehen bereit sind, die das Kollegium für notwendig erachte

74) Ebenda, S. 119 ff. - Vgl. auch Dörr, a.a.O., S. 45 ff.

75) de Gaay Fortman, a.a.O., S. 121. - Neben den drei genannten sind weitere kleinere Spitzenverbände, z.B. die liberale Niederländi- sche Gewerkschaftszentrale (NVC), die kommunistische Einheits- gewerkschaftszentrale (EVC), über deren Mitgliederzahl Genaueres nicht bekannt wird, sowie der Unabhängige Verband der Betriebs- organisationen (OVB), der hauptsächlich die Rotterdamer Hafen- arbeiter umfaßt: vgl. Wagenführ/vom Hoff, a.a.O., S. 569.

76) Van de Vall, Die Gewerkschaften im Wohlfahrtsstaat, S. 27, 56. - Feldengut, a.a.O., S. 497, gibt den nationalen niederländischen Organisationsgrad mit 35 vH an.

77) Dörr, a.a.O., S. 33.

78) Blanpain, Die Gewerkschaften und die Entwicklung der Beziehungen zwischen Gewerkschaften und Unternehmern in Belgien, S. 464. - Vgl. auch Feldengut, a.a.O., S. 497. - Wagenführ/vom Hoff, a.a.O S. 568 f.

79) Blanpain, a.a.O., S. 465.

80) Ebenda, S. 463 ff.

81) Ebenda, S. 465.

82) Ebenda, S. 466.

83) Gewerkschaft Textil-Bekleidung (Hrsg.), a.a.O., S. 104.

84) de Gaay Fortman, a.a.O., S. 123.

85) Vgl. Gewerkschaft Textil-Bekleidung (Hrsg.), a.a.O., S. 97 ff.

86) Dörr, a.a.O., S. 43. - Vgl. auch Blanpain, a.a.O., S. 463 ff.

87) Diese und die folgenden Ausführungen beruhen auf der Auswertung
einer Übersicht über die in Belgien per 1.12.1972 bestehenden
Fonds zur Existenzsicherung und die darin vereinbarten Sozialleistungen und Vorteilsregelungen. Vgl. Ministerie van tewerkstelling en arbeid (Hrsg.), Lijst van de Fondsen voor Bestaanszekerheid, met opgave van de toegekende voordelen, Hektografie.

88) Vgl. Blanpain, a.a.O., S. 467.

89) Ebenda, S. 467.

90) Ebenda, S. 468.

91) Meidner, Tarifautonomie und Einkommenspolitik - Probleme einer
demokratischen Vollbeschäftigungswirtschaft, S. 30.

92) Dörr, a.a.O., S. 37.

93) Waschke, a.a.O., S. 98.

94) Vgl. Meidner, a.a.O., S. 25.

95) Ebenda, S. 25.

96) Ebenda, S. 25.

97) Ebenda, S. 26.

98) Vgl. ebenda, S. 25.

99) Vgl. Waschke, a.a.O., S. 98.

00) Dörr, a.a.O., S. 43.

01) Vgl. hierzu z.B. Wersich, Neuere Tendenzen der Wirtschafts- und
Betriebsdemokratie in Schweden, S. 766 f. - Auch in Dänemark gibt
es ca. 15.000 gewerkschaftliche Betriebsobleute, die sich "im
allgemeinen zu echten Bindegliedern zwischen Arbeiterschaft,

Gewerkschaften und Betriebsleitungen" entwickelt haben und nicht Effektivlohnvertragsparteien im Betrieb sind; vgl. Waschke, a.a.O. S. 98.

102) Wersich, a.a.O., S. 766.

103) Meidner, a.a.O., S. 28.

104) Dörr, a.a.O., S. 37.

105) Wersich, a.a.O., S. 767.

106) Waschke, a.a.O., S. 98. - Feldengut, a.a.O., S. 497.

107) Ebenda, S. 497.

108) Wagenführ/vom Hoff, a.a.O., S. 571.

109) Pfromm, Einkommenspolitik und Verteilungskonflikt, S. 159. - Von Wersich, a.a.O., S. 764, wird der schwedische Organisationsgrad mit neun Zehnteln angegeben. - Feldengut, a.a.O., S. 497, nennt 85 vH.

110) Pfromm, a.a.O., S. 179. - Vgl. auch Wagenführ/vom Hoff, a.a.O., S. 571 f., die darauf hinweisen, daß die LO-Schweden von der sozialistischen Schwedischen Arbeiterpartei organisatorisch zwar getrennt ist, daß faktisch jedoch sehr wirksame Beziehungen bestehen, so z.B. in der Alimentierung des Kampffonds der sozialistischen Partei und in der Subventionierung der Verlagsgesellschaft der Arbeiterpresse durch die schwedische LO.

111) Pfromm, a.a.O., S. 179.

112) Vgl. zum Organisationsgrad anderer, hier nicht behandelter Länder Feldengut, a.a.O., S. 497. - Vgl. im übrigen zur Beschreibung der Gewerkschaften anderer Länder auch Wagenführ/vom Hoff, a.a.O. S. 562 ff. - Waschke, Gewerkschaften in Westeuropa, 1975.

113) Vgl. Pfromm, a.a.O., S. 158 ff.

114) Meidner, a.a.O., S. 30.

115) Wersich, a.a.O., S. 763.

116) Vgl. hierzu im weiteren Pöppel, Wilde Streiks in Schweden, S. 11 Derselbe, Zum Abschluß des Bergarbeiterstreiks in Kiruna, S. 498 ff.

117) Pöppel, Wilde Streiks in Schweden, S. 116.

118) Derselbe, Zum Abschluß des Bergarbeiterstreiks in Kiruna, S. 499

119) Derselbe, Wilde Streiks in Schweden, S. 116.

120) Derselbe, Zum Abschluß des Bergarbeiterstreiks in Kiruna, S. 500

121) Vgl. zum folgenden Pfromm, a.a.O., S. 167 ff und 187 ff. -
Pöppel, Beamtenstreik in Schweden, S. 242 ff. - Derselbe, Langwierige, aber erfolgreiche Tarifverhandlungen in Schweden, S.
638 f.

122) Vgl. Pfromm, a.a.O., S. 194.

123) Vgl. N.N., Wachsende Unrast auf dem schwedischen Arbeitsmarkt,
in: Neue Zürcher Zeitung vom 19.8.1975.

124) Ebenda.

Vierter Teil: Dokumentation

I. Übersichten

1. Anträge, Beschlüsse, Entschließungen auf Gewerkschaftstagen bzw. DGB-Kongressen

A. Allgemeine Übersicht

8 Anträge auf dem DGB-Kongreß 1975 (angenommen A 160)
9 Anträge auf dem DGB-Kongreß 1972 (angenommen A 180)
8 Anträge auf dem DGB-Kongreß 1969 (angenommen A 152, 155, 158)
IG Bau, Steine, Erden ab 1960 (insges. 18 Anträge)
IG Bergbau und Energie ab 1964 (3 Anträge, alle angenommen)
IG Chemie, Papier, Keramik ab 1966 (8 Anträge)
IG Druck und Papier ab 1965 (6 Anträge)
Gewerkschaft der Eisenbahner Deutschlands (1 Antrag)
Gewerkschaft Handel, Banken und Versicherungen (4 Anträge)
Gewerkschaft Holz und Kunststoff ab 1960 (insges. 23 Anträge)
IG Metall ab 1965 (2 Anträge: 1971 und 1974)
Gewerkschaft Nahrung, Genuß und Gaststätten ab 1966 (12 Anträge
Gewerkschaft Öffentliche Dienste, Transport u. Verkehr ab 1964
(18 Anträge)
Deutsche Postgewerkschaft (2 Anträge)
Gewerkschaft Textil-Bekleidung ab 1959 (insges. 12 Anträge)

B. DGB-Kongresse

10. Ordentlicher Kongreß, Hamburg 1975

Antrag Nr. 160   Gewerkschaft Textil-Bekleidung, angenommen
Antrag Nr. 161   Gewerkschaft Nahrung, Genuß und Gaststätten,
                 erledigt durch Annahme des Antrages Nr. 160
Antrag Nr. 162   Gewerkschaft Bau, Steine, Erden,
                 erledigt durch Annahme des Antrages Nr. 160
Antrag Nr. 164   Gewerkschaft Holz und Kunststoff,
                 erledigt durch Annahme des Antrages Nr. 160
Antrag Nr. 165   Landesbezirk Hessen,
                 erledigt durch Annahme des Antrages Nr. 160
Antrag Nr. 166   IG Bergbau und Energie,
                 erledigt durch Annahme des Antrages Nr. 160
Antrag Nr. 167   Deutsche Postgewerkschaft,
                 erledigt durch Annahme des Antrages Nr. 160

9. Ordentlicher Kongreß, Berlin 1972

Antrag Nr. 24   Gewerkschaft Leder,
                 angenommen als Material zu Antrag Nr. 22
Antrag Nr. 180   Gewerkschaft Handel, Banken und Versicherungen,
                 angenommen

Antrag Nr. 184   Gewerkschaft Textil-Bekleidung,
                  erledigt durch Annahme des Antrages Nr. 180
Antrag Nr. 185   Gewerkschaft Holz und Kunststoff,
                  erledigt durch Annahme des Antrages Nr. 180
Antrag Nr. 187   IG Bau, Steine, Erden,
                  erledigt durch Annahme des Antrages Nr. 180
Antrag Nr. 188   Landesbezirk Baden-Württemberg,
                  erledigt durch Annahme des Antrages Nr. 180
Antrag Nr. 190   IG Chemie, Papier, Keramik,
                  erledigt durch Annahme des Antrages Nr. 180
Antrag Nr. 191   Gewerkschaft Nahrung, Genuß, Gaststätten,
                  erledigt durch Annahme des Antrages Nr. 180

8. Ordentlicher Kongreß, München 1969

Antrag Nr. 152   Bundesvorstand, angenommen
Antrag Nr. 153   Landesbezirk Baden-Württemberg,
                  erledigt durch Annahme des Antrages Nr. 152
Antrag Nr. 154   Landesbezirk Nordrhein-Westfalen,
                  erledigt durch Annahme der Anträge 155 und 157
Antrag Nr. 155   Gewerkschaft Textil-Bekleidung, angenommen
Antrag Nr. 156   Landesbezirk Nordrhein-Westfalen,
                  erledigt durch Annahme der Anträge 155 und 157
Antrag Nr. 158   ÖTV, angenommen
Antrag Nr. 159   Deutsche Postgewerkschaft,
                  angenommen in Neufassung
Antrag Nr. 161   Landesbezirk Saar,
                  erledigt durch Annahme des Antrages Nr. 158

Gewerkschaftstage der DGB-Gewerkschaften

IG Bau, Steine, Erden ab 1960

Antrag Nr. E   15 (1960)   Gewerkschaftsbeirat, angenommen
Antrag Nr. A   44 (1969)   Bezirkstag Nordrhein, angenommen
Antrag Nr. A   45 (1969)   Verwaltungsstelle Giessen,
                        erledigt durch Annahme A 44
Antrag Nr. A 193 (1969)   Verwaltungsstelle Mainz,
                        erledigt durch Annahme A 44
Antrag Nr.   93 (1972)   Verwaltungsstelle Worms, angenommen
Antrag Nr.   94 (1972)   Bezirk Nordrhein,
                        erledigt durch Annahme des Antrages Nr. 93
Antrag Nr.   95 (1972)   Bezirk Bayern, erledigt
                        durch Annahme des Antrages Nr. 93
Antrag Nr.   96 (1972)   Bezirk Niedersachsen, erledigt
                        durch Annahme des Antrages Nr. 93
Antrag Nr.   97 (1972)   Verwaltungsstelle Hannover,
                        erledigt durch Annahme des Antrages Nr. 93
Antrag Nr.   98 (1972)   Verwaltungsstelle Hannover,
                        erledigt durch Annahme des Antrages Nr. 93
Antrag Nr.   99 (1972)   Verwaltungsstelle Kassel,
                        erledigt durch Annahme des Antrages Nr. 93
Antrag Nr.   100 (1972)   Bezirk Westfalen,
                        erledigt durch Annahme des Antrages Nr. 93
Antrag Nr.   101 (1972)   Bezirk Baden-Württemberg,
                        erledigt durch Annahme des Antrages Nr. 93

Antrag Nr. 102 (1972) Bezirk Rheinland-Pfalz-Saar,
                       erledigt durch Annahme des Antrages Nr. 93
Antrag Nr. 103 (1972) Bezirk Nordrhein,
                       erledigt durch Annahme des Antrages Nr. 93
Antrag Nr. 104 (1972) Verwaltungsstelle Saarbrücken,
                       erledigt durch Annahme des Antrages Nr. 93
Antrag Nr. 105 (1972) Bezirk Nordrhein,
                       erledigt durch Annahme des Antrages Nr. 93
Antrag Nr. 106 (1972) Verwaltungsstelle Aachen,
                       erledigt durch Annahme des Antrages Nr. 93

IG Bergbau und Energie ab 1964

Antrag Nr. 2 (Tarifpolitik) (1964) angenommen
Antrag Nr. 2 (Tarifpolitik) (1968) angenommen
Antrag Nr. 98 (Tarifpolitik) (1972) angenommen

IG Chemie, Papier, Keramik ab 1966

kein entsprechender Antrag auf dem 7. Ordentlichen Gewerkschafts-
tag in Dortmund 1966
Antrag Nr. 305 (1969) Verwaltungsstelle Saarbrücken,
                       erledigt durch Nr. 306
Antrag Nr. 306 (1969) Bezirksdelegiertenkonferenz Rheinland-Pfa
                       Saar, angenommen in veränderter Fassung
Antrag Nr. 307 (1969) 9. Ordentliche Bezirksdelegiertenkonferen
                       Bayern, erledigt durch Nr. 306
Antrag Nr. 308 (1969) 11. Bezirksdelegiertenkonferenz Westfalen
                       erledigt durch Nr. 306
Antrag Nr. 309 (1969) Bezirksdelegiertenkonferenz Nordrhein,
                       erledigt durch Nr. 306
Antrag Nr. 219 (1972) 10. Ordentliche Bezirksdelegiertenkonfere
                       Bayern, Material zu Antrag E 218, I
Antrag Nr. 220 (1972) 12. Bezirksdelegiertenkonferenz Westfalen
                       Material zu E 218, I
Antrag Nr. 221 (1972) 9. Ordentliche Bezirksdelegiertenkonferen
                       Baden-Württemberg, Material zu E 218, I

IG Druck und Papier ab 1965

Antrag Nr. 107 (1968) Landesbezirk Rheinland-Pfalz-Saar,
                       als Material der Tarifkommission überwies
Antrag Nr. 136 (1965) Landesbezirk Nordrhein-Westfalen,
                       als Ergänzung zum Beschluß über die Tarif
                       politik empfohlen
Antrag Nr. 146 (1965) Landesbezirk Nordmark,
                       als Material der Tarifkommission überwies
Antrag Nr. 148 (1965) Landesbezirk Rheinland-Pfalz-Saar,
                       als Material der Tarifkommission überwies

Antrag Nr. 312 (1974) Landesbezirk Niedersachsen,
                            angenommen in Neufassung
Antrag Nr. 313 (1974) Landesbezirk Berlin,
                            erledigt durch Antrag Nr. 312
Antrag Nr. 314 (1974) Bezirk Hamburg, Landesbezirk Nordmark,
                            erledigt durch 312
Antrag Nr. 330 (1971) Landesbezirk Baden-Württemberg,
                            angenommen

Gewerkschaft der Eisenbahner Deutschlands

Antrag Nr. 204 (1972) Ortsverwaltung Tübingen,
                            angenommen

Gewerkschaft Handel, Banken und Versicherungen

Antrag Nr. 250 (1972) Gewerkschaftsausschuß,
                            angenommen mit Ergänzung (Antrag Nr. 256)
Antrag Nr. 251 (1972) Gewerkschaftsausschuß,
                            angenommen
Antrag Nr. 254 (1972) Landesbezirkskonferenz Baden-Württemberg,
                            erledigt durch Antrag Nr. 250
Initiationsantrag
     Nr. 22 (1972) angenommen

Gewerkschaft Holz und Kunststoff ab 1960

Antrag Nr. 43 (1963) Bezirkstag Ostwestfalen-Lippe,
                            angenommen
Antrag Nr. 44 (1963) Bezirksstellentag Saarland,
                            zurückgenommen
Antrag Nr. 45 (1963) Stuttgart,
                            zurückgenommen
Antrag Nr.E 1 (1966) Bezirksstelle Saarland,
                            angenommen mit Neuformulierung
Antrag Nr.E 2 (1966) Bundesjugendkonferenz,
                            erledigt durch E 1
Antrag Nr.E 3 (1966) Detmold,
                            erledigt durch E 1
Antrag Nr.E 4 (1966) Bezirkstag Südbayern,
                            angenommen
Antrag Nr.A 37 (1969) Hauptvorstand,
                            angenommen
Antrag Nr.A 38 (1969) Darmstadt, angenommen
Antrag Nr.A 39 (1969) Bezirksstellentag Saarland,
                            erledigt durch A 38
Antrag Nr.A 40 (1969) Bundesjugendkonferenz,
                            erledigt durch A 38
Antrag Nr.A 3 (1973) Bezirkstag Schleswig-Holstein/Hamburg,
                            angenommen
Antrag Nr.A 4 (1973) Bezirkstag Ostwestfalen-Lippe,
                            als Material angenommen
Antrag Nr.A 5 (1973) Herford,
                            als Material angenommen
Antrag Nr.A 6 (1973) Bezirkstag Baden-Württemberg,
                            als Material angenommen

Antrag Nr. A 7 (1973)   Bezirksstellentag Saarland,
                         als Material angenommen
Antrag Nr. A 8 (1973)   Bezirkstag Bayern,
                         als Material angenommen
Antrag Nr. A 9 (1973)   Bezirksstellentag Berlin,
                         als Material angenommen
Antrag Nr. A 10 (1973)   Hamburg,
                         als Material angenommen
Antrag Nr. A 11 (1973)   Bezirkstag Nordbayern,
                         als Material angenommen
Antrag Nr. A 12 (1973)   Kiel,
                         als Material angenommen
Antrag Nr. A 13 (1973)   Bezirkstag Niedersachsen/Bremen,
                         als Material angenommen
Antrag Nr. A 14 (1973)   Worms, als Material angenommen

IG Metall ab 1965

Antrag Nr. 340 (1971)   Verwaltungsstelle München,
                         angenommen
Antrag Nr. 189 (1974)   Verwaltungsstelle Bamberg,
                         als Material angenommen

Gewerkschaft Nahrung, Genuß, Gaststätten ab 1966

Anträge   21 bis 24 (1966)   angenommen
Anträge 142 und 143 (1970)   angenommen
Anträge 107 und 114 (1974)   angenommen

Gewerkschaft Öffentliche Dienste, Transport und Verkehr ab 1964

Antrag Nr.   207 (1964)   Bezirkskonferenz Berlin,
                               erledigt durch Annahme von Antrag 20
Antrag Nr.   208 (1964)   Bezirkskonferenz Hessen,
                               erledigt durch 209
Antrag Nr.   209 (1964)   Kreisverwaltung Ennepe-Ruhr,
                               angenommen
Antrag Nr.IV/1/74   (1968)   Hauptvorstand,
                               als Material an HV zu Entschließung
                               IV/1/6
Antrag Nr.IV/1/75   (1968)   Kreisdelegiertenkonferenz Ennepe-Ruh
                               als Material an HV zu Entschließung
                               IV/1
Antrag Nr.IV/1/76   (1968)   Kreisdelegiertenkonferenz Hagen,
                               als Material an HV zu Entschließung
                               IV/1/6
Antrag Nr.IV/1/77   (1968)   Bezirkskonferenz Rheinland-Pfalz,
                               als Material an HV zu Entschließung
                               IV/1/6
Antrag Nr.IV/1/78   (1968)   Bezirkskonferenz Hessen,
                               als Material an HV zu Entschließung
                               IV/1/6

Antrag Nr. IV/1/79 (1968) Bezirkskonferenz Niedersachsen,
als Material an HV zu Entschließung
IV/1/6

Antrag Nr. IV/1/80 (1968) Kreisdelegiertenkonferenz Recklinghausen, als Material an HV zu Ent-
schließung IV/1/6

Antrag Nr. IV/1/81 (1968) Bezirkskonferenz NRW II,
als Material an HV zu Entschließung
IV/1/6

Antrag Nr. 119 (1972) Kreisdelegiertenkonferenz Ennepe-Ruhr,
angenommen mit Terminänderung

Antrag Nr. 165 (1972) Kreisdelegiertenkonferenz Ostfriesland,
Material zu Antrag Nr. 119

Antrag Nr. 166 (1972) Kreisdelegiertenkonferenz Fulda,
Material zu 119

Antrag Nr. 167 (1972) Kreisdelegiertenkonferenz Frankfurt/M.,
Material zu 119

Antrag Nr. 168 (1972) Bezirkskonferenz NRW II,
Material zu 118

Antrag Nr. 169 (1972) Bezirkskonferenz Hessen,
Material zu 119

Antrag Nr. 415 (1972) Bezirkskonferenz Niedersachsen,
Material zu 407

Deutsche Postgewerkschaft

Antrag Nr. 1 (1968) 9. Ordentl. Kongreß, Koblenz, angenommen
Antrag Nr. 293 (1974) 11. Ordentl. Kongreß, Hamburg, angenommen

Gewerkschaft Textil-Bekleidung ab 1959

Antrag Nr. 54 (1959) Verwaltungsstelle Mannheim-Heidelberg,
in abgeänderter Fassung angenommen

Antrag Nr. 86 (1961) Bezirk Baden-Württemberg,
die Anträge 86 - 94 wurden zusammengefaßt und in einer neuen Fassung einstimmig angenommen

Antrag Nr. 87 (1961) Verwaltungsstelle München
Antrag Nr. 88 (1961) Verwaltungsstelle Kassel
Antrag Nr. 89 (1961) Verwaltungsstelle Günzburg
Antrag Nr. 90 (1961) Verwaltungsstelle Tübingen
Antrag Nr. 91 (1961) Bezirk Südbayern
Antrag Nr. 92 (1961) Verwaltungsstelle Saarbrücken
Antrag Nr. 93 (1961) Verwaltungsstelle Ravensburg
Antrag Nr. 94 (1961) Verwaltungsstelle Augsburg
Antrag Nr. 33 (1963) Verwaltungsstelle Stuttgart,
einstimmig angenommen

Antrag Nr. 34 (1963) Verwaltungsstelle Heidenheim,
erledigt durch Annahme des Antrags
Nr. 33

Initiativantrag Nr. 5/Ta (1965) - 53 Delegierte, zurückgezogen,
1968 und 1971 keine entsprechenden An-
träge

2. Tarifverträge sowie Stellungnahmen der Gewerkschaften,
   die Differenzierungsklauseln tarifvertraglich vereinbart
   haben

Gewerkschaft Holz und Kunststoff, Hauptvorstand (Hrsg.),
Ein Schritt voran, Die Vorsorgekasse des deutschen Holzgewerbes, Idee und Meinungen, Düsseldorf 1965

Gewerkschaft Textil-Bekleidung (Hrsg.), Freiheit und Verantwortung, Gedanken und Argumente zur Lösung einer gesellschaftspolitisch bedeutsamen Frage, Düsseldorf 1965

Vereinbarung zwischen der Arbeitsgemeinschaft der Miederindustrie und der Gewerkschaft Textil-Bekleidung vom 27. Juni 1963
zur Errichtung des Vereins "Berufs- und Lebenshilfe für die Arbeitnehmer der Miederindustrie e.V." und der Stiftung "Berufs-
und Lebenshilfe".

Tarifvertrag zwischen dem Verband der saarländischen Textil-
und Lederindustrie und der Gewerkschaft Textil-Bekleidung vom
14.9.1963 zur Errichtung einer Kasse durch die Gewerkschaft
Textil-Bekleidung für ihre Mitglieder, deren Mittel für die
Erhaltung der Arbeitskraft sowie zur Förderung der Gesundheit
und Erholung verwandt wird.

Tarifvertrag zwischen dem Verband der saarländischen Textil-
und Lederindustrie e.V. und der Gewerkschaft Textil-Bekleidung
vom 25.10.1971 zur Errichtung eines "Vereins zur Förderung von
Gesundheit und Erholung der saarländischen Arbeitnehmer e.V."
als gemeinsame Einrichtung gem. § 4 TVG.

Tarifvereinbarung über die Errichtung eines Vereins und einer
Stiftung für die Arbeitnehmer der Miederindustrie zwischen der
Arbeitsgemeinschaft der Miederindustrie e.V. und der Gewerk-
schaft Textil-Bekleidung vom 25. März 1974 (s. ausgewählte
Texte).

Stiftung zur Förderung von Bildung und Erholung der Arbeitnehmer
in der Miederindustrie (Hrsg.), Grundsätze-Informationen-Ausblick,
Düsseldorf, 1974, 2. überarb. Auflage.

Tarifvertrag über die Errichtung einer "Zusatzversorgungskasse
für das Bäckerhandwerk" zwischen der Gewerkschaft Nahrung, Genuß,
Gaststätten und dem Zentralverband des Deutschen Bäckerhandwerks
vom 17.4.1970 (s. ausgewählte Texte).

Tarifvertrag über die Errichtung eines "Förderungswerkes für
die Beschäftigten im Bäckerhandwerk" zwischen der Gewerkschaft
Nahrung, Genuß, Gaststätten und dem Zentralverband des Deutschen
Bäckerhandwerks vom 17.4.1970 (s. ausgewählte Texte).

3. Politischer und rechtlicher Status quo bzw. Gesetzes-
änderungsvorschläge

DGB-Grundsatzprogramm von 1963 (s. ausgewählte Texte)

DGB-Entwurf zur Änderung des TVG vom Dezember 1973 (s. ausgewählte Texte)

Novellierungsvorschlag des TVG durch die SPD-Kommission "Tarifvertragsrecht"

4. Rechtsprechung zu Differenzierungsklauseln

Urteil des ArbG Düsseldorf vom 9.6.1965, abgedruckt in:
Gamillscheg, Die Differenzierung nach der Gewerkschaftszugehörigkeit, Berlin 1966, S. 166 ff.

Urteil des LAG Düsseldorf vom 1.9.1965 (Berufungsurteil),
abgedruckt in: Gamillscheg, a.a.O., S. 129 ff.

Beschluß des Gr. Sen. des BAG vom 29.11.1967 - GS 1/67 -,
AP Nr. 13 zu Art. 9 GG = BAGE 20, 175 ff. = ArbuR 1968,
25 ff. = JZ 1969, 105 ff.

Verfassungsbeschwerde der G TB gegen den Beschluß des Gr. Sen.
des BAG vom 29.11.1967, als unzulässig abgewiesen durch Beschluß des BVerfG vom 4.5.1971 - 1 BvR 761/67 = NJW 71, 1212.

5. Juristische Literatur

Arndt, Thesen zu Art. 9 Abs.3 GG, Recht und Rechtsleben in der
sozialen Demokratie, Festgabe für O. Kunze

Bötticher, Die gemeinsamen Einrichtungen der Tarifvertragsparteien, Heidelberg 1966

Bulla, Die rechtliche Zulässigkeit von Tarifverträgen über die
Begünstigung von gewerkschaftlichen Vertrauensleuten, BB 1975,889

Däubler, Das Grundrecht auf Mitbestimmung, Frankfurt a. M. 1973

Däubler/Mayer-Maly, Negative Koalitionsfreiheit?, Tübingen 1971

Deutsch, Fahrlässigkeit und erforderliche Sorgfalt, Köln-Berlin-
Bonn-München 1963

Dietz-Richardi, Betriebsverfassungsgesetz, 5. Aufl. München 1973

Dörr, Die Rechtsstellung der Gewerkschaften in verschiedenen nationalen Rechtsordnungen, Deutscher Gewerkschaftsbund (Hrsg.), Gewerkschaften im Aufbau der Gesellschaft. Elftes Europäisches Gespräch in Recklinghausen, Köln 1963, 25

Duvernell (Hrsg.), Koalitionsfreiheit und Tarifautonomie als Probleme der modernen Demokratie, Berlin 1968

Esser, Vorverständnis und Methodenwahl in der Rechtsfindung, Frankfurt a. Main 1970

Farthmann/Hensche, Die gemeinsamen Einrichtungen der Tarifvertragsparteien aus der Sicht der Arbeitnehmerseite, Das Urteilsrecht der Gegenwart, Bd. 9, 1972, 95

Farthmann, Tarifliche Sonderleistungen für Gewerkschaftsmitglieder zulässig?, Gewerkschaftliche Umschau, Zeitschrift der IG Chemi Papier-Keramik 12/1965, 217

Farthmann, Rechtsprobleme zur Einziehung des Gewerkschaftsbeitrages durch den Arbeitgeber, ArbuR 1963, 353

Fechner, Rechtsgutachten zur Vorsorgekasse des Deutschen Holzgewerbes

Fitting-Auffarth-Kaiser, Betriebsverfassungsgesetz, 11. Auflage, München 1974

Föhr, Willensbildung in den Gewerkschaften und Grundgesetz, West-Berlin 1974

Forsthoff, Lehrbuch des Verwaltungsrechts, 1. Bd., Allgemeiner Teil, München und Berlin 1966

Gamillscheg, Die Differenzierung nach der Gewerkschaftszugehörigkeit, Berlin 1966

Gamillscheg, Nochmals: Zur Differenzierung nach der Gewerkschaftszugehörigkeit, BB 1967, 45

Georgi, Die Zulässigkeit von Differenzierungs- und Tarifausschlußklauseln in Tarifverträgen, Diss. Köln 1971

Gewerkschaft Öffentliche Dienste, Transport und Verkehr, Modernisierung im öffentlichen Dienst, Einheitliches Personalrecht, 1974

Gumpert, Tarifaussenseiter und Tarifausschlußklauseln, DB 1960, 100

Hamann-Lenz, Das Grundgesetz für die Bundesrepublik Deutschland vom 23. Mai 1949, Kommentar, 3. Aufl. Neuwied und Berlin 1970

Hanau, Gemeinsame Einrichtungen von Tarifvertragsparteien als Instrument der Verbandspolitik, RdA 1970, 161

Hanau/Adomeit, Arbeitsrecht, Frankfurt a. Main 1972

Herschel, Die tarifrechtliche Problematik, in: Duvernell (Hrsg.), Koalitionsfreiheit und Tarifautonomie als Probleme der modernen Demokratie, Berlin 1968, 33

Hessel, Die rechtliche Zulässigkeit von Tarifausschlußklauseln, DB 1960, 208

Heußner, Die Sicherung der Koalition durch sogenannte Solidaritätsbeiträge der Nichtorganisierten, RdA 1960, 295

Hueck, Tarifausschlußklausel und verwandte Klauseln im Tarifvertragsrecht, München und Berlin 1966

Hueck-Nipperdey, Lehrbuch des Arbeitsrechts, 7. Aufl., Berlin und Frankfurt a. Main, 1963 - 1970

Kettner, Die gemeinsamen Einrichtungen der Tarifvertragsparteien aus der Sicht der Arbeitgeberseite, Das Arbeitsrecht der Gegenwart, Bd. 9, 1972, 85

Kunze, Koalitionsfreiheit und Tarifautonomie aus der Sicht der Gewerkschaften, in: Duvernell (Hrsg.), Koalitionsfreiheit und Tarifautonomie als Probleme der modernen Demokratie, Berlin 1968, 101

Larenz, Methodenlehre der Rechtswissenschaft, 3. Aufl., Berlin/ Heidelberg/New York 1975

Leber, Auswirkung der Rechtsentwicklung contra Gewerkschaften, Der Grundstein Nr. 24, 1959

Leventis, Tarifliche Differenzierungsklauseln nach dem Grundgesetz und dem Tarifvertragsgesetz, Berlin 1974

Meinz-Dürig-Herzog, Grundgesetz Kommentar, München 1973

Merker, Einführung eines Solidaritätsbeitrages der Aussenseiter?, DB 1960, 1127

Merker, Nochmals der Solidaritätsbeitrag, DB 1961, 202

Mückenberger/Welteke, Krisenzyklen, Einkommenspolitik und Arbeitsrechtsentwicklung in der BRD, KJ 1975, 1

Radke, Das Bundesarbeitsgericht und die Differenzierungsklausel, ArbuR 1971, 4

Raisch, Die Vereinbarkeit der paritätischen Mitbestimmung mit der in Art. 9 Abs. 3 GG garantierten Koalitionsfreiheit, Rechtsgutachten 1975

Reuß, Der Streit im Differenzierungsklauseln, ArbuR 1969, 33

Ritter, Urteilsanmerkung JZ 1969, 111

Steinberg, Koalitionsfreiheit und tarifliche Differenzierungsklauseln, RdA 1975, 99

Steindorff, Wirtschaftliche Maßstäbe im Arbeitsrecht, RdA 1965,
253

Tigges, Besserstellung der Organisierten, Gewerkschaftliche
Umschau, Zeitschrift der IG Chemie-Papier-Keramik 12/1965, 240

Verhandlungen des 46. Deutschen Juristentages, Essen 1966,
München und Berlin 1966

Weiss, Arbeitskampfbedingte Störungen in Drittbetrieben und
Lohnanspruch der Arbeitnehmer, ArbuR 1974, 37

Weller, Zur Frage der Differenzierungsklausel, ArbuR 1970, 161

Wolff, Verwaltungsrecht Bd. 2, 2. Aufl., München und Berlin 1967

Zanetti, Gewerkschaftsfreiheit und obligatorische Beiträge der
nichtorganisierten Arbeitnehmer, ArbuR 1973, 77, Gewerkschaftliche
Rundschau (Schweiz) 1973, 193

Zöllner, Arbeitsrecht und Politik, DB 1970, 54

Zöllner, Tarifvertragliche Differenzierungsklauseln, Düsseldorf
1967

Zöllner, Aussperrung und arbeitskampfrechtliche Parität, Düsseldorf 1974

Zöllner-Seiter, Paritätische Mitbestimmung und Art. 9 Abs. 3
Grundgesetz, ZfA 1970, 97

6. Sozialwissenschaftliche Literatur

Abendroth, Zur Funktion der Gewerkschaften in der westdeutschen
Demokratie in: Sultan/Abendroth, Bürokratischer Verwaltungsstaat
und soziale Demokratie, Frankfurt a. Main, o.J., 59

Adam, Gewerkschaftsbeiträge von Nichtmitgliedern in den USA
zulässig, Gewerkschaftliche Monatshefte 1/1964, 52

Adam, Right to Work-Gesetze und Union Shop in den USA, Gewerkschaftliche Rundschau, Monatsschrift des Schweizerischen Gewerkschaftsbundes, 2/1961, 65

Apel/Ludz, Philosophisches Wörterbuch, Fünfte Auflage, West-Berlin
1958

Bahrdt, Gewerkschaften in einer Gesellschaft des Übergangs, Festschrift für Otto Brenner, Frankfurt a. Main, 1967, 33

Barnouin, Die Rolle der Gewerkschaften in der US-Politik und -Gesetzgebung, Gewerkschaftliche Monatshefte 8/1975, 503

Bell, Eine Studie über das Angestelltenbewußtsein, Die Quelle 2/1975, 59

Bergmann/Jacobi/Müller-Jentsch, Gewerkschaften in der Bundesrepublik, Köln 1975

Bielfeldt, Der Schweizer Solidaritätsbeitrag, Gewerkschaftliche Monatshefte 5/1961, 270

Bigler, Die Zusammenarbeit zwischen den schweizerischen Arbeitgebern und Arbeitnehmern, Gewerkschaftliche Rundschau, Monatsschrift des Schweizerischen Gewerkschaftsbundes 5/1961, 138

Bigler, Die schweizerischen Regelungen über die Solidaritätsbeiträge, Gewerkschaftliche Rundschau, Monatsschrift des Schweizerischen Gewerkschaftsbundes 7/1961, 201

Bilstein, Innergewerkschaftliche Demokratie als Bedingung für sozialen Wandel, in: Gewerkschaftstheorie heute, Referate und Diskussionsbeiträge einer öffentlichen Tagung der DGB-Bundes-Schule Bad Kreuznach vom 23. - 25. März 1970, 22

Blanpain, Die Gewerkschaften und die Entwicklung der Beziehungen zwischen Gewerkschaften und Unternehmern in Belgien, Gewerkschaftliche Monatshefte 8/1975, 461

Brandwein, Die Unorganisierten und die Frage der "gewerkschaftlichen Sicherheit" in Amerika, Freigewerkschaftliche Nachrichten 11/1962, 87

Braun/Fuhrmann, Angestelltenmentalität. Berufliche Position und gesellschaftliches Denken der Industrieangestellten, Neuwied-Berlin, 1970

Brenner, Strategie und Taktik der Gewerkschaften im gegenwärtigen Stadium der gesellschaftlichen Entwicklung in: Frankfurter Hefte, Zeitschrift für Kultur und Politik, 11/1968

Brock, Hauptphasen der Gewerkschaftspolitik nach 1945, in: Gewerkschaften am Kreuzweg, Ausgewählte Beiträge aus den Arbeitsheften der Sozialwissenschaftlichen Vereinigung, West-Berlin 1973, 31

Bundesverband der deutschen Arbeitgeberverbände (Hrsg.), Auf dem Weg in den Gewerkschaftsstaat?, Köln 1974

Conert, Gewerkschaften heute - Ordnungsfaktor oder Gegenmacht?, 10

Crusius/Wilke, Elemente einer Theorie der Gewerkschaften im
Spätkapitalismus, West-Berlin 1971

Deutscher Gewerkschaftsbund, Protokoll vom 29. Mai 1975 des
10. Ordentlichen Bundeskongresses des DGB in Hamburg, 181

DGB (Hrsg.), Organisationswirklichkeit und Organisationsmög-
lichkeit, Zusammenfassende Auswertung einer Befragung der Landes-
bezirke und Kreise des DGB im Auftrage des DGB-Bundesvorstands,
Abteilung Vorsitzender, unveröffentlichtes Manuskript

Dudra, Der Solidaritätsbeitrag der Außenseiter, Gewerkschaftliche
Rundschau, Monatsschrift des Schweizerischen Gewerkschaftsbundes,
12/1960, 337

Duvernell (Hrsg.), Koalitionsfreiheit und Tarifautonomie als
Probleme der modernen Demokratie, Berlin 1968

Eckstein, Amerikanische Gewerkschaften - Trends und Probleme,
Gewerkschaftliche Monatshefte 6/1971, 367

Eckstein, Probleme der amerikanischen Gewerkschaftspolitik, Gewerkschaftliche Monatshefte, 1973, 682

Eickhof, Warum der Mitgliedsbestand sinkt, Wirtschaftswoche
Nr. 37 vom 15.9.1972, 59

Eickhof, Mitgliedschaft bei Gewerkschaften, Hamburger Jahrbuch
für Wirtschafts- und Gesellschaftspolitik, 18. Jg. 1973, 167

Eickhof, Eine Theorie der Gewerkschaftsentwicklung, Tübingen 1973

Engelhardt, Zur Theorie der Gewerkschaftsentwicklung - Bespre-
chungsaufsatz, WSI-Mitteilungen 12/1974, 491

Fabian, Bemerkungen zur ausserparlamentarischen Funktion der Gewerkschaften im demokratischen Staat, Festschrift für Otto Brenner
Frankfurt a. M. 1967, 63

Feldengut, Die europäische Gewerkschaftsbewegung und die Europäische Gemeinschaft, Gewerkschaftliche Monatshefte 8/1975, 496

de Gaay Fortmann, Koalitionsfreiheit und Tarifautonomie als
Probleme der modernen niederländischen Demokratie, in: Duvernell
(Hrsg.), Koalitionsfreiheit und Tarifautonomie als Probleme der
modernen Demokratie, Berlin 1968, 119

Gefeller, Solidaritätsbeitrag ist nicht die Lösung, Gewerkschaftspost 1961, 3

Gewerkschaft Textil-Bekleidung (Hrsg.), Freiheit und Verantwortung
Gedanken und Argumente zur Lösung einer gesellschaftspolitisch
bedeutsamen Frage, Düsseldorf 1965

Görs, Politische und didaktische Aspekte einer interessenbezogenen "Arbeitslehre/Polytechnik", WSI-Mitteilungen 1975, 294

Görs, Bildungsurlaub als Teilelement der Bildungsreform, WSI-Mitteilungen 1974, 167

Hardmeier, Die Gewerkschaften in der Schweiz: Entwicklung, Struktur, Aufgaben, Probleme, Gewerkschaftliche Monatshefte 8/1975, 469

Hardmeier, Die schweizerischen Gewerkschaften, Schweizerische Kurse für Personalfragen, Arbeitgeber- und Arbeitnehmerbeziehungen, hektografiertes Manuskript

Hauenschild, Das Industriegewerkschaftsprinzip und der Strukturwandel in unserer Zeit, Referat auf der Angestellten-Tagung des Bezirks Nordmark-Berlin am 30. Mai 1970 in Lübeck

Hauptvorstand der IG Druck und Papier, Rolle und Aufgaben der Gewerkschaften im letzten Viertel des zwanzigsten Jahrhunderts, Stuttgart 1974

Heinz, Betriebsrat und Vertrauensleute im Betrieb, Arbeitsheft 007 der IG Metall, 1973, 77

Hirsch, Die öffentlichen Funktionen der Gewerkschaften, Stuttgart 1966

Hirsch-Weber, Die Gewerkschaften: Interessengruppen oder soziale Bewegung? in: Gewerkschaft in Wirtschaft und Gesellschaft, Köln 1963, 275

Hodos, Warum ein Stamm seine Stimme verkauft, Süddeutsche Zeitung vom 20.8.1975

Hug, Koalitionsfreiheit und Tarifautonomie als Probleme der modernen schweizerischen Demokratie, in: Duvernell (Hrsg.), Koalitionsfreiheit und Tarifautonomie als Probleme der modernen Demokratie, Berlin 1968, 177

Imhof, Kommt Licht in den mysteriösen Fall Hoffa?, Handelsblatt vom 10.9.1975

Industriegewerkschaft Chemie, Papier, Keramik, Umschau Dokumentation, Einlage in: Gewerkschaftliche Umschau 5/1974, 1(Arbeitspapier, erstellt auf der Bundesarbeitstagung der IG CPK im Oktober 1974 in Nürnberg)

INFAS-Untersuchung des Instituts für angewandte Sozialwissenschaft, Bonn-Bad Godesberg, im Auftrage des DGB-Bundesvorstands von 1965; Gewerkschaft und Mitglieder, Bad Godesberg, 1965

Jaeggi, Kapital und Arbeit in der Bundesrepublik, Frankfurt 1973

Kahn-Freund, Koalitionsfreiheit und Tarifautonomie in Großbritannien, in: Duvernell (Hrsg.), Koalitionsfreiheit und Tarifautonomie als Probleme der modernen Demokratie, Berlin 1968, 79

Kittner, Parität im Arbeitskampf?, Gewerkschaftliche Monatshefte 1973, 91

Kittner, Ökonomische, rechtliche und strategische Aspekte gewerkschaftlicher Lohnpolitik, Gewerkschaftliche Monatshefte 1973, 400

Kreis, Der Anschluß eines Außenseiters an den Gesamtarbeitsvertrag, Zürich 1973

Külp, Streik und Streikdrohung, Berlin 1969

Lappas, Es gibt kein Geheimnis um die Finanzen des DGB, Die Quelle 1975, 291

Leber, Die Notwendigkeit eines Vorteilsausgleiches für nichtorganisierte Arbeitnehmer, Sozialer Fortschritt 3/1961, 49

Leber, Wer nicht sät, soll nicht ernten!, Welt der Arbeit Nr. 1/1960

Leminsky, Die Zukunft der Gewerkschaften in der Wohlstandsgesellschaft, in: Qualität des Lebens, Bd. 9: Zukunft der Gewerkschaften, Beiträge zur vierten internationalen Arbeitstagung der Industriegewerkschaft Metall für die Bundesrepublik Deutschland 1972 in Oberhausen, Frankfurt a. Main - Köln 1974, 11

Leminsky/Otto, Politik und Programmatik des Deutschen Gewerkschaftsbundes, Köln 1974

Limmer, Die deutsche Gewerkschaftsbewegung, München-Wien 1970

Lindner, Die Entwicklung der Mitgliederzahlen in den Gewerkschaften der Bundesrepublik Deutschland bis 1985, Bonn 1975

Lindner, 1985: Neun Millionen DGB-Mitglieder, Der Gewerkschafter, Funktionärszeitschrift der IG Metall, Nr. 11/1975, auch abgedruckt in: Gewerkschaftliche Praxis 6/7 1975, 145

Lindner, Angestellte - Frauen: Die Mitgliedszahlen steigen, in: Der Gewerkschafter, Funktionärszeitschrift der IG Metall Nr. 12/197

Lübbert, Lohnpolitik ohne Lohntheorie, Hamburger Jahrbuch für Wirtschafts- und Gesellschaftspolitik 1967, 70

Mayer, Theorien zum Funktionswandel der Gewerkschaften, Frankfurt/M 1973

Meidner, Tarifautonomie und Einkommenspolitik - Probleme einer demokratischen Vollbeschäftigungswirtschaft, in: Duvernell (Hrsg.), Koalitionsfreiheit und Tarifautonomie als Probleme der modernen Demokratie, Berlin 1968, 19

Metzner, Amerikas TEAMSTERS: Tummelplatz für Verbrecher, Frankfurter Rundschau, 29.8.1975

Ministerie van tewerkstelling en arbeid (Hrsg.) Lijst van de Fondsen voor Bestaanszekerheid met opgave van de toegekende voordelen, Hektografie, 1972

Morstein Marx, Sozialpartnerschaft und politische Repräsentation in den Vereinigten Staaten, in: Duvernell (Hrsg.), Koalitionsfreiheit und Tarifautonomie als Probleme der modernen Demokratie, Berlin 1968, 59

Nickel, Zum gegenwärtigen Verhältnis von Arbeiterschaft und Gewerkschaft, Gewerkschaftliche Monatshefte 8/1973, 478

Nickel, Zum Verhältnis von Arbeiterschaft und Gewerkschaft, Eine soziologische Untersuchung über die qualitative Struktur der Mitglieder und des Mitgliederpotentials der Gewerkschaften in der BRD, Köln 1972

Nickel, Das Bild von der Gewerkschaft, Das Mitbestimmungsgespräch 3/1975, 51

Oertzen, von, Die Gewerkschaften am Kreuzweg, Diskussion des Grundsatzprogramm-Entwurfs 1962, in: Gewerkschaften am Kreuzweg, Ausgewählte Beiträge aus den Arbeitsheften der Sozialwissenschaftlichen Vereinigung West-Berlin 1973, 92

Opel, Gewerkschaften zwischen Integration und Evolution, Festschrift für Otto Brenner, Frankfurt a. M. 1967, 51

Pfromm, Einkommenspolitik und Verteilungskonflikt, Köln 1975

Pizzorno, Zukunftsaussichten der Gewerkschaft in der Gesellschaft des organisierten Kapitalismus, in: Qualität des Lebens, Bd. 9: Zukunft der Gewerkschaften, Beiträge zur vierten internationalen Arbeitstagung der Industriegewerkschaft Metall für die Bundesrepublik Deutschland 1972 in Oberhausen, Frankfurt/M. - Köln 1974,45

Pöppel, Wilde Streiks in Schweden, Gewerkschaftliche Monatshefte 2/1970, 116

Pöppel, Zum Abschluß des Bergarbeiterstreiks in Kiruna, Gewerkschaftliche Monatshefte 8/1970, 498

Pöppel, Beamtenstreik in Schweden, Gewerkschaftliche Monatshefte 4/1971, 242

Pöppel, Langwierige aber erfolgreiche Tarifverhandlungen in Schweden, Gewerkschaftliche Monatshefte 10/1971, 638

Radke, Zu den Thesen von Pimenow und Gorz, in: Qualität des Lebens, Bd. 9: Zukunft der Gewerkschaften, Beiträge zur vierten internationalen Arbeitstagung der Industriegewerkschaft Metall für die Bundesrepublik Deutschland 1972 in Oberhausen, Frankfurt/M. -

Risse, Die Gewerkschaften als Interessenverband,in: Horné (Hrsg.),
Zwischen Stillstand und Bewegung, Frankfurt a. M. 1965, 65

Roberts, Die Beziehungen zwischen Gewerkschaften und Regierung
in Großbritannien, Gewerkschaftliche Monatshefte 8/1975, 478

Schacht/Unterseher, Das Tarifverhandlungssystem der Bundesrepublik, in: Meißner/Unterseher (Hrsg.), Verteilungskampf und
Stabilitätspolitik, Stuttgart-Berlin-Köln-Mainz 1972, 79

Schellhoss, Apathie und Legitimität, Das Problem der neuen Gewerkschaft, München 1967

Schmidt, Rollenkonflikte eines Gewerkschafters im politischen
System der Bundesrepublik, in: Liesegang (Hrsg.),Gewerkschaften
in der Bundesrepublik Deutschland, Berlin/New York 1975, 73

Schmidt, Ordnungsfaktor oder Gegenmacht, Die politische Rolle
der Gewerkschaften, Frankfurt 1971

Schranz, Der Aufbau der österreichischen Gewerkschaftsbewegung,
Gewerkschaftliche Monatshefte 12/1970, 755

Schröder, IG Metall verschreckt die "Trittbrettfahrer", in:
Handelsblatt vom 7.3.1974

Seifert, Gegenmacht in der Verfassungsordnung, Festschrift
für Otto Brenner, Frankfurt a. M. 1967, 75

Shell, Amerikanische Gewerkschaften als fortschrittliche Kraft?,
Gewerkschaftliche Monatshefte 7/1970, 407

Széplábi, Das Gesellschaftsbild der Gewerkschaften, Bonner Beiträge zur Soziologie Bd. 13, Stuttgart 1973

van de Vall, Die Gewerkschaften im Wohlfahrtsstaat, Köln und
Opladen 1966

Vetter, Die Bedeutung des DGB-Grundsatzprogramms für die Politik
der deutschen Gewerkschaftsbewegung,in: Gewerkschaftstheorie heute
Referate und Diskussionsbeiträge einer öffentlichen Tagung der
DGB-Bundesschule Bad Kreuznach vom 23. - 25. März 1970, 9

Vetter, Rede auf dem 3. außerordentlichen Bundeskongreß des
Deutschen Gewerkschaftsbundes vom 14./15. Mai 1971 in Düsseldorf,
maschinenschriftlich,auch abgedruckt in: DGB-Nachrichtendienst
vom 12.5.1971, Gewerkschaftsspiegel 11/1971 und Gewerkschaftliche
Monatshefte 6/1971, 322

Vetter, Gewerkschaften als Schutzverband und politische Bewegung,
Gewerkschaftsspiegel Nr. 16/1971

Vetter, DGB und politische Parteien, Gewerkschaftliche Monatshefte
1974, 201

Voss, Zur Situation der AFL/CIO, Gewerkschaftliche Monatshefte 1973, 670

Wagenführ/vom Hoff, Gewerkschaften (II) Einzelne Länder, Handwörterbuch der Sozialwissenschaften Bd. 4, Stuttgart - Tübingen - Göttingen 1965, 562

Wallraff, Funktionswandel der Gewerkschaften, in: Gewerkschaftstheorie heute, Referate und Diskussionsbeiträge einer öffentlichen Tagung der DGB-Bundesschule Bad Kreuznach vom 23. - 25. März 1970,51

Waschke, Das Tarifvertragswesen in Großbritannien, Irland und Dänemark, Wirtschaftsdienst 2/1975, 95

Waschke, Gewerkschaften in Westeuropa, Köln 1975

Weingart, Zukunft der Gewerkschaften oder Gewerkschaften der Zukunft?, Gewerkschaftliche Monatshefte 4/1971, 226

Wersich, Neuere Tendenzen der Wirtschafts- und Betriebsdemokratie in Schweden, Gewerkschaftliche Monatshefte 12/1971, 763

Wiedemann, Streik und Streikdrohung, Herford-Bonn 1971

Willey, Die Wirkungen wirtschaftlichen Wandels auf den Organisationsgrad der DGB-Gewerkschaften, Gewerkschaftliche Monatshefte 1971,83

Witt, IG Metall lehnt Plan des DGB ab, in: Kölner Stadtanzeiger vom 12.1.1973

II. Ausgewählte Texte

1. Auszug aus der Präambel des DGB-Grundsatzprogramms,
   Düsseldorf 1963:

"Als gemeinsame Organisation der Arbeiter, Angestellten
und Beamten nehmen der DGB und die in ihm vereinten
Gewerkschaften die wirtschaftlichen, sozialen und kulturellen
Interessen aller Arbeitnehmer und ihrer Familien wahr und
dienen den Erfordernissen des Gesamtwohls. Der Zusammenschluß
aller Gruppen der Arbeitnehmerschaft in dieser Organisations-
form bietet die sichere Gewähr, daß sowohl die speziellen
Interessen der Arbeiter, Angestellten oder Beamten als auch
ihre gemeinsamen Anliegen erfolgreich vertreten werden können"
(S. 3).

"Der Deutsche Gewerkschaftsbund ruft alle noch abseits
stehenden Arbeitnehmer auf, durch ihre Mitarbeit in den
Gewerkschaften an der sozialen Ausgestaltung und Festigung
der Demokratie und an dem Aufbau einer gerechten Wirtschafts-
und Gesellschaftsordnung mitzuwirken" (S. 5).

2. Auszug aus der Diskussion des 10. Ordentlichen DGB-Kongresses, Hamburg 1975 (Tagesprotokoll vom 29.5.1975; vgl. Protokoll des 10. Ordentlichen Bundeskongresses des DGB 1975 in Hamburg, S. 296 ff.)

Kurt Georgi, Sprecher der Antragsberatungskommission:

Ich rufe auf die Anträge 160 bis einschließlich 167. Der Leitantrag 160 verlangt eine Veränderung des Tarifvertragsgesetzes mit der Maßgabe, daß in unseren Tarifverträgen sowohl Differenzierungs- und Effektivlohnklauseln als auch Öffnungsklauseln für ergänzende Bestimmungen innerhalb der Betriebsverfassung vereinbart werden können. Die übrigen Anträge 162 bis 167 befassen sich mit Detailforderungen zu dieser Frage.

Die Antragsberatungskommission empfiehlt deshalb, den Leitantrag 160 anzunehmen und alle dazugehörigen Anträge für erledigt zu erklären.

Heinz Oskar Vetter, Vorsitzender des Kongresses:

Danke schön. Hierzu liegt eine Wortmeldung von Heinz Kluncker, Delegierten-Nr. 00 14 391, vor. Ihm folgt Herbert Stadelmaier, Delegierten-Nr. 00 13 358.

Heinz Kluncker, Gewerkschaft Öffentliche Dienste, Transport und Verkehr:

Liebe Kolleginnen und Kollegen! Der Gedanke, Vorteilsregelungen für Gewerkschaftsmitglieder einzuführen, ist in Mitglieder- und Funktionärskreisen aus unterschiedlichen Gründen sehr populär.

Viele Mitglieder sind für Vorteilsregelungen, weil sie sich − und subjektiv zu Recht − als die Dummen vorkommen, solange auch Nichtmitglieder die gleichen tarifvertraglichen Leistungen erhalten. Nicht wenige Funktionäre erwarten von Vorteilsregelungen einen Druck auf Trittbrettfahrer.

Ich glaube, wir sind uns alle darin einig, daß es notwendig ist, das Tarifvertragsgesetz zu ändern. Wir alle wollen nämlich die Fesseln abstreifen, die den Gewerkschaften in bestimmten Bereichen der Tarifpolitik durch Rechtssprechung und Gesetzgebung angelegt sind. Die Rechtsprechung des Bundesarbeitsgerichts in diesem Zusammenhang ist schlicht als reaktionär zu bezeichnen.

(Beifall)

Ich bin deshalb für die in den Punkten 2 und 3 des Antrags 160 geforderten Effektiv- und Öffnungsklauseln. Dennoch sehe ich mich nicht in der Lage, dem Leitantrag der Gewerkschaft Textil – Bekleidung insgesamt zuzustimmen. Ich kann den Antrag aber auch nicht pauschal ablehnen. Deshalb werde ich mich der Stimme enthalten und möchte vor diesem Kongreß diese Haltung begründen. Ich kann infolge der beschränkten Redezeit auch nur einige wenige Hinweise geben.

1. Für die Gewerkschaften des öffentlichen Dienstes ergibt sich die Frage, wie solche Differenzierungsklauseln für gewerkschaftlich organisierte Beamte wirksam werden könnten. Selbst wenn sich im Deutschen Bundestag eine Mehrheit für die Zulässigkeit von Differenzierungsklauseln finden würde, erscheint es doch sehr fraglich, ob der Gesetzgeber bei der Besoldungsgesetzgebung diesen Weg mitgehen wird und kann.

2. Auch dies aus der speziellen Sicht des öffentlichen Dienstes: Es bestehen begründete Zweifel bei mir, ob mit der Errichtung gemeinsamer Institutionen von Arbeitgebern und Gewerkschaften, die unmittelbar zur Finanzierung gewerkschaftlicher Aufgaben beitragen, der Grundsatz der Gegnerfreiheit im öffentlichen Dienst nicht gefährdet wird.

3. Ich warne eindringlich vor der gefährlichen Illusion, daß Differenzierungsklauseln ein geeignetes Mittel sind, die Konkurrenzsituation zu verbessern. Im Gegenteil: So, wie die gegnerischen Organisationen heute die von uns erkämpften Tarifverträge abschreiben, so werden sie auch in Zukunft die von uns vereinbarten Differenzierungsklauseln abschreiben und davon profitieren.

(Beifall)

Das bedeutet: Der Zug zu den billigen Beiträgen wird sich nicht abschwächen; denn ein Arbeitnehmer, der einer Gewerkschaft nur beitritt, weil er sich einen kurzfristigen finanziellen Vorteil verschaffen will, wird sich auch für den Verband entscheiden, der ihm den geringsten Beitrag abverlangt.

Ich weiß, daß die von mir genannten Probleme wegen der unterschiedlichen Strukturen der Tarifbereiche für uns im öffentlichen Dienst ein anderes Gewicht haben als für manche Kollegen und manche Gewerkschaft der gewerblichen Wirtschaft.

(Zurufe: Sehr wahr!)

Aber mit einigen grundsätzlichen Fragen sollten wir uns alle gemeinsam beschäftigen. Wir müssen, so meine ich, kritisch darüber diskutieren, welche Wirkungen der Abschluß von Differenzierungsklauseln auf unser gewerkschaftliches Selbstverständnis und auf die Stellung der Gewerkschaften in der Gesellschaft hat.

Die deutschen Gewerkschaften sind zwar – ich muß das hier vereinfachen – als Selbsthilfeorganisation der Gesellen und Facharbeiter entstanden, aber sie haben sich von Anfang an für die Interessen a l l e r Arbeitnehmer eingesetzt. Spätestens seit 1892 haben die deutschen Gewerkschaften den Anspruch erhoben, für die ge - s a m t e deutsche Arbeitnehmerschaft zu sprechen, und zwar unabhängig vom Organisationsgrad, den die einzelnen Verbände erreichen konnten. Dieser Anspruch, für alle Arbeitnehmer zu sprechen und zu handeln, wurde nach 1945 noch untermauert durch die Gründung der Einheitsgewerkschaften.

Absolut folgerichtig heißt es deshalb im Grundsatzprogramm von 1949: ,,Die Gewerkschaften als Organisationen der Arbeiter, Angestellten und Beamten nehmen die wirtschaftlichen, sozialen und kulturellen Interessen aller Werktätigen wahr."

Für mich ist dieser Grundsatz auch heute noch unverändert gültig. Diesen Grundsatz praktizieren wir täglich in unserer Arbeit. Wir sprechen und handeln für die Gesamtheit der Arbeitnehmer nicht nur gegenüber Regierungen und Parlamenten; auch unsere Kollegen, die als Arbeitnehmervertreter in Aufsichtsräten und in den Organen der Selbstverwaltung tätig sind, sprechen für die Gesamtheit der Arbeitnehmer, um nur einige Beispiele zu nennen.

Mit jeder Vereinbarung über Differenzierungsklauseln würden wir den im Grundsatzprogramm von 1949 formulierten Anspruch verändern. Wir würden ein Stück dieses Anspruchs aufgeben. Je mehr wir in Richtung Differenzierung weiterkommen, desto weniger treten wir noch für alle Arbeitnehmer auf, desto mehr wenden wir uns der ausschließlichen Vertretung der Mitgliederinteressen zu und nicht der Vertretung der Arbeitnehmerinteressen insgesamt.

Ich befürchte, daß dies auf die Dauer erhebliche Auswirkungen nicht nur auf die praktische Politik der Gewerkschaften, sondern auch auf ihre Rolle in der Gesellschaft haben kann.

Die sich daraus ergebende gewerkschafts- und gesellschaftspolitische Problematik ist noch nicht ausdiskutiert, mindestens nicht in der ÖTV. Es gibt bei uns sehr unterschiedliche Meinungen auch unter den ÖTV-Delegierten.

Unser letzter Gewerkschaftstag hat den Hauptvorstand beauftragt, die Fragen der Realisierungsmöglichkeiten und der Anwendung von Differenzierungsklauseln genau zu untersuchen und unserem Gewerkschaftstag 1976 die Ergebnisse vorzulegen. Im Rahmen dieses Auftrags haben wir den Anstoß für eine Untersuchung des WSI gegeben, die gegenwärtig im Auftrag des DGB-Bundesvorstands und in Zusammenarbeit mit allen interessierten Industriegewerkschaften im Gange ist. Ziel dieser Arbeit ist eine Dokumentation über die gewerkschafts- und gesellschaftspolitischen Wirkungen von Vorteilsregelungen. Sie soll im Herbst dieses Jahres vorgelegt werden.

Diese Dokumentation wird uns in die Lage versetzen, alle wichtigen rechtlichen, organisatorisch und gewerkschaftspolitischen Gesichtspunkte in unsere Überlegungen einzubeziehen. Auch bei den anderen Gewerkschaften gibt es bis zur Stunde kein ausreichendes Informationsmaterial über die gesellschaftspolitischen Wirkungen von Differenzierungsklauseln. Wir bitten im Zusammenhang mit der Erstellung der Dokumentation um die Mitteilung der gemachten Erfahrungen.

Nun kommt das Entscheidende, warum ich mich der Stimme enthalte: Wir möchten eine notwendige Reform des Tarifvertragsgesetzes insbesondere im Hinblick auf Effektiv- und Öffnungsklauseln nicht blockieren. Ihr könnt Euch darauf verlassen, daß wir uns solidarisch für die Änderung des Tarifvertragsgesetzes mit einsetzen werden.

Ob wir allerdings von einem möglichen Recht, Differenzierungsklauseln abzuschließen, Gebrauch machen würden, das werden wir noch sehr, sehr sorgfältig überlegen. Und ich bitte auch Euch, liebe Kolleginnen und Kollegen, die gewerkschafts- und gesellschaftspolitische Problematik von Differenzierungsklauseln noch einmal zu bedenken. – Vielen Dank!

(Beifall)

Heinz Oskar Vetter, Vorsitzender des Kongresses:

Wir danken auch. – Herbert Stadelmaier hat das Wort. Für das Protokoll haben wir die Nummer wohl schon gesagt: 00 13 358. – Bitte schön, Herbert.

Herbert Stadelmaier, Gewerkschaft Nahrung, Genuß, Gaststätten:

Kolleginnen und Kollegen! Gestern habe ich, wie behauptet wurde, zu einem NGGspezifischen Thema hier zur Diskussion gesprochen, und Heinz Kluncker hat mich als folgender Diskussionssprecher zum Teil unterstützt. Er hat nun eben bei der Behandlung dieses Themas aus der spezifischen Sicht des öffentlichen Dienstes Stellung genommen. Ich habe Verständnis für die besondere Situation, in der sich die Gewerkschaft ÖTV in dieser Frage befindet. Ich teile auch seine Auffassung, wenn er hier zum Ausdruck gebracht hat, daß die Gewerkschaften das Sprachrohr der Arbeitnehmer, aller Arbeitnehmer, sind. Ich bin aber nicht seiner Meinung, bei der Beurteilung dieser Frage von einer Vorteilsregelung für die Gewerkschaftsmitglieder zu sprechen, sondern ich bin der Auffassung, daß wir sprechen sollten von der Anerkennung der gesellschaftspolitischen Leistung, die die Gewerkschaftsmitglieder dadurch erbringen, daß sie sich zur Gewerkschaft bekennen und daß sie dafür auch bereit sind, bestimmte Opfer zu erbringen.

(Beifall)

Nun, meine Kolleginnen und Kollegen, in den vor kurzem vom Bundesausschuß beschlossenen „Grundsätzen zur Tarifpolitik" wird von uns erneut auch die Änderung des Tarifvertragsgesetzes gefordert. Und warum fordern wir das? Weil nach unserer Auffassung durch das jetzt gültige Gesetz die veränderten Formen der Arbeitsbedingungen und vor allem die gesellschaftspolitische – ich sage das noch einmal – Bedeutung der Gewerkschaften als Tarifvertragspartei nicht genügend berücksichtigt wird. Und ich meine, in dieser Frage sind die politischen Parteien nach wie vor im Wort. Denn eine Veränderung oder Ergänzung des Gesetzes ist ja trotz konstruktiver Vorschläge der Gewerkschaften des DGB bisher leider nicht erfolgt. Wohl hören wir immer Bekenntnisse bzw. Erklärungen zur Tarifautonomie, aber das allein genügt nach meiner Meinung nicht. Eine klare gesetzliche Grundlage, meine Kolleginnen und Kollegen, ist erforderlich, um sicherzustellen, daß Ansprüche aus einem Tarifvertrag nur dem Arbeitnehmerkreis zugutekommen, der durch Organisationszugehörigkeit Rechtsbeziehungen zu diesem Vertrag hat. (Beifall) Eine fortschrittliche Veränderung des Tarifvertragsgesetzes muß die Anerkennung der Leistung der gewerkschaftlich organisierten Arbeitnehmer nach meiner Meinung zum Inhalt haben, und das, finde ich, kommt mit dem Antrag 160 zum Ausdruck. – Im Namen der Antragstellerin zu 161 schließe ich mich der Empfehlung der Antragsberatungskommission an, den Antrag 160 anzunehmen und die Anträge 161 und die folgenden, die zum Sachverhalt gestellt worden sind, als erledigt, besser – das wäre nach meiner Meinung das bessere Vokabular – : als berücksichtigt zu erklären.

(Beifall)

Heinz Oskar Vetter, Vorsitzender des Kongresses:

Das Wort hat Kurt Georgi, Gewerkschaft Holz und Kunststoff, Del.-Nr. 00 09 166; ihm folgt der Kollege Wellhausen, Gewerkschaft Nahrung, Genuß, Gaststätten, Del.-Nr. 00 13 361.

Kurt Georgi, Gewerkschaft Holz und Kunststoff:

Kolleginnen und Kollegen! Ich spreche nicht deshalb jetzt von diesem unteren Pult, weil ich in Fragen der Differenzierungsklauseln besonders demutsvoll wäre. Ich tue es deshalb, weil ich das, was ich jetzt zu sagen habe, im Auftrag meiner Organisation erkläre und nicht im Auftrag der Antragsberatungskommission.

Soweit es die Differenzierungsklauseln angeht, ist unsere Forderung durchaus nicht neu. Ihr wißt sicherlich, daß wir und auch die Gewerkschaft Textil-Bekleidung um die

Durchsetzung solcher Differenzierungsklauseln in den Streik getreten waren und daß uns die Gerichte die Weiterführung dieses Streiks verboten haben mit einem Hinweis darauf, daß die Durchsetzung solcher Differenzierungsklauseln durch das Tarifvertragsgesetz nicht abgedeckt sei. Es ist deshalb ein berechtigtes Verlangen von unserer Gewerkschaft – ich spreche hier auch als Antragsteller – eine Veränderung des Tarifgesetzes anzustreben, mit der Maßgabe, daß wir zukünftig in unseren Tarifverträgen auch Differenzierungs- oder Besserstellungsklauseln, oder wie man das auch immer nennen mag, vereinbaren können, weil draußen in den Betrieben sehr viel Unbehagen darüber besteht, daß eine ganze Reihe von unorganisierten Holzarbeitern in unserem Fall genauso in den Genuß unserer tariflichen Abmachungen kommt wie die organisierten Holzarbeiter auch.

Es ist uns allen bekannt, daß der Organisationsgrad in unseren Gewerkschaften nicht besonders zufriedenstellend ist. Das bedeutet nicht etwa, daß die Mehrheit der Arbeitnehmer gewerkschaftsfeindlich eingestellt wäre. Wenn wir uns die Befragungsberichte einmal näher ansehen, bekommen wir immer wieder deutlichgemacht, daß rund 85 % der Arbeitnehmer unserer Bundesrepublik die Gewerkschaften und die gewerkschaftliche Tätigkeit für dringend notwendig ansehen. Das lesen wir nicht nur in den Umfrageergebnissen, das spüren unsere Betriebsräte auch immer und immer wieder in den Betrieben, wo es ja häufig die Unorganisierten sind, die als erste danach fragen, welche tariflichen Ergebnisse wir erzielt hätten.

(Beifall)

Es besteht also auch bei den Unorganisierten ein sehr starkes Interesse an dem Fortgang unserer Tarifpolitik und an unseren tarifpolitischen Erfolgen, die wir erzielen können. Die Tatsache, daß der Organisationsgrad trotzdem nicht besonders zufriedenstellend ist, geht eben darauf zurück, daß auch die Unorganisierten an den Erfolgen unserer Tarifpolitik rundum teilnehmen und das muß anders werden, zumindest für einen Teil unserer tarifpolitischen Erfolge. Wir wollen einen Anreiz bieten für die Unorganisierten, sich diesem Tarifgeschehen auch durch ihre gewerkschaftliche Mitgliedschaft anzuschließen.

Aus diesem Grunde, Kollege Kluncker, wollen wir nicht unsere gesamte Tarifpolitik, aber gewisse Teile dahin ausrichten, daß eben unsere tarifpolitischen Erfolge nur den organisierten Arbeitnehmern zugute kommen. Das ist ein berechtigtes Verlangen, und dieses Verlangen muß auch endlich einmal durchgesetzt werden.

Aus diesem Grunde, sollten wir auch die Veränderung des Tarifvertragsgesetzes in der Richtung bejahen, daß uns die Hereinnahme von Differenzierungsklauseln in unsere Tarifverträge möglich ist. Wir wollen keinen Zwang setzen, Differenzierungsklauseln abschließen zu müssen. Wer das bleiben lassen will, mag das auch in Zukunft tun. Aber man soll den Gewerkschaften, die solche Differenzierungsklauseln abschließen möchten, dazu auch die gesetzliche Möglichkeit geben. Und deshalb bitte ich sehr darum, liebe Kolleginnen und Kollegen, diesem Antrag, den die Antragsberatungskommission zur Annahme empfohlen hat, die Zustimmung nicht zu verweigern. – Ich bedanke mich.

(Beifall)

Gerhard Wellhausen, Gewerkschaft Nahrung, Genuß, Gaststätten:

Liebe Kolleginnen und Kollegen! In einigen kurzen Sätzen möchte ich mich ebenfalls für die Zulässigkeit und nicht für die generelle Einführung von Differenzierungsklauseln aussprechen. Es hat niemand gefordert, daß überall Tarifverträge mit Differenzierungsklauseln eingeführt werden, möglicherweise auch im öffentlichen Dienst. Dieses nicht.

(Vereinzelt Beifall)

Es geht um die Zulässigkeit im Tarifvertragsgesetz, und es geht nicht darum, jemanden zu vergewaltigen, so etwas zu tun. Es mag der tarifvertraglichen Taktik überlassen bleiben, ob man unter Bezug auf gegnerische Organisationen dieses oder jenes so oder so macht. Letzlich kommt es auf die Kraft an, in welcher Weise man in der Lage ist, sich vertraglich mit der anderen Seite zu einigen. Und das muß auch einer ÖTV im öffentlichen Dienst gelingen.

(Vereinzelt Beifall)

Ich meine auch, daß der gewerkschaftspolitische Spielraum, den die Gewerkschaften noch haben, für alle Arbeitnehmer zu sprechen, groß genug bleibt. Es wird immerhin so sein, daß die Solidarnormen des Tarifvertrages immer noch wirken für alle Arbeitnehmer, auch wenn eine materielle Differenzierungsklausel besteht. Von daher sollte man das Kind nicht mit dem Bade ausschütten.

Worum geht es uns, Kolleginnen und Kollegen? Es geht darum, auch soziale Gerechtigkeit unter den Arbeitnehmern selbst einzuführen. Wir wollen keinen Vorteilsausgleich, wir wollen einen Nachteilsausgleich, denn wir zahlen alle miteinander für jene mit, die von uns profitieren.

(Beifall)

Was ist denn heute der Fall? Wir haben es mit der Bekämpfung eines parasitären Zustandes zu tun. Wir müssen mutig sein, diesen anzugreifen und ihn auch der Öffentlichkeit klar zu machen. Ich danke schön.

(Beifall)

Heinz Oskar Vetter, Vorsitzender des Kongresses:

Jetzt hat Fred Habicht, Gewerkschaft Textil-Bekleidung, Del.-Nr. 00 16 461, das Wort.

Fred Habicht, Gewerkschaft Textil-Bekleidung:

Liebe Kolleginnen, liebe Kollegen! Ich möchte nur noch ein paar Sätze sagen, denn es ist ziemlich alles gesagt worden. Es geht uns mit diesem Antrag in erster Linie darum, daß die rechtlichen Möglichkeiten für Differenzierungsklauseln geschaffen werden. Jede einzelne Gewerkschaft muß dann von Fall zu Fall prüfen, ob sie solche Klauseln vereinbaren will. Ich meine, daß diese Differenzierungsklauseln, wie sie hier beabsichtigt sind, keine aktive Gewerkschaftspolitik ersetzen können, da sind wir uns wohl alle einig. Ziel und Richtung solcher Differenzierungsklauseln müssen Gegnerrein sein, und sie dürfen sich auch nicht verwischen.

Ich meine, solche Differenzierungsklauseln sind ein Mittel unter vielen, um zur Stärkung unserer gewerkschaftlichen Organisation beizutragen. Daß eine Reform des Tarifvertragsgesetzes längst überfällig ist, da sind wir uns alle einig. Ich bitte Euch, diesem Antrag 160 die Zustimmung zu geben.

(Vereinzelt Beifall)

Heinz Oskar Vetter, Vorsitzender des Kongresses:

Danke schön. Gustav Fehrenbach, Deutsche Postgewerkschaft, Del.-Nr. 12 15 105, hat das Wort.

Gustav Fehrenbach, Deutsche Postgewerkschaft:

Liebe Kolleginnen und Kollegen! Nach dem Gesagten kann ich mich kurz fassen. Kollege Kluncker hat für den Bereich seiner Organisation begründet, warum er sich bei der Beschlußfassung über den Antrag 160 der Stimme enthält. Es ist nicht zu bestreiten – und er hat es in seinen Ausführungen ja hervorgehoben –, daß damit zweifellos im öffentlichen Dienst Probleme auftreten, die abzuwägen und zu prüfen sind, wenn es gilt, im öffentlichen Dienst aufgrund gesetzlicher Vorgaben zu entscheiden, ob man in Tarifverträge letzten Endes Differenzierungsklauseln aufnimmt. Der Kongreß hat in der Zwischenzeit als Drucksache verteilt erhalten das Gesellschafts- und Berufspolitische Programm der Deutschen Postgewerkschaft, das der letzte Kongreß der Deutschen Postgewerkschaft beschlossen hat. Hier haben wir in dem Kapitel „Die Gewerkschaften in unserer Gesellschaft" – wenn es Sie interessiert: Seite 9 unten – festgestellt, daß letztlich in der Rechtsprechung des Bundesarbeitsgerichts nicht nur die Tendenz zu erkennen ist, das Streikrecht einzuschränken, sondern – und darauf kommt es mir jetzt an –, daß auch die Position der Unorganisierten, die Nutznießer der gewerkschaftlichen Erfolge sind, durch das Bundesarbeitsgericht in seinen bisherigen Entscheidungen gestärkt worden ist. Wenn das stimmt, kann es nur darum gehen, bei der Reform des Tarifvertragsgesetzes diesem Gesichtspunkt Rechnung zu tragen. Darum hat die Deutsche Postgewerkschaft den Antrag 167 vorgelegt, der einen Auftrag an den Bundesvorstand vorsieht, seine Forderungen mit Nachdruck fortzusetzen, im Zusammenhang mit dem geltenden Tarifvertragsgesetz eine gesetzliche Regelung zur Zulässigkeit von Differenzierungsklauseln zu erreichen.

Das bedeutet, daß ich für den Bereich der Deutschen Postgewerkschaft hier feststellen möchte, daß wir der Empfehlung der Antragsberatungskommission folgen möchten, dem Antrag 160 zuzustimmen, daß wir aber, wenn diesem Begehren einmal Rechnung getragen ist, uns natürlich vorbehalten müssen, unter den Aspekten, die Kollege Kluncker vorgetragen hat, zu erwägen, inwieweit wir hier im einzelnen im öffentlichen Dienst für unseren Organisationsbereich davon Gebrauch machen. Darum auch von uns die Bitte, dem Antrag 160 zuzustimmen.

(Beifall)

Heinz Oskar Vetter, Vorsitzender des Kongresses:

Danke schön. Jetzt hat Berthold Keller, Gewerkschaft Textil-Bekleidung, Del.-Nr. 00 16 466, das Wort.

Berthold Keller, Gewerkschaft Textil-Bekleidung:

Liebe Kolleginnen und Kollegen! Noch ein paar Bemerkungen von den Antragstellern. Es wurde hier schon von den Vorrednern deutlich gesagt, daß mit dem Antrag keineswegs bezweckt wird, irgendeine Gewerkschaft zu verpflichten, sollte das Tarifvertragsgesetz geändert werden, nun von diesen Möglichkeiten Gebrauch zu machen. Wir wissen sehr gut, daß die Verhältnisse im öffentlichen Dienst ganz anders sind als in der gewerblichen Wirtschaft. Dort wird man eben mit den entsprechenden Mitteln die Interessen der Gewerkschaft vertreten und durchsetzen müssen. Aber gerade wir in der Textil- und Bekleidungsindustrie – und wir wissen, daß es bei anderen Gewerkschaften ähnliche Sorgen gibt – müssen uns eben unter anderen Voraussetzungen unserer gewerkschaftlichen Arbeit widmen. Und hier stellen wir immer wieder fest, daß die Arbeitgeber die tarifliche Leistung als Leistung für die

Unorganisierten als Mittel gegen die gewerkschaftliche Werbung ganz massiv einsetzen.

Wir sind deshalb der Meinung und wir haben hier ein bißchen Ringerfahrung durch einige Verträge, die ja noch bestehen: es nützt nichts, wenn im Tarifvertragsgesetz steht, daß der Rechtsanspruch nur für die Organisierten gilt. Dieser Unterschied muß im Betrieb in einigen Fällen den Belegschaften ganz deutlich vor Augen geführt werden. Das ist eine entscheidende Frage für uns. Und Kollege Kluncker, Du hast auf das Grundsatzprogramm von 1949 Bezug genommen. Im Grundsatzprogramm von 1963 gibt es unter dem Abschnitt unserer Forderungen des DGB zum Grundrecht in der Arbeit eine Passage, in der es heißt: ,,Die tarifvertraglich vereinbarten Löhne, Gehälter sowie sonstige Arbeitsbedingungen, die zur Sicherung des Rechtsanspruches auch alle betrieblichen Leistungen an die Arbeitnehmer zu umfassen haben, gelten unabdingbar nur für die von dem Tarifvertrag erfaßten Arbeitnehmer und Arbeitgeber''. Unsere Funktionäre kennen das Grundsatzprogramm von 1963 auch, und sie sind der Meinung, daß hier zum Ausdruck gebracht wird, daß man auch für die tägliche Arbeit sichtbar unterstreicht, daß wir diese Forderung ernstnehmen.

Und noch eine Frage: Die Rechtsprechung ist ja nach dem Urteil des Bundesarbeitsgerichts nicht stehengeblieben, das heißt es gibt Arbeitsgerichte, die anders entscheiden. Auch das Landesarbeitsgericht Düsseldorf hat erst in der jüngsten Zeit trotz bestehendem Bundesarbeitsgerichtsurteil in einem neueren Fall entschieden, daß in einem beschränkten Rahmen, der sich materiell ungefähr um die Höhe des Gewerkschaftsbeitrages herum bewegt, sehr wohl differenzierte Leistungen für Gewerkschaftsmitglieder vereinbart werden können. Das Urteil ist nicht rechtskräftig, aber wir sehen, daß man selbst auf dem Gebiet des Arbeitsrechts hier noch einige Bewegung in Gang gesetzt hat.

Aus diesen Gründen heraus sind wir der Meinung, daß hier der Vorstoß gewagt und nachhaltig betrieben werden soll. Wir bitten sehr herzlich um Zustimmung zu diesem Antrag.

(Beifall)

Heinz Oskar Vetter, Vorsitzender des Kongresses:

Danke schön. Jetzt hat Harro Sachsse das Wort, Gewerkschaft Öffentliche Dienste, Transport und Verkehr, Del.-Nr. 00 14 412.

Harro Sachsse, Gewerkschaft Öffentliche Dienste, Transport und Verkehr:

Kolleginnen und Kollegen! Ich habe den Eindruck, daß zumindest von einigen unter uns der Kollege Kluncker mißverstanden worden ist. Er hat ausdrücklich gesagt, daß auch er der Meinung sei, daß Differenzierungsklauseln zugelassen werden sollen. Er hat lediglich gewerkschafts- und gesellschaftspolitische Bedenken geäußert.
Jeder muß dazu wissen, daß natürlich zu der Frage von Differenzierungsklauseln auch in der Gewerkschaft Öffentliche Dienste, Transport und Verkehr nicht etwa eine einheitliche Meinung vorhanden ist, auch das hat Heinz Kluncker meiner Ansicht nach deutlich gesagt. Und ich kann für meine Person sagen, daß ich Trittbrettfahrer genauso wie jeder hier unter uns – vielleicht ist verabscheuen nicht das richtige Wort – jedenfalls ich mag sie nicht.

(Beifall)

Heinz Kluncker hat auf einige ÖTV-spezifische Probleme hingewiesen. Aber wesentlich sind für ihn gewerkschaftspolitische Überlegungen, und ich selber teile sie zum Teil auch. Mir ist es lieber, wenn wir die Mitglieder gewinnen können auf der Grundlage unserer Arbeit, ohne daß wir sie verpflichten müssen. Es ist auch für mich selbstverständlich, daß es in anderen Organisationsbereichen sicher ganz andere Voraussetzungen gibt, und deshalb auch anders gehandelt werden muß.
Wir sind also der Auffassung, daß wir die Zulassung von Differenzierungsklauseln genauso unterstützen wie Ihr alle hier. Nur meinen wir, daß etwas deutlicher gesagt werden sollte, was gemeint ist. Der Antrag 167 würde nach unserer Auffassung besser das zum Ausdruck bringen, was sicher unser gemeinsames Anliegen hier ist. Ich würde doch noch einmal empfehlen, darüber nachzudenken, ob der Antrag 167 nicht besser das ausdrücken würde, was hier erreicht werden soll.
Ich danke Euch.

Heinz Oskar Vetter, Vorsitzender des Kongresses:

Wir haben keine weiteren Wortmeldungen und kommen deshalb zur Abstimmung. Wer der Empfehlung der Antragskommission folgen will, den bitte ich um das Kartenzeichen. – Danke schön. – Wer ist dagegen? – Danke schön. – Stimmenthaltungen. – Gegen wenige Stimmen und einigen Stimmenthaltungen so angenommen.

(Beifall)

3. Anträge des 10. Ordentlichen
DGB-Kongresses, Hamburg 1975

160

Antragsteller: Gewerkschaft Textil-Bekleidung

Betr.: Änderung des Tarifvertragsgesetzes   Annahme

Die Delegierten des 10. Ordentlichen Bundeskongresses des DGB werden um folgenden Beschluß
gebeten:

Beschluß:

Der 10. Ordentliche Bundeskongreß des DGB beauftragt den DGB-Bundesvorstand, auf den Gesetzgeber einzuwirken, um möglichst bald eine längst
fällige Reform des Tarifvertragsgesetzes zu erreichen.

Ziel dieser Reform muß sein, daß

1. in Tarifverträgen durch den Abschluß von Differenzierungsklauseln ausdrücklich bezeichnete Leistungen nur den organisierten Arbeitnehmern gewährt werden. Damit soll ein jahrzehntelang beste-
hendes Unrecht beseitigt werden, das die Mitglieder
der Gewerkschaften bislang gegenüber den Nichtmitgliedern finanziell erheblich benachteiligt hat,

2. die in Tarifauseinandersetzungen vereinbarten
Lohn- und Gehaltserhöhungen durch den Abschluß
von sogenannten „Effektivklauseln" auch tatsächlich in den Betrieben an die Arbeitnehmer ausgezahlt werden müssen und

3. die Zulässigkeit der Vereinbarungen von Öffnungsklauseln in regionalen oder zentralen Tarifverträgen für ergänzende oder zusätzliche tarifliche
Regelungen im Betrieb oder Unternehmen gesichert
ist.

Begründung:

Koalitionsfreiheit und Tarifautonomie sichern das Recht der Tarifvertragsparteien, in eigener Verantwortung die Arbeits- und Wirtschaftsbedingungen der Arbeitnehmer zu gestalten. Sie sind ein wichtiger Bestandteil unserer auf Dezentralisierung und Demokratisierung der Entscheidungsbefugnisse angelegten freiheitlichen Sozialordnung.

Nur die Bereitschaft der Mitglieder, aktiv an der Gestaltung und Durchführung der gestellten Aufgaben mitzuwirken und dafür auch finanzielle Opfer zu bringen, verleiht den Gewerkschaften die Stärke und Leistungsfähigkeit, diese ordnungspolitische Funktion optimal zu erfüllen. Die Mitglieder müssen es daher als ungerechte und den Zielsetzungen der Verfassung widersprechende Benachteiligung ansehen, daß die nichtorganisierten Arbeitnehmer die von den Gewerkschaften durchgesetzten Verbesserungen in Anspruch nehmen und erhalten, für ihr passives Verhalten also faktisch belohnt werden, obwohl sie gerade dadurch die Ausübung der für unsere Sozialordnung unerläßlichen Grundrechtsfunktion erschweren.

In der Neufassung des Tarifvertragsgesetzes ist deshalb den Gewerkschaften das Recht einzuräumen, für ihre Mitglieder gesonderte Leistungen zu vereinbaren, durch die deren materielle Benachteiligung ausgeglichen werden kann.

Die Erfüllung der im Grundgesetz gestellten Aufgabe, die „Arbeits- und Wirtschaftsbedingungen zu wahren und zu fördern", erfordert darüber hinaus aber auch, daß es den Gewerkschaften möglich sein muß, die kollektiven Arbeitsbedingungen umfassend und korrekt zu regeln. Dazu gehört u. a., daß ausgehandelte Tariflohnerhöhungen auch tatsächlich für den Arbeitnehmer effektiv wirksam werden.

161

Antragsteller:
Gewerkschaft Nahrung, Genuß, Gaststätten

Betr.: Änderung des Tarifvertragsgesetzes

Erledigt durch Annahme von Antrag 160

Der Große Senat des Bundesarbeitsgerichtes hat durch Beschluß vom 29. 11. 1967 entschieden, daß in Tarifverträgen zwischen den bei der vertragsschließenden Gewerkschaft organisierten und nicht organisierten Arbeitnehmern nicht differenziert werden darf. Statt einer Stärkung der verfassungsrechtlich garantierten Aufgaben der Gewerkschaft zur Sicherung und Verbesserung der Arbeitsbedingungen durch tarifvertragliche Regelungen geht diese Rechtsprechung teilweise durch eine Überbetonung individuellen Arbeitsrechts in Richtung einer Privilegierung der negativen Koalitionsfreiheit.

In dieser Rechtsprechung liegt im Ergebnis eine Differenz zu Lasten der Gewerkschaftsmitglieder, welche durch ihre Gewerkschaftsbeiträge letztlich auch für die nicht organisierten Arbeitnehmer bessere Arbeitsbedingungen durchsetzen.

Die Delegierten des 10. Ordentlichen Bundeskongresses des DGB wenden sich entschieden dagegen, daß nicht organisierte Arbeitnehmer an den Erfolgen gewerkschaftlicher Tarifarbeit teilnehmen, ohne hierzu eigene Leistungen erbracht zu haben. Hierdurch wird die in Artikel 9 Abs. 3 des Grundgesetzes festgelegte positive Koalitionsfreiheit verletzt.

Die Delegierten des 10. Ordentlichen DGB-Bundeskongresses fordern deshalb den DGB-Bundesvorstand auf, sich mit Nachdruck dafür einzusetzen, daß durch eine Ergänzung des Tarifvertragsgesetzes Spannen- und Differenzierungsklauseln gegenüber Nichtorganisierten als zulässig angesehen werden.

162

Antragsteller: IG Bau-Steine-Erden

Betr.: Änderung des Tarifvertragsgesetzes

Erledigt durch Annahme von Antrag 160

Der 10. Ordentliche DGB-Bundeskongreß möge beschließen:

Der Bundesvorstand wird beauftragt, auf eine Änderung des Tarifvertragsgesetzes hinzuwirken, die es ermöglicht, gewerkschaftlich organisierte Arbeitnehmer durch differenzierende Vorteilsregelungen tarifvertraglich besserzustellen.

163

Antragsteller: Gewerkschaft Holz und Kunststoff

Betr.: Änderung des Tarifvertragsgesetzes

Der 10. Ordentliche DGB-Bundeskongreß möge beschließen:

Der DGB-Bundesvorstand wird beauftragt, auf die Bundesregierung und den Bundestag einzuwirken, daß das Tarifvertragsgesetz in der Form geändert wird, daß die Aufnahme von Effektivlohnklauseln in Tarifverträgen ermöglcht wird.

Erledigt durch Annahme von Antrag 160

164

Antragsteller: Gewerkschaft Holz und Kunststoff

Betr.: Änderung des Tarifvertragsgesetzes

Der DGB-Bundesvorstand soll bei der Bundesregierung und dem Bundestag darauf hinwirken, das Tarifvertragsgesetz dahin zu ändern, daß auch Differenzierungs- bzw. Begünstigungsklauseln für Gewerkschaftsmitglieder in unsere Tarifverträge aufgenommen werden können.

Erledigt durch Annahme von Antrag 160

Begründung:

Der Abschluß tariflicher Differenzierungs- bzw. Begünstigungsklauseln scheitert noch immer daran, daß die Rechtsprechung auf dem Gebiet des Tarifrechtes mit fast abenteuerlicher Verbalakrobatik die sogenannte negative Koalitionsfreiheit in den Artikel 9 des Bonner Grundgesetzes hineininterpretiert. Diese in der ständigen Rechtsprechung des Bundesarbeitsgerichts herumgeisternde verfehlte Rechtskonstruktion engt nicht nur die Tarifautonomie unerträglich ein — sie steht auch in krassem Widerspruch zu den in jedem Rechtsstaat gültigen Prinzipien der Vertragsfreiheit. Darüber hinaus nimmt sie uns die Möglichkeit, die Grundsätze des Tarifvertragsgesetzes, wonach nur Mitglieder der Tarifvertragsparteien tarifgebunden, bzw. tarifberechtigt sind, in die Praxis zu übertragen.

Es wird höchste Zeit, daß der irrigen Rechtsprechung des Bundesarbeitsgerichts in dieser Frage durch eine Novellierung des Tarifvertragsgesetzes der Boden entzogen wird.

165

Antragsteller: Landesbezirk Hessen

Betr.: Tarifvertragsgesetz

Der DGB-Bundesvorstand und mit ihm die Einzelgewerkschaften sollten verstärkt Druck auf den Gesetzgeber bzw. die politischen Parteien ausüben, das Tarifvertragsgesetz in der Weise zu ändern, daß der Abschluß von Tarifverträgen mit Differenzierungsklauseln zu Gunsten von Gewerkschaftsmitgliedern gesetzlich ermöglicht wird.

Erledigt durch Annahme von Antrag 160

Begründung:

Die Einzelgewerkschaften schließen als Tarifvertragsparteien für ihre Mitglieder Tarifverträge ab. Nur durch die gewerkschaftliche Aktivität und die Beiträge der Gewerkschaftsmitglieder werden diese Abschlüsse erst möglich. Es ist daher nicht einzusehen, daß diejenigen, die sich den Gewerkschaften nicht anschließen und keinerlei Anstrengungen für sozialpolitische Verbesserungen unternehmen, von den Leistungen der Gewerkschaften profitieren.

166

Antragsteller: IG Bergbau und Energie

Betr.: Änderung des Tarifgesetzes

Der 10. DGB-Bundeskongreß möge beschließen:

Der DGB-Bundesvorstand wird beauftragt, eine Änderung des Tarifvertragsgesetzes dahingehend anzustreben, daß die Tarifvertragsparteien

1. bestimmte tarifvertragliche Leistungen nur für Mitglieder der vertragsschließenden Gewerkschaft

2. Effektivklauseln in Tarifverträgen

vereinbaren können.

Begründung:

Zu 1.: Die besondere Verantwortung der Gewerkschaften im gesellschafts- und wirtschaftspolitischen Bereich wird immer wichtiger. Sie übernehmen die Erfüllung von Ordnungsaufgaben, deren Ergebnisse allen Arbeitnehmern zugute kommen. Allerdings sind bei der Übernahme von Lasten die Unorganisierten nicht beteiligt. Dieses egoistische Verhalten wird von den Unternehmern gefördert und von bestimmten politischen Richtungen gestützt.

Die Gewerkschaften sind die Interessenvertretungen ihrer Mitglieder, und es muß ihnen daher möglich sein, daß bestimmte tarifvertragliche Sonderregelungen auch nur für sie Anwendung finden und in den Betrieben deutlich werden.

Zu 2.: Die Gewerkschaften können nicht die alleinige Verantwortung für die Lohnentwicklung in der Bundesrepublik Deutschland übernehmen, wenn sie keinen Einfluß auf die Gestaltung der Effektivverdienste haben.

Erledigt durch Annahme von Antrag 160

167

Antragsteller: Deutsche Postgewerkschaft

Betr.: Differenzierungsklausel im Tarifvertragsrecht

Der 10. Ordentliche DGB-Bundeskongreß möge beschließen:

Der DGB-Bundesvorstand wird beauftragt, seine Bemühungen mit Nachdruck fortzusetzen, im Zusammenhang mit dem geltenden Tarifvertragsgesetz eine gesetzliche Regelung zur Zulässigkeit von Differenzierungsklauseln zu erreichen.

Begründung:

Die gesellschafts- und wirtschaftspolitische Entwicklung in der Bundesrepublik Deutschland war und wird ohne verantwortungsbewußte Gewerkschaften nicht möglich sein. Diese Gewerkschaftsarbeit ist aber nur dadurch möglich, daß Millionen von organisierten Arbeitnehmern in unserem Land über ihren Gewerkschaftsbeitrag zunächst einmal die Existenz der Gewerkschaften selbst garantieren und den Einfluß auf gesellschaftliche und wirtschaftspolitische Entscheidungen möglich machen. Damit finanzieren Gewerkschaftsmitglieder auch den Fortschritt für jene, die sich an der gemeinsamen Aufgabe nicht beteiligen. Durch die nicht vorhandene gesetzliche Möglichkeit, in Tarifverträgen Differenzierungen vorzunehmen, wird das egoistische und damit unsolidarische Verhalten der Nichtorganisierten anstatt abgebaut weiterhin gefördert.

Erledigt durch Annahme von Antrag 160

4. Tarifvereinbarung zwischen der Gewerkschaft Textil-Bekleidung und der Arbeitsgemeinschaft der Miederindustrie vom 25.3.1974

Tarifvereinbarung
über die Errichtung eines Vereins und einer Stiftung für die Arbeitnehmer der Miederindustrie

Die Gewerkschaft Textil-Bekleidung und die Arbeitsgemeinschaft der Miederindustrie sind übereingekommen, sich um einen neuen Weg der sachlichen Zusammenarbeit zu bemühen. Unter diesem Gesichtspunkt schließen die Parteien folgende Vereinbarung:

Die Arbeitsgemeinschaft der Miederindustrie verpflichtet sich, einen Betrag von 4 Prozent der jährlichen Bruttolohn- und -gehaltssumme der ihr angeschlossenen Betriebe an den „Verein Berufs- und Lebenshilfe für die Arbeitnehmer der Miederindustrie e. V." zu zahlen.

Die Jahresbeiträge sind unmittelbar von den der Arbeitsgemeinschaft angeschlossenen Betrieben in vier Jahresraten auf das Konto des Vereins zu überweisen. Die Raten sind jeweils am 10. Januar, 10. April, 10. Juli und 10. Oktober eines jeden Jahres fällig.

Maßgeblich für die Errechnung der abzuführenden Beträge ist die Jahresbruttolohnsumme sowie die Jahresbruttogehaltssumme des vorausgegangenen Kalenderjahres. Monatliche Bruttogehälter über DM 3 000,— werden bei der Ermittlung der Jahresbruttogehaltssumme nicht berücksichtigt.

Der Verein Berufs- und Lebenshilfe für die Arbeitnehmer der Miederindustrie e. V. ist verpflichtet, von den jährlich zur Verfügung gestellten Mitteln mindestens 25 Prozent an die von der Gewerkschaft Textil-Bekleidung zu errichtende gemeinnützige Stiftung „Berufs- und Lebenshilfe" weiterzuleiten und den verbleibenden Restbetrag unmittelbar zur Pflege und Förderung der Gesundheit aller Arbeitnehmer der Betriebe, die der Arbeitsgemeinschaft der Miederindustrie angehören, zu verwenden. Die Mitgliedschaft der Arbeitnehmer zur Gewerkschaft Textil-Bekleidung kann dabei berücksichtigt werden.

Die der Stiftung „Berufs- und Lebenshilfe" zufließenden Beträge sind der jeweils für sie geltenden Satzung entsprechend zu verwenden.

Es wird davon ausgegangen, daß die von der Arbeitsgemeinschaft zu zahlenden Beträge von den ihr angeschlossenen Betrieben steuerfrei abgeführt werden können. Sollte das wider Erwarten nicht der Fall sein, können die zu zahlenden Steuern auf den Gesamtbetrag in Anrechnung gebracht werden.

Diese Vereinbarung tritt am 1. Januar 1975 in Kraft. Sie ersetzt von diesem Zeitpunkt an die Vereinbarung vom 13. April 1973. Die Arbeitsgemeinschaft der Miederindustrie kann die in diesem Abkommen übernommene Verpflichtung mit einer Frist von 6 Monaten, jeweils zum Jahresende, kündigen.

München, den 25. März 1974

Arbeitsgemeinschaft der Miederindustrie e.V. Frankfurt/M.	**Gewerkschaft Textil-Bekleidung Hauptvorstand Düsseldorf**
gez. Dr. Herbert Braun	gez. H. Schumacher

Merkblatt

über die Leistungen für das Jahr 1975

A. Erholungsgeld

   1. **Sockelbetrag**   **DM 100,–**

      wenn Sie bis 30. 4. 1975 Ihre Tätigkeit in einem vom
      Tarifvertrag erfaßten Betrieb aufgenommen haben.

   2. **Steigerungsbeträge für Betriebszugehörigkeit**

      wenn Sie bis 31. 12. 1971 in den Betrieb eingetreten sind **DM 140,–**
      wenn Sie bis 31. 12. 1972 in den Betrieb eingetreten sind **DM 120,–**
      wenn Sie bis 31. 12. 1973 in den Betrieb eingetreten sind **DM 100,–**
      wenn Sie bis 31. 12. 1974 in den Betrieb eingetreten sind **DM 80,–**

   3. **Steigerungsbeträge für Gewerkschaftszugehörigkeit**

      wenn Sie bis 31. 12. 1971 in die Gewerkschaft
      eingetreten sind   **DM 140,–**

      wenn Sie bis 31. 12. 1972 in die Gewerkschaft
      eingetreten sind   **DM 120,–**

      wenn Sie bis 31. 12. 1973 in die Gewerkschaft
      eingetreten sind   **DM 100,–**

      wenn Sie bis 31. 12. 1974 in die Gewerkschaft
      eingetreten sind   **DM 80,–**

      und am Tage der Auszahlung noch Gewerkschaftsmitglied sind.
      Wer am Auszahlungstag nicht mehr Gewerkschaftsmitglied ist,
      erhält nur den Betrag für die Betriebszugehörigkeit.

      Der Sockelbetrag wird zusätzlich zu den Steigerungsbeträgen
      gewährt.

B. Krankenhausgeld

      Ab dem ersten Tag des Krankenhausaufenthaltes täglich **DM 5,–** bis
      zur Höchstdauer von 60 Kalendertagen, sofern der Krankenhausauf-
      enthalt **länger als sieben Kalendertage** dauert.

C. Kurgeld

      Bei ärztlich angeordneten Kur- oder Heilverfahren von mindestens
      4 Wochen Dauer eine einmalige Beihilfe von insgesamt **DM 100,–**.

Achtung:

Bitte die Bekanntmachungen über die Antrags- und Auszahlungstermine
genau beachten. Die oben genannten Beträge werden netto ausgezahlt.

Angestellte, deren monatliche Brutto-Bezüge über DM 3 000,– liegen,
haben keinen Anspruch auf die festgelegten Leistungen.

Beim Ausscheiden aus dem Beschäftigungsverhältnis ist der Leistungsausweis über den Betriebsrat an den Verein zurückzugeben.

Richtlinien

Der „Verein Berufs- und Lebenshilfe für die Arbeitnehmer der Miederindustrie e. V." gewährt:

> Erholungsgeld,
> Krankenhausgeld und
> Kurgeld.

Diese Leistungen erhält, wer

A. gewerblicher Arbeitnehmer ist, einschließlich Heimarbeiter und Teilzeitbeschäftigte sowie Angestellte, soweit deren Brutto-Bezüge nicht
   über DM 3 000,– im Monat liegen.

B. am Tage der Auszahlung des Erholungsgeldes bzw. an dem Tage,
   an dem der Antrag auf Krankenhaus- oder Kurgeld eingeht, bei
   einem Unternehmen beschäftigt ist, daß der Arbeitsgemeinschaft der
   Miederindustrie angehört.

Das Beschäftigungsverhältnis endet erst mit Ablauf der Kündigungs-
frist; wer sich im bezahlten oder unbezahlten Urlaub befindet,
arbeitsunfähig krank oder schwanger ist, steht noch im Beschäftigungsverhältnis.

Ein Rechtsanspruch auf die Leistungen besteht nicht. Die Leistungen
werden jährlich beschlossen. Für das laufende Kalenderjahr sind sie aus
dem in diesem Leistungsausweis enthaltenden Merkblatt zu ersehen.
Sie behalten auch für die kommenden Kalenderjahre Gültigkeit, wenn
keine anderen Leistungen beschlossen werden. Eine Differenzierung
der Leistungen nach geleisteten Arbeitsstunden bei Teilzeitbeschäftigten
erfolgt nicht.

**Eine Übertragung der für das laufende Kalenderjahr beschlossenen
Leistungen auf das folgende Kalenderjahr ist ausgeschlossen.**

Erholungsgeld

Die Höhe des Erholungsgeldes richtet sich nach:

1. der Dauer der Betriebszugehörigkeit. Frühere Beschäftigungszeiten
   im gleichen Betrieb werden bei Wiedereinstellung als Zeiten der

Betriebszugehörigkeit angerechnet, sofern das Arbeitsverhältnis nicht länger als ein Jahr unterbrochen war.

2. der Dauer der Mitgliedschaft bei der Gewerkschaft Textil-Bekleidung. Die Gewerkschaftszugehörigkeit (Übertritte von und zu anderen Gewerkschaften; Wiederaufnahme) richtet sich nach der Satzung der Gewerkschaft Textil-Bekleidung.

Die Leistungen nach Ziffer 1 und 2 werden nebeneinander gewährt.

Stichtag für die Berechnung der Steigerungsbeträge für die Betriebs- bzw. Gewerkschaftszugehörigkeit ist der 31. Dezember. Eine Zwölftelung der Leistungen beim Eintreten oder Ausscheiden aus dem Betrieb oder der Gewerkschaft während des Kalenderjahres wird nicht vorgenommen. Der Sockelbetrag wird auch an solche Arbeitnehmer gezahlt, die bis zum 30. April des laufenden Kalenderjahres in den Betrieb eintreten.

Die Auszahlung des Erholungsgeldes erfolgt im zeitlichen Zusammenhang mit dem Urlaubsbeginn.

Krankenhausgeld

1. Die Krankenhausgeldzuschüsse werden für alle unter A und B genannten Arbeitnehmer gleich gewährt.

2. Bei Krankenhausaufenthalt infolge Krankheit, Schwangerschaft, Arbeitsunfall oder Berufskrankheit wird, sofern der Krankenhausaufenthalt **länger als sieben Kalendertage** dauert, vom ersten Tag des Krankenhausaufenthaltes an, pro Kalendertag ein Krankenhausgeld von DM 5,— bis zur Beendigung des Krankenhausaufenthaltes — jedoch nur bis zur Höchstdauer von insgesamt 60 Kalendertagen im Kalenderjahr — gewährt.

3. Der Antrag auf Krankenhausgeld soll **innerhalb 14 Tagen** nach Beendigung des Krankenhausaufenthaltes bei der zuständigen Verwaltungsstelle der Gewerkschaft Textil-Bekleidung gestellt werden.

4. Die Auszahlung kann nur unter Vorlage einer Bestätigung der Krankenkasse oder des Krankenhauses über die Dauer des Krankenhausaufenthaltes erfolgen.

5. Das Krankenhausgeld wird nur gewährt, wenn der Arbeitnehmer mindestens drei Monate bei der Mitgliedsfirma der Arbeitsgemeinschaft der Miederindustrie im Beschäftigungsverhältnis steht. Diese Anwartschaftszeit entfällt bei einem Krankenhausaufenthalt infolge eines Arbeitsunfalles.

6. Der Krankenhauszuschuß wird nur gewährt für die Zeit, in die der Arbeitnehmer im Beschäftigungsverhältnis bei einer Mitgliedsfirma der Arbeitsgemeinschaft der Miederindustrie steht.

Kurgeld

Bei Kuren oder Heilverfahren mit einer Mindestdauer von **4 Wochen** wird ein Kurgeld von DM 100,— gewährt. Die Ziffern 3, 5 und 6 der Richtlinien über die Auszahlung des Krankenhausgeldes gelten entsprechend. Die Ziffer 4 gilt mit der Maßgabe, daß die Bestätigung sowohl von der zuständigen Rentenversicherungsanstalt als auch von der Krankenkasse oder dem jeweiligen Sanatorium vorgenommen werden kann.

Urlaubs- und Erholungsaufenthalt sowie die gesundheitsfördernden Maßnahmen der Miederstiftung gelten nicht als Kur- oder Heilverfahren.

Anmerkung:

Alle Leistungen sind Netto-Beträge. Die Lohn- und Kirchensteuer wird vom Verein Berufs- und Lebenshilfe für die Arbeitnehmer der Miederindustrie e. V. zusätzlich übernommen. Darüber hinaus bleiben die gewährten Leistungen frei vom Abzug der sonst üblichen Sozialversicherungsbeträge.

5. Tarifverträge zwischen der Gewerkschaft NGG und dem Zentralverband des Deutschen Bäckerhandwerks vom 2o.2.197o

TARIFVERTRAG

über die Errichtung einer „Zusatzversorgungskasse für das Bäckerhandwerk" (gemäß der Bekanntmachung über die Allgemeinverbindlicherklärung vom 17. April 1970/Bundesanzeiger Nr. 79 vom 28. April 1970)

Zwischen der Gewerkschaft Nahrung – Genuß – Gaststätten, Hauptverwaltung Hamburg, einerseits, und dem Zentralverband des Deutschen Bäckerhandwerks e. V., andererseits, wird folgender Vertrag geschlossen:

§ 1 Geltungsbereich

a) räumlich: Für das Gebiet der Bundesrepublik Deutschland einschließlich West-Berlin.

b) fachlich: Für die Betriebe (Arbeitgeber), die das Bäckerhandwerk ausüben und unter den Geltungsbereich des Bäckereiarbeitszeitgesetzes fallen, einschließlich der angegliederten Betriebe.

c) persönlich: Für alle Arbeitnehmer der unter b) genannten Betriebe.

§ 2 Gemeinsame Einrichtung

Die Tarifvertragsparteien gründen eine gemeinsame Einrichtung gemäß § 4 Abs. 2 TVG mit dem Namen „Zusatzversorgungskasse für das Bäckerhandwerk" in der Rechtsform eines Versicherungsvereins auf Gegenseitigkeit im Sinne des Versicherungsaufsichtsgesetzes, im folgenden „Zusatzversorgungskasse" genannt.

§ 3 Zweck der „Zusatzversorgungskasse"

Zweck der „Zusatzversorgungskasse" ist es, aus den ihr gemäß § 4 zufließenden Mitteln Beihilfen zu zahlen zur Erwerbsunfähigkeitsrente oder zum Altersruhegeld im Sinne der sozialen Rentenversicherung.

§ 4 Aufbringung der Mittel

Der Arbeitgeber ist verpflichtet, in jedem Kalenderjahr 1,8 ⁰/oo der Entgeltsumme des Vorjahres, die von der Berufsgenossenschaft Nahrungsmittel und Gaststätten, Mannheim, der Beitragsberechnung zugrunde gelegt wird, an die „Zusatzversorgungskasse" zu zahlen.

Schuldner ist der einzelne Arbeitgeber. Die „Zusatzversorgungskasse" erwirbt das Recht, diese Beiträge unmittelbar von dem einzelnen Arbeitgeber zu fordern.

Die Verpflichtung des Arbeitgebers zur Zahlung der vollen Jahresbeiträge beginnt nach Erteilung der Allgemeinverbindlicherklärung dieses Tarifvertrages.

Der Einzug der Beiträge wird in einem besonderen Verfahrenstarifvertrag geregelt; der Beitrag ist spätestens bis zum 30. Juni eines jeden Jahres zu zahlen.

§ 5 Leistungsbedingungen

Die „Zusatzversorgungskasse" gewährt an Arbeitnehmer — ausgenommen sind mithelfende Familienangehörige und Teilzeitbeschäftigte, deren Arbeitszeit nicht mehr als 20 Stunden in der Woche beträgt —, die bei Antragstellung eine ununterbrochene Beschäftigung in Betrieben des Bäckerhandwerks von mindestens zehn Jahren erreicht haben, folgende Leistungen:

a) Beihilfe zur Erwerbsunfähigkeitsrente in Höhe von 30 DM je Monat oder b) Beihilfe zum Altersruhegeld in Höhe von 30 DM je Monat.

Die Tarifvertragsparteien verpflichten sich als Mitglieder der „Zusatzversorgungskasse", etwaige Überschüsse gemäß § 7 der Anlage zu diesem Tarifvertrag durch Beschluß der Mitgliederversammlung zunächst zu einer Erhöhung der Rentenbeihilfen bis zu 40 DM je Monat zu verwenden. Die jeweilige Beihilfe wird vierteljährlich nachträglich gezahlt.

Die Ansprüche der Versicherten auf Leistungen (Beihilfe) aus der „Zusatzversorgungskasse" beginnen zwei Jahre nach Wirksamwerden der Allgemeinverbindlichkeit des Tarifvertrages. Die Anspruchsvoraussetzungen der Leistungsgewährung, das Antragsverfahren und die Verwendung von Überschüssen der Kasse sind in der Anlage zu diesem Tarifvertrag geregelt.

§ 6 Kosten

Die „Zusatzversorgungskasse" trägt die Gründungskosten und die bei ihr anfallenden Verwaltungskosten.

§ 7 Durchführung des Vertrages und Schiedsgericht

Die Tarifvertragsparteien verpflichten sich, gegenseitig die für die verfahrensmäßige Durchführung dieses Vertrages notwendige Hilfe und Unterstützung zu geben. Bei Meinungsverschiedenheiten über die Auslegung und Durchführung des Vertrages werden sie unverzüglich in Verhandlungen hierüber eintreten und versuchen, eine gütliche Einigung zu erzielen. Ist das nicht möglich, so kann jede Tarifvertragspartei ein Tarifschiedsgericht anrufen. Dieses entscheidet sodann verbindlich. Das Nähere wird in einem besonderen Schiedsvertrag geregelt.

§ 8 Erfüllungsort und Gerichtsstand

Erfüllungsort und Gerichtsstand für Ansprüche der „Zusatzversorgungskasse" gegen Arbeitgeber und Arbeitnehmer sowie für Ansprüche der Arbeitgeber und Arbeitnehmer gegen die „Zusatzversorgungskasse" ist der Sitz der Einrichtung.

§ 9 Betriebliche Unterstützungseinrichtungen

Betriebliche Unterstützungseinrichtungen können die Leistungen der „Zusatzversorgungskasse" auf ihre gleichartigen Leistungen anrechnen.

§ 10 Inkrafttreten und Kündigung

Dieser Tarifvertrag tritt am 1. Januar 1971 in Kraft. Der Tarifvertrag kann mit einer Frist von sechs Monaten zum Jahresende gekündigt werden. Die Kündigung ist erstmals zum 31. Dezember 1979 zulässig. Während der Laufzeit des Vertrages ist eine außerordentliche Kündigung nur aus wichtigen Gründen zulässig.

Die Tarifvertragsparteien verpflichten sich, gemeinsam die Allgemeinverbindlichkeit dieses Vertrages zu beantragen. Sie stimmen überein, ihren ganzen Einfluß für die Durchführung dieses Vertrages geltend zu machen.

Hamburg, den 20. Februar 1970

Für die
Gewerkschaft
Nahrung – Genuß – Gaststätten
– Hauptverwaltung –

Bad Honnef, den 20. Februar 1970

Für den
Zentralverband des Deutschen
Bäckerhandwerks e. V.

Anlage zum Tarifvertrag (§ 5 Abs. 5) über die Errichtung einer „Zusatzversorgungskasse" für das Bäckerhandwerk"

Zwischen der Gewerkschaft Nahrung – Genuß – Gaststätten, Hauptverwaltung Hamburg, einerseits, und dem Zentralverband des Deutschen Bäckerhandwerks e. V., andererseits, vom 20. Februar 1970

§ 1 Leistungsgewährung

1. Die „Zusatzversorgungskasse" gewährt Beihilfen zur Erwerbsunfähigkeitsrente oder zum Altersruhegeld im Sinne der sozialen

Rentenversicherung. Eine Leistungspflicht tritt ein (Versicherungsfall), wenn ein Arbeitnehmer nach dem 31. Dezember 1971 erstmalig eine der zuvorgenannten Renten erhält und die Wartezeit erfüllt hat.

Die Zahlung von Leistungen der „Zusatzversorgungskasse" beginnt ab 1. Januar 1972. Alle Leistungen werden vierteljährlich nachträglich für jeweils drei Monate gezahlt.

Die Beihilfen zur Erwerbsunfähigkeitsrente und zum Altersruhegeld werden von dem Monat an, in dem der Versicherungsfall (§ 1 Ziff. 1) eingetreten ist, bis zum Ablauf des Zahlungsvierteljahres gewährt, in dem der Versicherte stirbt oder die Leistungsvoraussetzungen aus anderen Gründen entfallen.

Eine vorzeitige Gewährung von Altersruhegeld aus der Sozialversicherung löst keinen Anspruch auf eine Beihilfengewährung nach § 5 des Tarifvertrages vom 20. Februar 1970 aus. In diesem Fall wird die Beihilfe zum Altersruhegeld von dem folgenden Monat an gewährt, in dem der Versicherte sein 65. Lebensjahr vollendet. Die Bestimmungen des § 2 können dann als erfüllt angesehen werden, wenn die dort festgelegten Wartezeiten bis zum Beginn des vorzeitigen Altersruhegeldanspruchs abgeleistet wurden. Das gleiche gilt für den Fall der Umwandlung einer Berufsunfähigkeitsrente in eine Erwerbsunfähigkeitsrente oder in das Altersruhegeld.

Die Zahlung der Beihilfe zur Erwerbsunfähigkeitsrente endet mit dem Ablauf des Zahlungsvierteljahres, in dem der Anspruch auf Erwerbsunfähigkeitsrente gegenüber dem Versicherungsträger weggefallen ist.

2 Wartezeiten

Die Wartezeit ist erfüllt, wenn der Versicherte unmittelbar vor Eintritt des Versicherungsfalles mindestens zehn Jahre ununterbrochen in einem Arbeitsverhältnis zu Betrieben des Bäckerhandwerks gestanden hat. Als Unterbrechung gelten nicht folgende nachgewiesene Zeiten:

- Arbeitslosigkeit,
- Beschäftigung in Betrieben der Brot- und Backwarenindustrie,
- Bezug einer Berufsunfähigkeitsrente.

Diese Zeiten werden jedoch bei der Berechnung der Wartezeit nicht mitgerechnet.

§ 3 Wegfall und Begrenzung des Leistungsanspruchs

Scheidet ein Versicherter aus Betrieben des Bäckerhandwerks vor Eintritt des Versicherungsfalles aus, so endet dadurch, mit Ausnahme der in § 1 Ziff. 5 und § 2 Abs. 2 geregelten Fälle, das Versicherungsverhältnis zur „Zusatzversorgungskasse". Eine Abfindung wird nicht gezahlt.

§ 4 Antragstellung, Nachweis und Meldepflichten

1. Der Antrag auf Gewährung einer Kassenleistung ist schriftlich auf einem Vordruck der „Zusatzversorgungskasse" unter Beantwortung der dort gestellten Fragen und Beifügung der erforderlichen Unterlagen zu stellen.
2. Dem Antrag auf Gewährung einer Kassenleistung sind außer den Nachweisen über die Erfüllung der Wartezeit beizufügen:
a) für die Beihilfe zur Erwerbsunfähigkeitsrente der Bescheid des Versicherungsträgers, aus dem hervorgeht, daß und von welchem Zeitpunkt an der Versicherte Anspruch auf eine gesetzliche Rente hat,
b) für die Beihilfe zum Altersruhegeld der Rentenbescheid des Versicherungsträgers.
3. Jeder Empfänger von Beihilfe zur Erwerbsunfähigkeitsrente hat im ersten Kalendervierteljahr den Nachweis des Fortbestehens seiner Erwerbsunfähigkeit durch Vorlage der entsprechenden Unterlagen aus der Rentenversicherung zu erbringen.
4. Werden die verlangten Nachweise nicht oder nicht vollständig erbracht, so ruht die Beihilfezahlung.
5. Ereignisse, die auf die Gewährung oder Bemessung der Beihilfen von Einfluß sind, müssen der „Zusatzversorgungskasse" sofort angezeigt werden. Jeder Beihilfenempfänger hat im 3. Kalendervierteljahr einen Lebensnachweis zu erbringen.
6. Zu Unrecht gewährte Leistungen können von der „Zusatzversorgungskasse" zurückgefordert werden.

§ 5 Verpfändung, Abtretung, Fremdbezug

1. Ansprüche auf Kassenleistungen können weder verpfändet noch abgetreten werden.

2. Ist ein Bezieher von Beihilfe entmündigt oder unter vorläufige Vormundschaft oder Pflegschaft gestellt, so ist die Beihilfe an den Vormund oder Pfleger zu zahlen.

§ 6 Verjährung

Ansprüche auf Kassenleistungen verjähren in fünf Jahren. Die Verjährung beginnt mit dem Schluß des Jahres, in dem die Leistung verlangt werden konnte.

§ 7 Verwendung von Überschüssen

Die erzielten Überschüsse der „Zusatzversorgungskasse" werden der Rückstellung für Überschußbeteiligung zugewiesen, soweit sie nicht zur Auffüllung oder Wiederauffüllung der Sicherheitsrücklage zu verwenden sind. Die Rückstellung für Überschußbeteiligung ist ausschließlich zur Erhöhung oder Ergänzung der Leistungen oder zur Beitragsermäßigung zu verwenden.

Sobald die Rückstellung für Überschußbeteiligung einen Betrag erreicht hat, der eine angemessene Erhöhung oder Ergänzung der Leistungen der „Zusatzversorgungskasse" oder eine angemessene Ermäßigung der Beiträge rechtfertigen würde, ist eine solche nach Maßgabe der Satzungsbestimmungen durchzuführen. Die Beschlußfassung hierüber obliegt der Mitgliederversammlung auf Vorschlag des Vorstandes nach Anhörung des Sachverständigen. Sie bedarf der Genehmigung der Aufsichtsbehörde.

Verfahrenstarifvertrag

vom 20. Februar 1970

(gemäß der Bekanntmachung über die Allgemeinverbindlicherklärung vom 17. 4. 1970/ Bundesanzeiger Nr. 79 vom 28. 4. 1970)

Zwischen der Gewerkschaft Nahrung – Genuß – Gaststätten, Hauptverwaltung Hamburg, einerseits, und dem Zentralverband des Deutschen Bäckerhandwerks e. V., andererseits, wird nachfolgender Tarifvertrag geschlossen:

§ 1 Geltungsbereich

a) r ä u m l i c h : Für das Gebiet der Bundesrepublik Deutschland einschließlich West Berlin.

b) f a c h l i c h : Für die Betriebe (Arbeitgeber), die das Bäckerhandwerk ausüben und unter den Geltungsbereich des Bäckereiarbeitszeitgesetzes fallen, einschließlich der angegliederten Betriebe.

c) p e r s ö n l i c h : Für alle Arbeitnehmer der unter b) genannten Betriebe.

§ 2

In Ausführung der Bestimmungen des § des Tarifvertrages über die Errichtung einer „Zusatzversorgungskasse für das Bäckerhandwerk" vom 20. 2. 1970 und des § 4 des Tarifvertrages über die Errichtung eines „Förderungswerkes für die Beschäftigten im Bäckerhandwerk" vom 20. 2. 1970 hat jeder Arbeitgeber zur Aufbringung der Mittel einen Beitrag in einem Vomhundertsatz der Entgeltsumme des jeweiligen Vorjahres, die von der Berufsgenossenschaft Nahrungsmittel und Gaststätten, Mannheim, der Beitragsberechnung zugrunde gelegt wird, zu zahlen.

Der Beitrag zur „Zusatzversorgungskasse" beträgt 0,18 v. H. und zum „Förderungswerk" 0,12 v. H.

§ 3

(1) Die Beiträge werden von der Berufsgenossenschaft Nahrungsmittel und Gaststätten, Mannheim, im Auftrage der „Zusatzversorgungskasse" und des „Förderungswerkes" eingezogen.

(2) Der Arbeitgeber erhält von der Berufsgenossenschaft die Höhe der errechneten Jahresbeiträge mitgeteilt. Gleichzeitig erhält er eine Beitragsaufstellung, in der die jeweiligen Zahlungstermine sowie die Höhe der Quartalsbeiträge angegeben sind.

(3) Mit der ordnungsgemäßen Abführung der Beiträge hat der Arbeitgeber seine Verpflichtung zur Beitragszahlung erfüllt.

§ 4

Dieser Tarifvertrag tritt am 1. Januar 1970 Kraft. Der Tarifvertrag kann mit einer Frist von 6 Monaten zum Jahresende gekündigt werden. Die Kündigung ist erstmals zum 31. Dezember 1979 zulässig.

Während der Laufzeit des Vertrages ist eine außerordentliche Kündigung nur aus wichtigen Gründen zulässig. Die Tarifvertragsparteien verpflichten sich, gemeinsam die Allgemeinverbindlichkeit dieses Vertrages zu beantragen. Sie stimmen überein, ihren ganzen Einfluß für die Durchführung dieses Vertrages geltend zu machen.

Hamburg, den 20. Februar 1970
Für die
Gewerkschaft
Nahrung — Genuß — Gaststätten
— Hauptverwaltung —

Bad Honnef, den 20. Februar 1970
Für den
Zentralverband des Deutschen
Bäckerhandwerks e. V.

(Vgl. ebenso Tarifvertrag und Verfahrenstarifvertrag zwischen der Gewerkschaft NGG und dem Bundesverband der Deutschen Brot- und Backwarenindustrie vom 2o.2.197o über die Errichtung einer "Zusatzversorgungskasse für die Beschäftigten in der Brot- und Backwarenindustrie"; bei gleichen Leistungsbedingungen gemäß § 5 des Tarifvertrags beträgt die Mittelaufbringung gemäß § 4 des Tarifvertrags in diesem Fall pro Kalenderjahr o,3 % der Entgeltsumme des Vorjahres für den Arbeitgeber.)

TARIFVERTRAG

über die Errichtung eines „Förderungswerkes für die Beschäftigten im Bäckerhandwerk" (gemäß der Bekanntmachung über die Allgemeinverbindlicherklärung vom 17. 4. 1970 / Bundesanzeiger Nr. 79 vom 28. 4. 1970)

Zwischen der Gewerkschaft Nahrung – Genuß – Gaststätten, Hauptverwaltung Hamburg, einerseits, und dem Zentralverband des Deutschen Bäckerhandwerks e. V., andererseits, wird folgender Vertrag geschlossen:

§ 1 Geltungsbereich

a) r ä u m l i c h : Für das Gebiet der Bundesrepublik Deutschland einschließlich West-Berlin.

b) f a c h l i c h : Für die Betriebe (Arbeitgeber), die das Bäckerhandwerk ausüben und unter den Geltungsbereich des Bäckereiarbeitszeitgesetzes fallen, einschließlich der angegliederten Betriebe.

c) p e r s ö n l i c h : Für alle Arbeitnehmer der unter b) genannten Betriebe.

§ 2 Gemeinsame Einrichtung

Die Tarifvertragsparteien gründen eine gemeinsame Einrichtung gemäß § 4 Abs. 2 TV, mit dem Namen „Förderungswerk für die Beschäftigten im Bäckerhandwerk". Die Rechtsfähigkeit dieser Einrichtung und ihre Anerkennung als gemeinnützig werden angestrebt. Im folgenden wird die Einrichtung „Förderungswerk" genannt.

§ 3 Zweck des Förderungswerkes

Zweck des „Förderungswerkes" ist es, ohne Begründung eines Rechtsanspruches aus den ihm nach § 4 zufließenden Mitteln Beihilfezahlungen und der Bildung dienende sowie erholungsfördernde Maßnahmen zu bestreiten, insbesondere:

a) Beihilfen an Einrichtungen zur beruflichen und staatsbürgerlichen Bildung,

b) Beihilfen bei Heil- und Erholungsmaßnahmen an die Arbeitnehmer des Bäckerhandwerks

zu zahlen.

Über die Förderung von Bildungseinrichtungen, die Unterstützung einzelner Bildungsmaßnahmen sowie die Gewährung von Beihilfen entscheidet die gemeinsame Einrichtung im Rahmen der vorhandenen Mittel nach Maßgabe der Satzung.

§ 4 Aufbringung der Mittel

Der Arbeitgeber ist verpflichtet, in jedem Kalenderjahr 1,2 %o der Entgeltsumme des Vorjahres, die von der Berufsgenossenschaft Nahrungsmittel und Gaststätten, Mannheim, der Beitragsberechnung zugrunde gelegt wird, an das „Förderungswerk" zu zahlen.

Schuldner ist der einzelne Arbeitgeber. Das „Förderungswerk" erwirbt das Recht, diese Beiträge unmittelbar von dem einzelnen Arbeitgeber zu fordern. Die Verpflichtung des Arbeitgebers zur Zahlung der vollen Jahresbeiträge beginnt nach Erteilung der Allgemeinverbindlicherklärung dieses Tarifvertrages.

Der Einzug der Beiträge wird in einem besonderen Verfahrenstarifvertrag geregelt; der Beitrag ist spätestens bis zum 30. Juni eines jeden Jahres zu zahlen.

§ 5 Leistungsbedingungen

(1) Das „Förderungswerk" unterstützt Einrichtungen zur beruflichen und staatsbürgerlichen Bildung.

(2) Außerdem gewährt es Beihilfen bei Heil- und Erholungsmaßnahmen, außer an mithelfende Familienangehörige und Teilzeitbeschäftigte, deren Arbeitszeit nicht mehr als 20 Stunden in der Woche beträgt.

(3) Ansprüche aus diesem Tarifvertrag können weder verpfändet noch abgetreten werden.

§ 6 Kosten

Das „Förderungswerk" trägt die Gründungskosten und die jeweils bei ihm anfallenden Verwaltungskosten.

§ 7 Erfüllungsort und Gerichtsstand

Erfüllungsort und Gerichtsstand für Ansprüche des „Förderungswerks" gegen Arbeitgeber und Arbeitnehmer sowie für Ansprüche der Arbeitgeber und Arbeitnehmer gegen das „Förderungswerk" ist der Sitz der Einrichtung.

§ 8 Durchführung des Vertrages und Schiedsgericht

Die Tarifvertragsparteien verpflichten sich, gegenseitig die für die verfahrensmäßige Durchführung dieses Vertrages notwendige Hilfe und Unterstützung zu geben. Bei Meinungsverschiedenheiten über die Auslegung und Durchführung des Vertrages werden sie unverzüglich in Verhandlungen hierüber eintreten und versuchen, eine gütliche Einigung zu erzielen. Ist das nicht möglich, so kann jede Tarifvertragspartei ein Tarifschiedsgericht anrufen. Dieses entscheidet sodann verbindlich. Das Nähere wird in einem besonderen Schiedsvertrag geregelt.

§ 9 Allgemeinverbindlicherklärung

Die Tarifvertragsparteien verpflichten sich, gemeinsam die Allgemeinverbindlicherklärung dieses Vertrages zu beantragen. Sie stimmen überein, ihren ganzen Einfluß für die Durchführung dieses Vertrages geltend zu machen.

§ 10 Inkrafttreten und Kündigung

Dieser Tarifvertrag tritt am 1. Januar 1970 in Kraft. Er kann mit einer Frist von sechs Monaten zum Jahresende gekündigt werden. Die Kündigung ist erstmals zum 31. Dezember 1979 zulässig. Während der Laufzeit des Vertrages ist eine außerordentliche Kündigung nur aus wichtigem Grunde zulässig.

Hamburg, den 20. Februar 1970

Für die Gewerkschaft
Nahrung – Genuß – Gaststätten
– Hauptverwaltung –

Bad Honnef, den 20. Februar 1970

Für den Zentralverband des Deutschen Bäckerhandwerks e. V.

6. Bundesarbeitsgericht, Großer Senat, Beschluß vom 29.11.1967 - GS 1/67 AP Nr. 13 zu Art. 9 GG

Dem Großen Senat des Bundesarbeitsgerichts sind durch Beschluß des Ersten Senats vom 21. 2. 1967 - 1 AZR 495/65 - AP Nr. 12 zu Art. 9 GG - folgende Rechtsfragen vorgelegt worden:

1. Sind die Tarifpartner befugt, in den von ihnen geschlossenen Tarifverträgen Regelungen zu treffen, durch die über § 3 Abs. 2 TVG hinaus auch solche Arbeitnehmer erfaßt werden, die nicht in der tarifschließenden Gewerkschaft organisiert sind? Können insbesondere solche Regelungen in der Form einer tariflichen Vereinbarung zugunsten Dritter getroffen werden?

2. Kann in Tarifverträgen, die Regelungen nach Ziffer 1 enthalten, zwischen bei der vertragschließenden Gewerkschaft organisierten Arbeitnehmern, anders organisierten Arbeitnehmern und Außenseitern differenziert werden?

3. Kann in Tarifverträgen nach der Dauer der Branchenzugehörigkeit differenziert werden?

4. Können diese Differenzierungen durch Spannenklauseln tarifvertraglich gesichert werden? Ist für den Fall der Bejahung dieser Frage ein Unterschied zu machen zwischen Klauseln, die sich nur gegen nicht organisierte Arbeitnehmer richten (allgemeine Spannenklauseln), und solchen, die sich auch gegen anders organisierte Arbeitnehmer richten (beschränkte Spannenklauseln)?

5. Können Urlaubskassen tarifvertraglich in der Weise errichtet werden, daß die Verwaltung durch von dem einen Tarifpartner bestellte Treuhänder geführt wird und der andere Tarifpartner berechtigt ist, den Nachweis über die ordnungsgemäße Auszahlung der von ihm tarifvertraglich gezahlten Beträge zu verlangen? Macht es einen Unterschied, ob die Verwaltung durch drei Treuhänder geführt wird, von denen einer durch den Arbeitgeber bestellt wird und zwei von der Gewerkschaft bestellt werden, wobei einer dem Betriebsrat angehören muß?

6. Können Regelungen des zu 1. bis 5. geschilderten Inhalts zwar freiwillig vereinbart, aber nicht durch Arbeitskampf erstritten werden?

Der Große Senat hat hierzu beschlossen:

I. Zu den Fragen 1, 2 und 4:

In Tarifverträgen darf zwischen den bei der vertragschließenden Gewerkschaft organisierten und anders oder nicht organisierten Arbeitnehmern nicht differenziert werden.

II. Die Beantwortung der Fragen 3, 5 und 6 entfällt.

Bundesarbeitsgericht, Großer Senat
Beschluß vom 29. 11. 1967 – GS 1/67
2. Instanz: Landesarbeitsgericht Düsseldorf

7. Tarifvertragsgesetz

In der Fassung vom 25. August 1969
(BGBl. I S. 1323) zuletzt geändert durch Gesetz vom 29. Oktober
1974 (BGBl. I S. 2879)

§ 1 Inhalt und Form des Tarifvertrages (1) Der Tarifvertrag regelt die Rechte und Pflichten der Tarifvertragsparteien und enthält Rechtsnormen, die den Inhalt, den Abschluß und die Beendigung von Arbeitsverhältnissen sowie betriebliche und betriebsverfassungsrechtliche Fragen ordnen können.

(2) Tarifverträge bedürfen der Schriftform.

§ 2 Tarifvertragsparteien (1) Tarifvertragsparteien sind Gewerkschaften, einzelne Arbeitgeber sowie Vereinigungen von Arbeitgebern.

(2) Zusammenschlüsse von Gewerkschaften und von Vereinigungen von Arbeitgebern (Spitzenorganisationen) können im Namen der ihnen angeschlossenen Verbände Tarifverträge abschließen, wenn sie eine entsprechende Vollmacht haben.

(3) Spitzenorganisationen können selbst Parteien eines Tarifvertrages sein, wenn der Abschluß von Tarifverträgen zu ihren satzungsgemäßen Aufgaben gehört.

(4) In den Fällen der Absätze 2 und 3 haften sowohl die Spitzenorganisationen wie die ihnen angeschlossenen Verbände für die Erfüllung der gegenseitigen Verpflichtungen der Tarifvertragsparteien.

§ 3 Tarifgebundenheit (1) Tarifgebunden sind die Mitglieder der Tarifvertragsparteien und der Arbeitgeber, der selbst Partei des Tarifvertrages ist.

(2) Rechtsnormen des Tarifvertrages über betriebliche und betriebsverfassungsrechtliche Fragen gelten für alle Betriebe, deren Arbeitgeber tarifgebunden ist.

(3) Die Tarifgebundenheit bleibt bestehen, bis der Tarifvertrag endet.

§ 4 Wirkung der Rechtsnormen (1) Die Rechtsnormen des Tarifvertrages, die den Inhalt, den Abschluß oder die Beendigung von Arbeitsverhältnissen ordnen, gelten unmittelbar und zwingend zwischen den beiderseits Tarifgebundenen, die unter den Geltungsbereich des Tarifvertrages fallen. Diese Vorschrift gilt entsprechend für Rechtsnormen des Tarifvertrages über betriebliche und betriebsverfassungsrechtliche Fragen.

(2) Sind im Tarifvertrag gemeinsame Einrichtungen der Tarifver-

tragsparteien vorgesehen und geregelt (Lohnausgleichskassen, Urlaubskassen usw.), so gelten diese Regelungen auch unmittelbar und zwingend für die Satzung dieser Einrichtung und das Verhältnis der Einrichtung zu den tarifgebundenen Arbeitgebern und Arbeitnehmern.

(3) Abweichende Abmachungen sind nur zulässig, soweit sie durch den Tarifvertrag gestattet sind oder eine Änderung der Regelungen zugunsten des Arbeitnehmers enthalten.

(4) Ein Verzicht auf entstandene tarifliche Rechte ist nur in einem von den Tarifvertragsparteien gebilligten Vergleich zulässig. Die Verwirkung von tariflichen Rechten ist ausgeschlossen. Ausschlußfristen für die Geltendmachung tariflicher Rechte können nur im Tarifvertrag vereinbart werden.

(5) Nach Ablauf des Tarifvertrages gelten seine Rechtsnormen weiter, bis sie durch eine andere Abmachung ersetzt werden.

§ 5 **Allgemeinverbindlichkeit** (1) Der Bundesminister für Arbeit und Sozialordnung kann einen Tarifvertrag im Einvernehmen mit einem aus je drei Vertretern der Spitzenorganisationen der Arbeitgeber und der Arbeitnehmer bestehenden Ausschuß auf Antrag einer Tarifvertragspartei für allgemeinverbindlich erklären, wenn

1. die tarifgebundenen Arbeitgeber nicht weniger als 50 vom Hundert der unter den Geltungsbereich des Tarifvertrages fallenden Arbeitnehmer beschäftigen und

2. die Allgemeinverbindlicherklärung im öffentlichen Interesse geboten erscheint.

Von den Voraussetzungen der Nummern 1 und 2 kann abgesehen werden, wenn die Allgemeinverbindlicherklärung zur Behebung eines sozialen Notstandes erforderlich erscheint.

(2) Vor der Entscheidung über den Antrag ist Arbeitgebern und Arbeitnehmern, die von der Allgemeinverbindlicherklärung betroffen werden würden, den am Ausgang des Verfahrens interessierten Gewerkschaften und Vereinigungen der Arbeitgeber sowie den obersten Arbeitsbehörden der Länder, auf deren Bereich sich der Tarifvertrag erstreckt, Gelegenheit zur schriftlichen Stellungnahme sowie zur Äußerung in einer mündlichen und öffentlichen Verhandlung zu geben.

(3) Erhebt die oberste Arbeitsbehörde eines beteiligten Landes Einspruch gegen die beantragte Allgemeinverbindlicherklärung, so kann der Bundesminister für Arbeit und Sozialordnung dem Antrag nur mit Zustimmung der Bundesregierung stattgeben.

(4) Mit der Allgemeinverbindlicherklärung erfassen die Rechtsnormen des Tarifvertrags in seinem Geltungsbereich auch die bisher nicht tarifgebundenen Arbeitgeber und Arbeitnehmer.

(5) Der Bundesminister für Arbeit und Sozialordnung kann die Allgemeinverbindlicherklärung eines Tarifvertrages im Einverneh-

Tarifvertragsgesetz

men mit dem in Abs. 1 genannten Ausschuß aufheben, wenn die Aufhebung im öffentlichen Interesse geboten erscheint. Die Absätze 2 und 3 gelten entsprechend. Im übrigen endet die Allgemeinverbindlichkeit eines Tarifvertrages mit dessen Ablauf.

(6) Der Bundesminister für Arbeit und Sozialordnung kann der obersten Arbeitsbehörde eines Landes für einzelne Fälle das Recht zur Allgemeinverbindlicherklärung sowie zur Aufhebung der Allgemeinverbindlichkeit übertragen.

(7) Die Allgemeinverbindlicherklärung wie die Aufhebung der Allgemeinverbindlichkeit bedürfen der öffentlichen Bekanntmachung.

§ 6 Tarifregister Bei dem Bundesminister für Arbeit und Sozialordnung wird ein Tarifregister geführt, in das der Abschluß, die Änderung und die Aufhebung der Tarifverträge sowie der Beginn und die Beendigung der Allgemeinverbindlichkeit eingetragen werden.

§ 7 Übersendungs- und Mitteilungspflicht (1) Die Tarifvertragsparteien sind verpflichtet, dem Bundesminister für Arbeit und Sozialordnung innerhalb eines Monats nach Abschluß kostenfrei die Urschrift oder eine beglaubigte Abschrift sowie zwei weitere Abschriften eines jeden Tarifvertrages und seiner Änderungen zu übersenden; sie haben ihm das Außerkrafttreten eines jeden Tarifvertrages innerhalb eines Monats mitzuteilen. Sie sind ferner verpflichtet, den obersten Arbeitsbehörden der Länder, auf deren Bereich sich der Tarifvertrag erstreckt, innerhalb eines Monats nach Abschluß kostenfrei je drei Abschriften des Tarifvertrages und seiner Änderungen zu übersenden und auch das Außerkrafttreten des Tarifvertrages innerhalb eines Monats mitzuteilen. Erfüllt eine Tarifvertragspartei die Verpflichtungen, so werden die übrigen Tarifvertragsparteien davon befreit.

(2) Ordnungswidrig handelt, wer vorsätzlich oder fahrlässig entgegen Absatz 1 einer Übersendungs- oder Mitteilungspflicht nicht, unrichtig, nicht vollständig oder nicht rechtzeitig genügt. Die Ordnungswidrigkeit kann mit einer Geldbuße geahndet werden.

(3) Verwaltungsbehörde im Sinne des § 36 Abs. 1 Nr. 1 des Gesetzes über Ordnungswidrigkeiten ist die Behörde, der gegenüber die Pflicht nach Absatz 1 zu erfüllen ist.

§ 8 Bekanntgabe des Tarifvertrages Die Arbeitgeber sind verpflichtet, die für ihren Betrieb maßgebenden Tarifverträge an geeigneter Stelle im Betriebe auszulegen.

§ 9 Feststellung der Rechtswirksamkeit Rechtskräftige Entscheidungen der Gerichte für Arbeitssachen, die in Rechtsstreitigkeiten zwischen Tarifvertragsparteien aus dem Tarifvertrag oder über das Bestehen oder Nichtbestehen des Tarifvertrags ergangen sind, sind in

Rechtsstreitigkeiten zwischen tarifgebundenen Parteien sowie zwischen diesen und Dritten für die Gerichte und Schiedsgerichte bindend.

§ 10 Tarifvertrag und Tarifordnungen (1) Mit dem Inkrafttreten eines Tarifvertrages treten Tarifordnungen und Anordnungen auf Grund der Verordnung über die Lohngestaltung vom 25. Juni 1938 (RGBl. I S. 692) und ihrer Durchführungsverordnung vom 23. April 1941 (RGBl. I S. 222), die für den Geltungsbereich des Tarifvertrags oder Teile desselben erlassen worden sind, außer Kraft, mit Ausnahme solcher Bestimmungen, die durch den Tarifvertrag nicht geregelt worden sind.

(2) Der Bundesminister für Arbeit und Sozialordnung kann Tarifordnungen und die in Absatz 1 bezeichneten Anordnungen aufheben; die Aufhebung bedarf der öffentlichen Bekanntmachung.

§ 11 Durchführungsbestimmungen Der Bundesminister für Arbeit und Sozialordnung kann unter Mitwirkung der Spitzenorganisationen der Arbeitgeber und der Arbeitnehmer die zur Durchführung des Gesetzes erforderlichen Verordnungen erlassen, insbesondere über

1. die Errichtung und die Führung des Tarifregisters und des Tarifarchivs;
2. das Verfahren bei der Allgemeinverbindlicherklärung von Tarifverträgen und der Aufhebung von Tarifordnungen und Anordnungen, die öffentlichen Bekanntmachungen bei der Antragsstellung, der Erklärung und Beendigung der Allgemeinverbindlichkeit und der Aufhebung von Tarifordnungen und Anordnungen sowie die hierdurch entstehenden Kosten;
3. den in § 5 genannten Ausschuß.

§ 12 Spitzenorganisationen Spitzenorganisationen im Sinne dieses Gesetzes sind – unbeschadet der Regelung in § 2 – diejenigen Zusammenschlüsse von Gewerkschaften oder von Arbeitgebervereinigungen, die·für die Vertretung der Arbeitnehmer- oder der Arbeitgeberinteressen im Arbeitsleben des Bundesgebietes wesentliche Bedeutung haben. Ihnen stehen gleich Gewerkschaften und Arbeitgebervereinigungen, die keinem solchen Zusammenschluß angehören, wenn sie die Voraussetzungen des letzten Halbsatzes in Satz 1 erfüllen.

§ 12a Arbeitnehmerähnliche Personen (1) Die Vorschriften dieses Gesetzes gelten entsprechend
1. für Personen, die wirtschaftlich abhängig und vergleichbar einem Arbeitnehmer sozial schutzbedürftig sind (arbeitnehmerähnliche Personen), wenn sie auf Grund von Dienst- oder Werkverträgen für andere Personen tätig sind, die geschuldeten Leistungen persönlich

Tarifvertragsgesetz

und im wesentlichen ohne Mitarbeit von Arbeitnehmern erbringen und

a) überwiegend für eine Person tätig sind oder

b) ihnen von einer Person im Durchschnitt mehr als die Hälfte des Entgelts zusteht, das ihnen für ihre Erwerbstätigkeit insgesamt zusteht; ist dies nicht voraussehbar, so sind für die Berechnung, soweit im Tarifvertrag nichts anderes vereinbart ist, jeweils die letzten sechs Monate, bei kürzerer Dauer der Tätigkeit dieser Zeitraum, maßgebend,

2. für die in Nummer 1 genannten Personen, für die die arbeitnehmerähnlichen Personen tätig sind, sowie für die zwischen ihnen und den arbeitnehmerähnlichen Personen durch Dienst- oder Werkverträge begründeten Rechtsverhältnisse.

(2) Mehrere Personen, für die arbeitnehmerähnliche Personen tätig sind, gelten als eine Person, wenn diese mehreren Personen nach der Art eines Konzerns (§ 18 des Aktiengesetzes) zusammengefaßt sind oder zu einer zwischen ihnen bestehenden Organisationsgemeinschaft oder nicht nur vorübergehenden Arbeitsgemeinschaft gehören.

(3) Die Absätze 1 und 2 finden auf Personen, die künstlerische, schriftstellerische oder journalistische Leistungen erbringen, sowie auf Personen, die an der Erbringung, insbesondere der technischen Gestaltung solcher Leistungen unmittelbar mitwirken, auch dann Anwendung, wenn ihnen abweichend von Absatz 1 Nr. 1 Buchstabe b erster Halbsatz von einer Person im Durchschnitt mindestens ein Drittel des Entgelts zusteht, das ihnen für ihre Erwerbstätigkeit insgesamt zusteht.

(4) Die Vorschrift findet keine Anwendung auf Handelsvertreter im Sinne des § 84 des Handelsgesetzbuchs.

§ 12b Berlin-Klausel Dieses Gesetz gilt auch im Land Berlin, sofern es im Land Berlin in Kraft gesetzt wird. Rechtsverordnungen, die auf Grund dieses Gesetzes erlassen worden sind oder erlassen werden, gelten im Land Berlin nach § 14 des Dritten Überleitungsgesetzes vom 4. Januar 1952 (Bundesgesetzbl. I S. 1).

§ 13 Inkrafttreten (1) Dieses Gesetz tritt mit seiner Verkündung in Kraft.[1]

(2) Tarifverträge, die vor dem Inkrafttreten dieses Gesetzes abgeschlossen sind, unterliegen diesem Gesetz.

---

[1] »Die Vorschrift betrifft das Inkrafttreten des Gesetzes in der Fassung vom 9. April 1949 (Gesetzblatt der Verwaltung des Vereinigten Wirtschaftsgebietes S. 55). Der Zeitpunkt des Inkrafttretens der späteren Änderungen und Ergänzungen ergibt sich aus den in der vorangestellten Bekanntmachung bezeichneten Vorschriften.« (Amtliche Anm.).

Die alte Fassung des TVG wurde am 22. 4. 1949. die Neufassung am 27. 8. 1969 verkündet.

8. Auszug aus dem Entwurf des DGB vom Dezember 1973 zur
   Änderung des Tarifvertragsgesetzes (Gesetzliche Absicherung von Differenzierungs- und Effektivklauseln)

§ 1 Inhalt und Form des Tarifvertrages

(1) Der Tarifvertrag kann Rechte und Pflichten der Tarif-
    vertragsparteien regeln und Rechtsnormen über den Inhalt,
    den Abschluß und die Beendigung von Arbeitsverhältnissen
    sowie über betriebliche und betriebsverfassungsrechtliche
    Fragen enthalten.
(2) Zulässig sind auch Regelungen und Rechtsnormen, die
    sicherstellen, daß Leistungen gemeinsamer Einrichtungen
    der Tarifvertragsparteien oder sonstige ausdrücklich
    bezeichnete Leistungen nur solchen Arbeitnehmern gewährt
    werden, die tarifgebunden sind.

    Regelungen nach Satz 1 sind unwirksam, sofern durch sie
    eine schwerwiegende Beeinträchtigung des regelmäßigen
    Arbeitseinkommens des nicht tarifgebundenen Arbeitnehmers
    eintreten würde.

(3) Die Tarifvertragsparteien können vereinbaren, daß neben
    den neuen tariflichen Leistungen die bisher gewährten
    übertariflichen Leistungen zu erbringen sind.
(4) Zulässig ist eine Vereinbarung, nach der über bestimmte,
    im Tarifvertrag genannte Arbeitsbedingungen eine zusätz-
    liche tarifvertragliche Regelung für einen bestimmten
    oder bestimmbaren Geltungsbereich vorbehalten wird.
(5) Tarifverträge bedürfen der Schriftform.

Abkürzungsverzeichnis

a.A.	anderer Ansicht
a.a.O.	am angegebenen Ort
Abs.	Absatz
ABVV - FGTB	Allgemeiner Belgischer Arbeiterbund
ACE	Auto Club Europa (Autoclub der DGB-Gewerkschaften)
ACLV - CGSLB	Allgemeine Zentrale der Liberalen Gewerkschaften Belgiens
ACV - CSC	Konföderation der Christlichen Gewerkschaften Belgiens
AFL - CIO	American Federation of Labor-Congress of Industrial Organizations (gewerkschaftliche Spitzenorganisation der USA)
AG	Arbeitsgemeinschaft
ALA	Alliance for Labor Action (USA)
AP	Arbeitsrechtliche Praxis
ArbG	Arbeitsgericht
ArbGG	Arbeitsgerichtsgesetz
ArbuR	Arbeit und Recht
Art.	Artikel
BAG	Bundesarbeitsgericht
BAGE	Entscheidungen des Bundesarbeitsgerichts, Amtliche Sammlung
Bay VerfGH	Bayrischer Verfassungsgerichtshof

BB	Betriebs-Berater
Betr VG	Betriebsverfassungsgesetz
BfG	Bank für Gemeinwirtschaft
BGB	Bürgerliches Gesetzbuch
BSE	Industriegewerkschaft Bau, Steine, Erden
BVerfG	Bundesverfassungsgericht
BVerfGE	Entscheidungen des Bundesverfassungsgerichts, Amtliche Sammlung
CNG	Christlichnationaler Gewerkschaftsbund der Schweiz
CNV	Christlicher Nationaler Gewerkschaftsbund der Niederlande (evangelische Richtung)
DAG	Deutsche Angestellten Gewerkschaft
DB	Deutsche Bundesbahn
DB	Der Betrieb
DBB	Deutscher Beamtenbund
DGB	Deutscher Gewerkschaftsbund
DGB-BV	DGB-Bundesvorstand
DPG	Deutsche Postgewerkschaft
EVC	Kommunistische Einheitsgewerkschaftszentrale der Niederlande
FAZ	Frankfurter Allgemeine Zeitung
FTF	Zentralrat der Dänischen Beamten- und Angestelltenorganisationen

GAV	Gesamtarbeitsvertrag
GDBA	Gewerkschaft Deutscher Bundesbahnbeamten und Anwärter im Deutschen Beamtenbund
GdED	Gewerkschaft der Eisenbahner Deutschlands
GDL	Gewerkschaft Deutscher Lokomotivführer
GE	Gemeinsame Einrichtung
GG	Grundgesetz
GHK	Gewerkschaft Holz und Kunststoff
GMH	Gewerkschaftliche Monatshefte
GS (Gr. Sen.)	Großer Senat
GTB	Gewerkschaft Textil-Bekleidung
g-u-t	Gemeinwirtschaftliches Unternehmen für Touristik
GVG	Gerichtsverfassungsgesetz
HBV	Gewerkschaft Handel, Banken und Versicherungen
HTF	Verband der Handelsbeamten (Schweden)
HV	Hauptvorstand
IAM	Metallarbeitergewerkschaft (USA)
IBEW	Elektroarbeitergewerkschaft (USA)
ICTU	Irischer Gewerkschaftsbund
IG	Industriegewerkschaft
IGBE	Industriegewerkschaft Bergbau und Energie
IGM	Industriegewerkschaft Metall
IG CPK	Industriegewerkschaft Chemie, Papier, Keramik

JZ	Juristenzeitung
KAB	Niederländische Katholische Arbeiter-bewegung
KJ	Kritische Justiz
LAG	Landesarbeitsgericht
LFSA	Liberaler Landesverband Freier Schweizer Arbeiter
LO	Landesorganisation, gewerkschaftlicher Spitzenverband für Dänemark, Norwegen, Schweden
MTV	Manteltarifvertrag
mwN	mit weiteren Nachweisen
NGG	Gewerkschaft Nahrung, Genuß, Gaststätten
NJW	Neue Juristische Wochenschrift
NRW	Nordrhein-Westfalen
NVC	Liberale Niederländische Gewerkschafts-zentrale
NVV	Niederländischer Gewerkschaftsbund (sozialistische Richtung)
ÖTV	Gewerkschaft Öffentliche Dienste, Transport und Verkehr
ord.	ordentlich
OVB	Unabhängiger Verband der Betriebs-organisationen (Niederlande; Rotterdamer Hafenarbeiter)

RdA	Recht der Arbeit
Rn.	Randnummer

SACO	Zentralorganisation Schwedischer Akademiker
SAF	Schwedische Arbeitgebervereinigung
SGB	Schweizerischer Gewerkschaftsbund
SMUV	Schweizerischer Metall- und Uhrenarbeit- nehmerverband
SR	Reichsverband der Staatsbediensteten (Schweden)
SUrl VO	Sonderurlaubsverordnung
SVEA	Schweizerischer Verband evangelischer Arbeitnehmer

TCO	Zentralorganisation der schwedischen (öffentlichen und privaten) Angestellten- und Beamtenverbände
TOA	Tarifordnung für Angestellte
TUC	Trade Union Congress (Großbritannien)
TV	Tarifvertrag
TVG	Tarifvertragsgesetz

UAW	Automobilarbeitergewerkschaft (USA)
UMF	Bergarbeitergewerkschaft (USA)

VO	Verordnung
VSA	Vereinigung Schweizerischer Angestellten- verbände

ZfA	Zeitschrift für Arbeitsrecht
zit.	zitiert
ZVK	Zusatzversorgungskasse des Baugewerbes